［改訂版］
ボランティア活動の論理
ボランタリズムとサブシステンス
The Logic of Volunteering：voluntarism and subsistence

西山志保

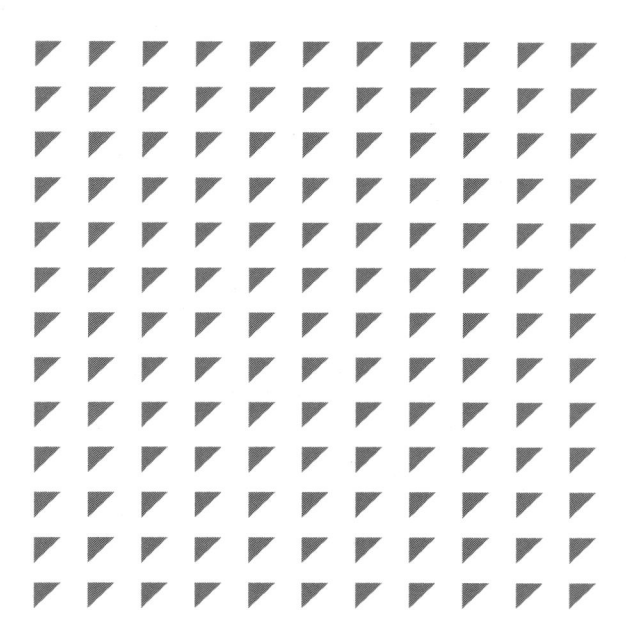

東信堂

はじめに——被災地・神戸からの問いかけ

　未曾有の被害をもたらした阪神・淡路大震災の発生からおよそ15年が経つ。都市高速道路の高架橋が崩れ落ち、ビルや家屋をがれきと変えた震災は、近代化のなかで信頼してきた安全神話がいかにもろく、既存の価値観がいかに偏ったものであったかを明らかにした。あの日から、確実に日本社会の"何か"が変わったのである。

　震災が日本社会に与えた大きなインパクトのひとつに、ボランティアをめぐる状況がある。被災地・神戸に集まった延べ150万人を超えるボランティアたちは、前代未聞の動きを生みだし、それまでのボランティアのイメージを大きく変えたといえる。震災直後、倒壊した老朽木造住宅の下敷きになり、迫りくる炎に追われながら、多くの被災者は避難所に駆けこんだ。想定できない極限状況で行政機能がマヒするなか、ボランティア達は、悲しみに打ちひしがれる被災者を励まし、避難所での物資調達から炊き出し、風呂焚きなどを担った。ボランティアの多くは、初めての経験にとまどいながらも、試行錯誤しながら被災者に多くの勇気を与え、彼らが希望を取りもどすため支援した。

　緊急救援ボランティアの多くは学生を中心としていたために1995年3月末に撤退していった。それに対し、それまでの人生を投げうって被災地に残り、さまざまな困難を乗りこえて被災者の生活再建を支えつづけるボランティア活動が生まれた。彼らは、非日常時における活動を出発としながらも、NPO（Not-for-Profit Organization、民間非営利組織）やNGO（Non-Governmental Organization、非政府組織）などの市民活動団体へと組織を展開させ、地域社会の問題に取りくみつづけている。それは一人ひとりの「いのち」や存在を尊重し、人間としての責任(responsibility)を受けとめる

という、まさに市民意識に基づく活動だといえる。

　本書の目的は、他者の「生」(life)を支えるボランタリズムという行為、すなわち人間存在の根源に関わる行為がどのように成立し、どのような社会的意味をもつのか、その行為からいかなる市民社会が切りひらかれるのかを考察する点にある。ここでいうボランタリズム(voluntarism)とは、個人の選択的意思に基づき、他者との連帯をめざす、人々の主体的・創造的・自律的な行為を意味する。とりわけ、他者の苦しみに痛みを感じ、行動するところから始まったボランタリズムの行為が、かけがえのない「いのち」を尊重し、生活を支える継続的な「しくみづくり」の活動へと展開していく過程に注目する。

　これまで日本においてボランタリズムは、無償性・自発性・自己犠牲・アマチュアリズムなどのイメージで語られることが多かった。そのため有償化や専門性を取りいれ、長期的課題に取りくむボランタリズムの議論がなかなか育たなかったのである。震災後に展開されたボランティア活動は、有償化・組織化を導入しながら、いかに持続的な支援活動を可能にするのかという、新たな課題を既存のボランティア論につきつけたといえよう。そこでボランタリズムを他者との関係のなかに成立する行為と捉え、「サブシステンス」(subsistence)という視座によって、その実態を検討する。サブシステンスとは、他者との関わりのなかで、人間の「生」の固有性、そのかけがえのなさに徹底的にこだわる「支えあい」をさす概念である。つまり異なる人々が支えあって生きていくというボランタリズムの根源的位相に光を当てるための視座であり、被災地のボランティアへの聞き取り調査から浮かびあがった本書の中心概念である。

　本書の目的は、阪神・淡路大震災後に展開されたボランティア活動が、人間の「生」を支えあう根源的関わり（サブシステンス）を生みだし、他者とお互いの存在を認めあいながら、新たな市民社会を切りひらく可能性について考察することにある。

　震災直後、「だれもが障害者だ」「みんながホームレスだ」という状態の

なかで、ボランティアは、ただ目の前にいる被災者の命を助けることを何よりも優先し、尊い命を救うことに全力をつくした。それは緊急救援という非日常状態で可能になった、「いのち」の一回性に徹底的にこだわる支援活動であった。しかしその後、被災地に残り、被災者の生活再建を継続的に支えるボランティアが歩んだ道のりは、決して平坦なものではなかった。日常性が回復するにつれ、長期にわたるボランティア活動が、結果として被災者の自尊心を傷つけたり、コミュニティの再建を妨げるなどの、思いがけない問題を生みだした。とりわけ仮設住宅や復興住宅では、生活環境や制度保障の貧しさに加え、他者との関わりから切り離され、自己への関心も失うという「社会的孤立」や孤独死など、被災者の深刻な「生」の問題が発生するようになった。

　こうした問題に対し、ボランティアは多くの困難を乗りこえながら、被災者の「生」を支えつづけるという活動を展開するようになる。彼らは現在まで、震災によって再認識した「いのち」や人間存在の大切さを日常時でも意識し、他者と支えあう「しくみづくり」を継続している。

　本書では、被災地神戸で生みだされたボランタリズムという行為が、人間の根源的な支えあい（サブシステンス）と深く関わりをもっていることを明らかにする。こうした活動は、震災という極限状況で現われた現象である。しかし、これは震災に限定されるものではない。高齢化が進む日本社会において、今後、他者の支援を必要とする人々が増加する。これまでのように、自らの意思で決定し行動する個人を前提とした近代市民社会の人間像だけで、これからの社会を描くことは難しくなると思われる。そこでは、他者の支援なしには生きていけない人々の存在をどのようにして支えていくのか、ということが重要な課題となる。その意味で、阪神・淡路大震災後に展開された市民活動は、今後の超高齢社会でわれわれが直面する普遍的な課題を浮かびあがらせ、異なる他者と支えあいながら生きるという、人間存在についての基本的な問題を提起したといえよう。

本書は、新潟県中越地震(2004年)など自然災害が多発している日本社会において、阪神・淡路大震災が提起した深い問いかけを受け止め、そこで誕生したボランティアがもつ原動力とボランタリズムの可能性を、市民社会における支えあい(サブシステンス)の思想として根づかせていくためのひとつの試みである。

　本書の構成は以下のとおりである。

　まず第Ⅰ部「市民活動研究の展開」(第1章から第3章)で、「生」に関わる市民活動を分析するサブシステンスという理論的視座を明らかにし、日本におけるボランタリズムの歴史的変遷を分析する。

　第1章では、本書の問題意識の所在と分析視座を明らかにする。現代社会においてボランティアや市民活動が広がりをみせていることを、福祉国家の危機と再編から論じ、既存の市民活動研究に対する本書の立場を明らかにする。

　第2章では、阪神・淡路大震災が日本社会に与えた思想的インパクトを示し、そこで展開された人間の「生」を支えるボランティア活動に注目する。そしてボランティア活動を分析する概念として、「生」の次元の支えあいを捉えるサブシステンスという理論的視座を示す。サブシステンスは、本書の中心的概念である。

　第3章では、日本のボランタリズムの系譜を歴史的変遷のなかで捉え、社会構造の中でボランタリーな活動がいかに位置づけられ、役割を担ってきたのかを考察する。

　つづく第Ⅱ部「阪神・淡路大震災が生みだした市民活動」(第4章から第8章)では、大震災後に展開された「生」を支える市民活動の実践を検討する。

　第4章で、日本の市民活動の転換点となった阪神・淡路大震災を取りあげる。緊急救援段階から生活再建段階で発生した問題状況と、それに対するボランティアの展開過程を分析する。復興過程で、ボランティアが有償性や組織化を導入しながらNPOやNGOへと展開し、支えあいを

生みだす多様な「しくみづくり」に取りくんでいることを、いくつかの団体の事例から論じる。

　第5章では、災害の救援活動を継続している団体として「被災地NGO協働センター」、地域社会の弱者支援に取りくむ団体として「阪神高齢者・障害者支援ネットワーク」を取りあげる。被災者の自立を支えるために、ボランティアが役割変化しながら、どのような問題を乗りこえ、被災者とどのような関係を取りむすぶようになったのかを具体的に検討し、サブシステンスという領域に成立する「ボランタリズム」の内実を明らかにする。

　第6章では、ボランティアが被災者の問題を解決する「しくみづくり」のために、有償制をとり事業化を試みる過程に注目し、ボランティアの行う非営利事業を分析する。共感に基づき非営利事業に参加し、孤立しがちな被災者が社会のなかで存在意味を見いだし、新たな生活主体として立ちあがるという過程、ここでは存在の「現われ」と呼ぶ、が実現されていることを論じる。

　第7章、第8章では、地域社会でボランティアが、サブシステンスの関係を継続的・長期的に生みだす「しくみづくり」を考察する。「コミュニティ・サポートセンター神戸」を取りあげ、地域社会から孤立する人々を支援し、「自立と共生」を促すコミュニティ事業の実態を明らかにする。しかし市民活動団体が「しくみづくり」を継続しようとすると、財政的困難に直面するようになった。第8章では、この財政的問題を乗りこえるために、他団体との競争のなかで、政治的活動へと展開する市民活動団体の戦略について分析する。

　第Ⅲ部では、ボランタリー組織の今後の展開を考えるための国際比較研究として、明確な社会的使命と旺盛な企業家精神をあわせもつイギリスの社会的企業（social enterprise）の活動に注目する。

　被災地では多くのボランティア活動がNPOへ展開し、持続的かつ自律的運営の可能性を模索している。しかし財政基盤が脆弱であるために、

行政の下請けや補完となり、ミッションとの乖離という問題を抱える団体も少なくない。そこで第9章では、ボランティア活動からNPO、さらには自立性の高い社会的企業への展開を目指すために諸条件について、イギリスの事例から明らかにする。

最後に、第Ⅳ部「市民活動研究の理論的課題」(第10章、終章)で、今後日本においてボランティア・市民活動が発展するための理論的課題について述べる。

本書では、市民活動研究にサブシステンスという視座を導入することで、近代市民社会を構成してきたボランタリズム、エコノミー、労働、自立、アドボカシー、公共性など諸概念の新たな意味内容を浮かびあがらせることをめざす。そして、転換期を迎えた近代市民社会において、ボランティアや市民活動が、サブシステンスに基づく支えあいの「しくみづくり」を地域社会で実践しながら、多様性を尊重する新たな市民社会を切りひらく可能性の一端を展望する。

目　次

はじめに──被災地・神戸からの問いかけ ………………………………… i
　主な市民活動団体略称一覧 ……………………………… xi

第Ⅰ部　市民活動研究の展開 ……………………… 3

第1章　市民活動の広がりと研究課題 ………………… 5
　1．福祉国家と市民活動の広がり　5
　2．「生」に関わる市民活動　7
　3．市民活動をめぐる基本概念　9
　4．「市民セクター形成」としての市民活動論批判　12
　5．市民活動研究の社会学的課題　14
　　注　19

第2章　「生」をささえる市民活動への注目 ……………… 22
　1．阪神・淡路大震災の思想的インパクト　22
　2．震災ボランティアの先行研究　26
　3．サブシステンス概念への注目　29
　4．運動論における「生」への視座　39
　5．震災調査の概要　41
　　注　44

第3章　戦後日本におけるボランタリズムの変遷 ………… 47
　1．価値理念としてのボランタリズム　47

2．戦後社会事業から社会福祉運動へ　49
　3．日本型福祉社会論とボランティア活動の広がり　54
　4．他者との関係性に成立するボランタリズム　61
　　注　63

第Ⅱ部　阪神・淡路大震災が生みだした市民活動 …… 67

第4章　大震災とボランティア活動の展開 ……………… 69
　1．阪神・淡路大震災の発生　72
　2．復興格差と緊急救援ボランティア　75
　3．緊急支援から復興支援、そして生活再建へ　79
　4．生活再建に取り組む市民活動——ボランティア活動からNPO/NGOへ　85
　5．市民活動の特徴と類型化　89
　　注　106

第5章　新たなボランタリズムの生成 ………………… 109
　1．阪神・淡路大震災におけるボランタリズムの変容　109
　2．新たな活動の模索　118
　3．サブシステンスという根源的関わり　123
　　注　129

第6章　共感にもとづく非営利事業 ……………………… 132
　1．もうひとつの働き方　132
　2．「支えあい」を生みだす非営利事業　138
　3．非営利事業の「しくみづくり」　145
　　注　151

第7章　地域社会に根づくコミュニティ事業　……………154

1．生命と生活を支援するコミュニティ事業　154
2．無償ボランティアから有償事業へ　163
3．「弱さ」の論理　170
    注　175

第8章　市民活動団体による「資源獲得の戦略」…………178

1．行政と市民活動団体の協働関係　178
2．ミッションを支える「もうひとつの事業」　181
3．神戸市の都市経営と委託事業　183
4．事業受託への展開　183
5．委託事業の可能性と問題点　189
    注　194

第Ⅲ部　市民活動の国際比較研究　……………………197

第9章　ボランタリー組織から社会的企業へ　……………199

1．パートナーシップ政策の変遷と社会的企業の台頭　200
2．まちづくりトラストとは何か　204
3．まちづくりとラスト自立のためのアセット運営　208
4．ボランタリー組織から社会的企業へ　217
    注　217

第Ⅳ部　市民活動研究の理論的課題　………………221

第10章　市民活動のアドボカシー機能・再考　……………223

1．アドボカシー機能への注目　223
　　2．サブシステンスに基づくアドボカシー　228
　　　注　234

終章　ボランティアが切りひらく新たな市民社会 ……… 236
　　1．転換期を迎えた近代市民社会　236
　　2．ボランティア活動の論理　240
　　3．ボランタリズムとサブシステンス　243
　　4．市民活動の隘路と今後の課題　245

参考文献一覧 ……………………………………… 248
あとがき …………………………………………… 265
事項索引 …………………………………………… 270
人名索引 …………………………………………… 275

主な市民活動団体略称一覧(50音順)

市民活動団体名	略称
仮設支援連絡会	仮設連絡会
神戸ライフ・ケア協会	KLC
コミュニティ・サポートセンター神戸	CS神戸
市民活動センター神戸	KEC
震災・活動記録室	記録室
長田地区高齢者・障害者緊急支援ネットワーク	ながた支援ネット
日本災害救援ボランティア・ネットワーク	NVNAD
阪神・淡路大震災「仮設」支援NGO連絡会	「仮設」NGO
阪神・淡路大震災地元NGO救援連絡会議	連絡会議
阪神高齢者・障害者支援ネットワーク	阪神・支援ネット
東灘・地域助け合いネットワーク	東灘ネット
被災地NGO恊働センター	NGOセンター

[改訂版]ボランティア活動の論理
——ボランタリズムとサブシステンス——

第Ⅰ部

市民活動研究の展開

第1章　市民活動の広がりと研究課題

　先進資本主義社会における市民活動の展開は、福祉国家の危機と再編によって大きな影響を受けてきたといわれる。そこで第1章では、多様な市民活動が広がりをみせるようになった社会的背景を福祉国家の変容から考察し、「生」をテーマとする市民活動の特徴を示す。そして先行研究を批判的に検討しながら、市民活動研究の社会学的課題について論じる。

1．福祉国家の危機と市民活動の広がり

　初期資本主義体制から後期資本主義体制へ変化する過程で、階級国家はケインズ主義的福祉国家へと変化を遂げた (Offe 1987=1988)。ケインズ主義的福祉国家とは、①ケインズ主義、②ベバリッジ主義、③利益集団自由主義という3つの構成要素から成立し、資本主義に対する「危機管理システム」としての機能を果たしてきたといわれる (武川 1999:71-82)。つまり福祉国家は、資本主義の危機である「市場の欠陥」を補うために生まれたシステムであり、国家が資本主義の危機を管理するために、社会政策を通して資本主義システムへ介入するという性格を強くもつ。
　しかし、こうした介入によって福祉国家の財政危機が発生するようになる。J. オコンナー (O'Conner 1973=1981) は、福祉国家が有する「資本蓄積」と「正統化」という2つの矛盾に注目する。そして福祉国家が、自ら資本主義システム存立の正統性を証明するために、大衆に対する社会

サービスを拡大させる結果、財政危機が起きるしくみを明らかにしている。社会サービスとは、空港や道路などインフラへの公共支出であり、また、労働力再生産費用を補填しながら行われる教育、住宅、保健などの社会サービス供給である。しかし財政支出は大きく、またさらなる支出に期待が高まり、結果として、財政的、政治的、社会的な問題を引き起こした。C. オッフェ (Offe 1987=1988:28-29) によると、危機管理システムとしての福祉国家は、システムの存続と安定を脅かすような問題のみを扱う傾向が強い。そのためシステム運営の障害にならない社会的不平等などの問題が、弱者や周辺地域に部分・断片的に現われるようになった。

　福祉国家に生じる社会問題に対し、1960年代末から平和運動、環境運動、住民運動、対抗文化運動、市民運動[1]といったさまざまな運動体としてのボランタリー・アソシエーションが数多くみられるようになった。これらは一般的に「新しい社会運動」と呼ばれる。その特徴は、福祉国家が市民の「生活世界」にまで行政的・経済的に介入し、個人の個性や自律性を国家の管理下に置く点にあり、「生活世界の植民地化」(Habermas) や「国家の市民社会への侵入」(Offe) といわれる。「新しい社会運動」におけるボランタリズムは、個人が国家や経済システムの市民生活への官僚的介入に抵抗し、権力構造の変革をめざす運動であるという意味で、慈善的・恩恵的アソシエーションとは完全に区別される (佐藤 1994:123)。

　日本でも1960年代末から、高度経済成長に伴い公害問題や環境問題、また共同消費財の不足などに対して、生活要求や生活環境保全要求を行う住民運動や都市社会運動、社会福祉運動が起きた。その多くは、国家による地域開発とそこでの公共性のあり方を問い直し、住民や市民が、生活という消費現場から資本蓄積のあり方に抵抗・反抗する運動であった (松原・似田貝 1976, 舩橋他 1988)。

　こうして1970年代後半から、石油危機などの外的な要因によってシステムの矛盾が表面化し、加えてその資本主義的、管理社会的な特質のため、福祉国家は根本的な危機にさらされた。それは、経済システムの危

機が政治システムに危機をもたらし、政治システムが適切な社会政策を文化システムに提供できなくなるという、いわゆる福祉国家の「正統化の危機」であった (Habermas 1973=1979)。つまり、経済的危機—文化的危機—政治的危機が連鎖して、「福祉国家の危機管理」の危機として現われたのである。

　福祉国家の危機と再編は、日本でも国・自治体の財政危機による社会福祉水準の圧縮と後退、「日本型福祉社会論」に基づく行財政改革の推進という形で論じられた。国家は財政危機を、競争主義と市場原理を最優先する新保守主義的再編で乗り切ろうとし、小さな政府をめざし民営化を進めた。その結果、高齢者へのサービスや外国人の問題など、国家や市場に任せるだけでは不十分な領域が急速に拡大し、解決をボランティアや地域社会に求めるようになった。同時に、安価な労働力としてボランティアを動員しようとする動きが強まるようになる (中野 1999)。

　一方、1980年代半ばから、体制の空洞化や豊かな社会の出現などを背景に、対抗的な価値観に立脚したライフスタイルを、ネットワーキングによって作りだすさまざまな運動が広がっていった[2]。リサイクル運動やボランティア運動、障害者運動や反原発運動、生活者運動などは権力に対する抵抗や拒否というよりは、日常生活のレベルからオルタナティブな社会を実現するために、同じ目標や理念を共有した人々が連携したもので、ネットワーキングという形態をとった。担い手自身がこうした市民運動を「市民活動」と呼んだため、次第に「ネットワークに基づく市民運動」という意味を帯びるようになった[3] (高田 1998:161-162)。

2.「生」に関わる市民活動

　1990年代、国や自治体の財政はさらに悪化し、社会政策や社会保障は大胆な再編を求められた。年金制度や医療制度は、自己責任、市場競争の推進、経済のグローバル化のなかで抑制され、「生の保障」を最も必要

とする弱者を救うべき公的保障は、最低限のレベルへと切りつめられている（齋藤2001：42）。加えて、リストラやパートタイム労働の急増にみられるように、これまで「生の保障」に重要な役割を果たしてきた家族機能が崩壊し、企業の保障機能も低下した。

　「生の保障」を担ってきた制度や組織が大幅に役割縮小した結果、「生」の維持が困難になり、自立への道も閉ざされた「社会的弱者」[4]が日本でも急増している。彼らは社会的排除や社会的孤立により、「生」の危機に追いこまれている人々である。しかもこうした「生」の危機はもはや、社会の最底辺で何とか「生」を維持してきた貧困層やマイノリティ、障害者や高齢者といった一部の弱者だけに限定される問題ではない。既存の「生」の保障システムが縮小し、高齢化が急速に進む現代社会では、誰もが、災害、リストラなどのリスク、障害や病気など、何らかの出来事により、「生」の維持が困難になる危険と隣りあわせで暮らしているということである。

　ここで本書の中心概念となる「生」について定義したい。「生」とは、人間が生命を維持するために必要となる生活圏と生命圏の重なる領域を示す概念である。生命圏は、人間の生命を構成する諸要因が、食事や排泄といった単独主体のレベルで維持されるのではなく、他者や自然との相互的関係性において維持され、成立するという空間領域を意味する。つまり、生命圏は単独主体の生命維持空間ではない。それは人間存在の固有性が具体化されるための、他者の生命への畏敬、尊厳、身体性、ふれあいや相互関係などを基盤とした人間実存の社会的空間であり、生命の固有性の「現われ」の場を指す。生活圏は、こうした生命圏を日常的に維持するために必要不可欠な社会的空間を意味する。その意味で、生活圏と生命圏は密着した領域に成立している。

　人間の「生」が問題となる現代社会では、近代市民社会が前提としてきた自立した人間像はさまざまな矛盾をかかえ、人間存在や他者との関係の問い直しが、避けがたい課題となっている。それは他者の支援をえな

ければ、通常の生活を営むことが困難な人々の「生」のニーズを、いかに発見し、支えていくか、という課題である。こうした課題に正面から取りくんだのが、本書で注目する「生」に関わる市民活動である。とりわけ阪神・淡路大震災は、「生」を支える市民活動の成立を最も明確に示した事例だといえよう。

「生」を支える市民活動とは、能力主義といった単一的な価値観によって社会から切り離され、「生の維持」が困難になった人々にまなざしを向け、そして「自己存在を固執しようとする力＝自存力」をエンパワーする活動である。それは他者と、生命の移ろいやすさ、生命の尊重という価値を共有しながら、各個人の固有性や差異を認めあうという、成熟した市民社会をめざすための活動だといえる。

その意味で、本研究で取りあげるボランティア・市民活動は、公権力に対する拒否・抵抗の運動でも、またオルタナティブな社会変革をめざす運動でもない。**人間の「生」を最小限のレベルで支える活動**であるという点において、ボランタリズムの新たな段階を示すものと考える。

3．市民活動をめぐる基本概念

日本では1980年代以降、高齢化などを背景にボランティア活動が急速に広がり、またNPO法人も全国で4万件にせまる勢いで増加している（2009年現在）。こうしたボランティアやNPOは「市民活動」と呼ばれている（図1-1）。

山岡義典によると「市民活動団体」とは、民間非営利組織であるNPOの一部で、その中にNPO法人やボランティア団体、町内会などの地縁団体が含まれる（山岡編1997:8）。NPOは「民間非営利組織」と訳され、法人制度と税制優遇制度を背景としてアメリカで生みだされた概念である[5]。

その特徴は、①フォーマルな組織、②非政府性、③非営利分配、④自己統治性、⑤自発性、⑥公益性、という点にある（Salamon 1992=1994）。

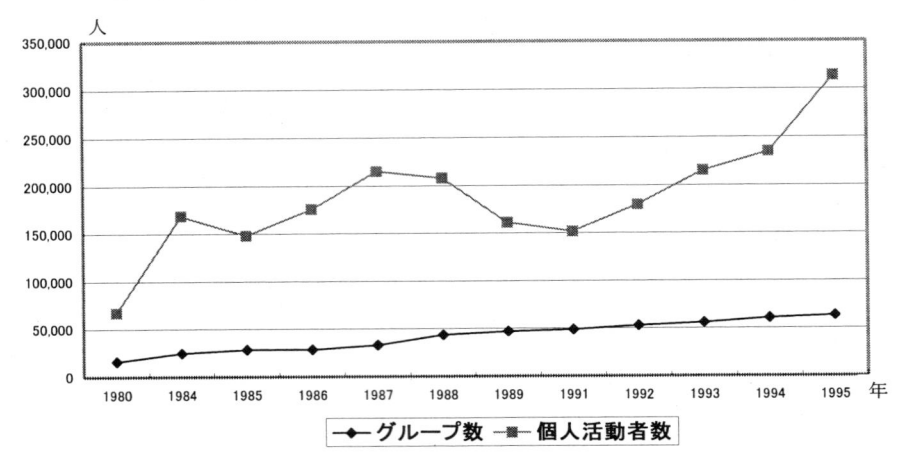

図1－1 ボランティア・グループの数および活動者数の変化

出典：『ボランティア白書』編集委員会（1997）。

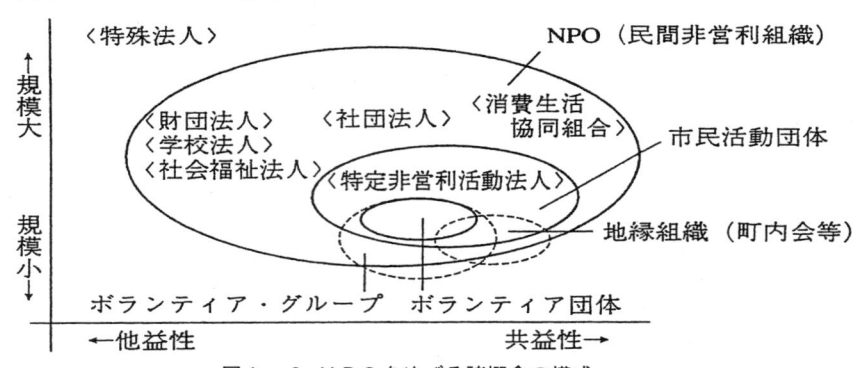

図1－2 NPOをめぐる諸概念の構成

出典：山岡編（1998）。

　ただしNPOを幅広く捉えたとき、財団法人、社会福祉法人、学校法人、財団法人から生活協同組合、NPO法人、市民活動団体まで含まれる（図1－2）。
　そのため日本のNPOは、既存制度の下で法人として活動している公益法人などの「フォーマルなNPO」と、草の根レベルで活動している小規模な市民活動などの「インフォーマルなNPO」との二重構造になっている。

そこには、実態的・制度的にかなりの差があり、NPOといっても分析対象とする領域によって大きく異なる。

　本書が対象とするのは、草の根的なNPOのなかでも、優先的価値観や他者との関係性を問い直すために立ちあがる、課題達成や社会変革、アドボカシーといった運動的側面の強い市民活動である。メンバーや仲間のために活動する共益性の高い団体や、趣味のための活動とは区別し、地域社会の問題解決に取りくむ運動的性格の強いボランタリーな活動に焦点を当てる。

　市民活動には、ボランティア、ボランティア団体、地縁組織、NPO法人などが含まれる。

　これまでボランティアは、自発性、無償性、アマチュアリズムなどを特徴とし、「かわいそうな弱者」を対象とする援助活動としばしば理解されてきた。そのため過剰な思い入れや信仰に基づくものというイメージがつきまとっていたことも事実である。しかし1990年代初めから、ボランティアを他者との関係性から捉える議論が注目されるようになった。

　その大きなきっかけをつくりだしたのが、金子郁容（1992）である。金子によるとボランティアとは、「その状況を『他人の問題』として自分から切り離したものとみなさず、自分も困難を抱えるひとりとしてその人に結びついているという、『かかわり方』をし、その状況を改善すべく、働きかけ、『つながり』をつけようと行動する人」のことを意味する。本書では、ボランティアの理解を深めるために、「生」の次元からボランタリズムという行為を再検討し、その意味内容について具体的に考察していく。

　ボランティアの組織体であるボランティア団体は、法人格をもたない任意団体である。これは趣味の団体を除いた他者や社会のため、あるいはメンバーのため、自発的に問題解決やサービス供給に取りくみ、その構成メンバーが専従ではなくボランタリスティックな団体を指す[6]。そして、ボランティア団体が有給・専従スタッフを置き、非営利事業や有償化によって組織を運営するようになると、「市民活動団体」へと展開し

ていく。

　さらに近年では、法人格を獲得し、社会的に容認されながら活動するNPO法人[7]が注目されている。日本の市民活動は長い間、任意団体として存在してきたために、責任の所在があいまいな「うさんくさい存在」とみなされる傾向が強かったといわれる(田中1998:40-41)。しかし1998年に通常国会で成立した「特定非営利活動促進法」(NPO法)により、ボランティア・市民活動団体が、「認可」ではなく「認証」によって法人格を取得できるようになり、小数ではあるが条件を満たせば税制上の優遇措置が受けられるようになった。最も大きなメリットは、任意団体であった市民活動団体が、社会的承認をえることができるという点である。しかし、現実問題としてこの法律によってNPO法人が税制上の優遇措置を受けることは難しく、認定NPO法人を除いてほとんどの団体が条件をクリアできない。

　本書では分析レベルや分析対象によって、「ボランティア」「ボランティア団体」「地縁系団体」「NPO法人」を使い分け、多様な活動を捉える包括的な概念として「市民活動」を使う。これは、問題状況に応じて、運動的性格を強めたり、活動的性格を強めたりという柔軟性をもつ概念である。

4．「市民セクター形成」としての市民活動論批判

　欧米では、急増するボランティアやNPOの動向を分析するものとして、「サード・セクター」や「社会的経済」に関する研究が盛んである。アメリカでは経済学的アプローチを基本とした「サード・セクター論」(third sector)、イギリスでは政治学的アプローチを基本とした「福祉多元主義」(welfare mix)が主流である。

　アメリカにおける非営利経済の動きは、国家を中心とした第1の「公的セクター」や、市場経済を中心とした第2の「私的セクター」に次ぐ、第3の「非営利セクター」「サード・セクター」として位置づけられている[8]。そこには、非営利経済の意義と役割について、主に2つの理論が

ある。1つは、営利企業にみられる消費者の疎外の問題、サービス不平等の問題、外部不経済の問題など、「市場の失敗」から説明する「契約失敗論」である（Hansmann 1987）。もうひとつは、政府によるサービスの提供が、財政膨張、硬直性や非効率性を伴うために、多様なニーズに対応できないという「政府の失敗」から説明する「準公共財理論」である（Weisbrod 1988）。資本主義による「市場の欠陥」を補填しようとした政府が、硬直した官僚制に起因する「政府の失敗」を引き起こし、その失敗を補完するシステムとして「非営利セクター」(non-profit sector)が発展したというのである[9]。

一方、イギリスのボランタリー・セクター(voluntary sector)は、福祉国家から福祉社会へ移行するにつれ、サービス供給が多元化することに注目した「福祉多元主義」の文脈で議論されることが多い。その代表的論者であるA. エヴァース(Evers 1995)やV. A. ペストフ(Pestoff 1998=2000)らは、福祉社会への移行を「福祉国家の高度化」と捉え、それに伴う国家と市民社会の再編において、ボランタリー組織に期待を寄せている。また福祉国家の危機における「国家の役割縮小論」(rolling back the state)に基づき、サービスの多元化を進める担い手のひとつとして、反官僚主義的―反専門主義的なボランタリー・セクターに期待をよせるN. ジョンソン(Johnson 1987=1993)の研究も注目される。

日本では、アメリカのNPO論[10]に依拠し、NPOやボランティア団体を国家や市場に対する対抗的、あるいは補完的な「第3セクター」「非営利セクター」として位置づける研究が多くみられる（長谷川2000, 山内1997, 角瀬・川口編1999）。これらの研究は、主に組織の経営戦略やマネジメント、組織の機能分析、行政や企業など他セクターとの（非）均衡・協働関係に焦点を当てる傾向が強い。

サード・セクター論に依拠する研究は、市民活動団体の全体的状況を把握し、社会における非営利活動の位置づけを検討するためには有効である。しかし日本では、欧米と「サード・セクター」の定義も異なり、ま

たボランティアや市民活動がその規模に達していないのが現実である。そのため草の根レベルの市民活動をセクターの形成主体として位置づけ、行政や市場システムとの関連だけで捉えることは、かえって市民活動が抱えるジレンマやその可能性を見すごすことになりかねない。そこでの問題は、次の2点あると思われる。

第1に、サード・セクター論では、非営利事業の組織化や運営のあるべき姿を理念的に論じる傾向が強く、活動本来のミッション（mission, 使命感）に関わる主体性の確立や当事者の自立という実践的なテーマが扱われなくなる。その結果、運動を生みだす問題状況がみえなくなり、問題を抱え、支援を必要とする当事者の実態が把握できないという問題がでてくる。

第2の問題は、セクター論では、組織運営をいかに維持し、継続するかが中心テーマとなり、ある問題に直面したボランティアがミッションを再確認し、いくつもの困難を乗りこえながら、問題解決に取りくむ動態的過程を捉えることが難しいといえる。

日本社会における市民活動の現状を分析するためには、セクター論に依拠するだけではなく、日本の歴史的・地域的背景のもとに発生した、ある特殊な問題に対し、人間が開始する集合的行為の内実を考察することが重要となる。つまり国家や市場との対抗・相補関係を議論する前に、現場で実践されている市民活動の事例から、そこに存在する問題状況の把握と、それに対して生みだされる人間の相互関係性の内実と社会的意味を解明することである。こうした視点にたった研究の課題を次に検討したい。

5．市民活動研究の社会学的課題

これまでの社会学はどちらかというと、地位、役割、階級、集団、組織、家族など、「制度化された社会的事象に焦点を当てること」を優先し

てきた。そのためボランタリー行為は周辺テーマとなり、理論的検討はそれほど十分には行われてこなかったといわれる(佐藤慶幸1994:325)。実際、制度化されない、日常的な人間の結びつきとしてのボランタリズムやボランタリー行為、アソシエーションに関する社会学的研究はそれほど多くはない。そこで、市民活動研究の社会学的課題を3点にまとめ、先行する研究を整理する。

(1)相互関係性に成立するボランタリズムの考察

　ボランティアに関するミクロ・レベルの研究には、行為の理念や動機づけから分析するものが多い。ボランタリー行為を生みだすイデオロギーや価値の役割を「個人主義」との関連から分析するもの、現象学的視座に基づきボランタリー行為の相互作用を分析する行為論などが中心となっている。

　例えばR. N. ベラー(Bellah et al. 1985=1991)は、アメリカのボランタリズムを個人主義という視点から分析し、功利主義的な個人主義に対する聖書的・共和主義的精神に活動の源泉を見いだす。また李研焱(2002)は、個人主義に注目しながら、近代的個人が抱える自由と平等といった両義的な問題を解決するものとしてボランタリー行為を位置づけている。

　しかし、自発性や個人主義というボランティアする側の条件を分析しても、共感やコミットメントに基づく被支援者との関係を直接的に説明できるわけではない。ボランティアが、どのように他者を迎え入れ、対話的行為を通して、相互関係性を形成するのか、というプロセスを詳細に解明することが重要と思われる。

　社会学の領域において、早くから相互関係性を視野に入れたボランタリズムの行為論を展開しているのは、佐藤慶幸(1986, 1991, 1994)である。佐藤の議論は第3章で詳しく検討するが、佐藤(1994)は方法論的関係主義という立場から、人間行為の能動性の前提条件であるボランタリーな社会的行為論を「意味」「相互主観性」によって解明する。そして行為者が

他者との意味の共有によって形成する相互主観的世界に、宗教的倫理性ではなく、人権思想に基づくボランタリズムの成立を見いだしている。

また金子郁容(1992)は工学的発想から、ネットワーク論に基づき、ボランティアを関係性という視点から分析した。従来のボランティア論が、自立した主体像を想定していたのに対し、自らを「弱い立場」に立たせることによって、他者との新たな関係を切りひらくボランティアの可能性を示す。そして情報システム論の発想に基づき、ボランティアの形成する相互関係性を解明している。

これらの研究では、ボランティアを関係性から捉えるという視座までは提示されているが、実際の関係が成立する過程やその中身にまで迫った議論はそれほど多くはない。これに対し原田隆司(2000)は、被災地で展開されたボランティアを取りあげ、ボランティア活動がどのように成立し、継続するのかを、関係性という視点から考えている。またボランティアと障害者の相互的なアイデンティティ形成の過程を、ミクロな相互作用論によって分析する佐藤恵(1999)の研究などもある。

今後、大きな課題となるのは、ボランティアという行為を自発性や動機づけによって捉えるだけではなく、他者と出会い、対話的行為により関係を形成する過程に注目し、そこで発生する問題や社会的意義を具体的事例に基づき詳しく論じることである。ボランティアと被支援者が相互関係性を形成する過程から、他者性を導入したボランタリズムの再検討を行うことは、社会学の領域においても非常に重要なテーマになる。

(2)地域社会における市民活動の現状把握

社会学の領域におけるボランティア研究は、福祉ボランティアを対象とした調査や統計資料を通じて、彼らの年齢や性別、職業、階層性などについて分析するものが多い。ボランティアの担い手に関する統計調査を行った平岡公一(1986)や、福祉ボランティアへの参加が、地域関係的要因や共同体慣行的な規範の存在、階層性などと相関関係にあることを

統計調査から示した稲月正(1994)や高野和良(1994)らの研究がある。鈴木廣(1989)は、日本のボランティア参加者の階層構造を分析し、その多くが上位階層と下位階層の両極に集中していること、中間階層では参加率が低いことを発見し、参加者分布の「Kパターン」を提示した。

さらに1980年代末には、広がりつつある市民活動の全体像を探る大規模な調査が行われた。1994年に総合研究開発機構(NIRA)が出した『市民公益活動基盤整備に関する調査研究』や、経済企画庁が1997年に出した『市民活動レポート―市民活動団体基本調査報告書』などは、日本で初めて、市民活動団体の全体像を浮かびあがらせた調査だといえる。

しかしこれらの研究には、運動や活動が地域社会の問題状況を反映したものであるという、問題認識が欠けていると思われる。つまり、地域性や階層性によって把握された行為主体であるボランティアがなぜ生みだされたのか、という統計の背後にある要因を、社会構造や地域問題の現実と関連づける視点が弱いのである。

地域社会の問題状況やコミュニティ形成と、ボランタリー活動を関連づける研究は、都市社会学や地域社会学の領域において蓄積がある。例えば越智昇(1986, 1990)は、ボランタリー・アソシエーションを、都市の社会的矛盾を自発的に解決し、生活文化を創造するような社会運動として捉えている。それが地域組織と自治体行政に対して緊張関係をもちながらも、ネットワーキングによって新しい生活様式を発信する可能性を検証している。また高田昭彦(1994)は、東京都武蔵野市における「けやきコミュニティ・センター」の建設に関わる市民活動をコミュニティづくりと捉え、地域に存在する諸ネットワークがいかに活性化されたのかということを、地域社会との結びつきのなかで解明している。

その一方で地域福祉の展開との関わりから、ボランティア論を展開しているのが、三本松政之(1994, 2001)である。社会福祉のノーマライゼーション原理を、コミュニティ形成原理との関わりから再検討し、異質性を排除しないで、多様な主体を包摂する「コミュニティ福祉システム」の

担い手としてボランティアを位置づけている。

ある社会問題に対して、ボランティア運動や市民活動が実践として現われる現場は地域社会である。とくに市民活動の運動的側面に注目した場合、その地域社会における問題状況の内実と意味を把握した上で、市民活動がその問題をどのように捉え、どのように反応したのか、という現実を把握することは重要な課題である。

(3) ボランタリズムに基づく「公共性」の問い直し：市民活動の理論的課題

ボランティアが他者と新たな関係を切りひらき、問題解決に取りくむ過程には、これまで国家や行政が独占してきた公共性を、ボランタリズムという行為の次元から問い直すという理論的課題がある。実際、1980年代以降、急増する市民活動を、公共性や市民社会との関わりから分析する研究が増えている。それらの研究は大きく2つの方向性にまとめることができる。

第1は、ボランティアやNPOを、国家による単一的な公共性観とは異なる、新たな公共性の担い手として位置づける研究である。第2は、私的行為のなかに公共性を見いだす研究である。

前者の研究で多いのが、社会運動論の立場からNPOやボランティアを取りあげ、これが国家システムや市場システムに対する第3の市民セクターを形成し、新たな公共性の担い手となるという主張である（佐々木・金編 2002）。例えば長谷川公一（2000）は、国家レベルに定立されてきた公共性に対し、市民活動が国家や市場とコラボレーションしながらも、対抗的・批判的関係のなかで「市民セクター」を形成し、新しい公共性を担う可能性に注目する。また、ボランティアが社会において権利を生みだす最前線の活動を担いながら、行政の解釈とは異なる公共性観念を提起する岡本仁宏（1997）の研究、さらにボランティアを社会的リスク回避のための共同保障システムとして位置づけ、そこに新たな公共性が形成される素地を見いだす三上剛史（1997）の研究などがある。これらの議論

は、運動主体が国家レベルの志向性をもち、国家に対抗的な市民セクターや第3セクターを形成するという意味で、「大きな物語」を前提としている。

公共性に関わる第2の研究としてあげられるのは、「大きな物語」を前提とした公共性を批判し、支援という視点から新たな「自発支援型の公共性」を提起する今田高俊(2001)である。今田によると、支援は私的行為から発しながら、利己心を超えて他者へとつながる点で、公的行為に結びつく。そこに「行政管理型の公共性」や「市民運動型の公共性」とも異なる、新たな「自発支援型の公共性」が切りひらかれるという。

ボランティア活動では、私的行為が他者につながるというだけでなく、そこで他者と取りむすぶ関係性が重要な要素となる。ボランティアが形成する新たな関係性は、既存の価値に対して異議を唱え、新しい価値判断を投げかけている。そうした新たな関係性に基づく問題提起から、政治的争点空間としての公共性が立ちあがるプロセスを解明することが必要だと考える。つまりボランティアが他者と相互関係を形成する過程から、新たな公共性がどのように切りひらかれるのか、という理論的課題を検討することである。

以上、市民活動の社会学的研究の課題を3点にまとめると、①諸主体間のミクロ・レベルでの相互関係性からのボランタリズムの過程分析、②地域社会の問題状況に対するボランティアや市民活動の現状把握、③ボランタリズムに基づく公共性の問い直し、である。

注

1) そもそも日本では戦後民主主義の高まりのなか、1960年代から階級や政党間の争いを越え、「市民運動」と称される運動が登場した。その典型は、小田実らによって1965年に発足し、1970年代前半にかけて展開された「ベトナムに平和を！市民連合」(通称「ベ平連」)である。その思想的基盤は、運動のリーダー格であった久野収の「市民主義の成立」、羽仁五郎による「市民主義」にあった(佐伯1997)。市民運動が対象とするテーマは、グローバライゼーション、平和、女性といった広がりをもち、その担い手も、情報的資源に

恵まれた専門職層や高学歴層が中心となることが多い(長谷川 1993:101-105)。

2) 1980年代以降に広がりをみせている市民活動の動きを、1960年代末からの住民運動との断絶、変容のもとに捉える研究(庄司 1989, 町村 1987)と、住民運動との連続性のもとに捉える研究(似田貝 1989)という2つの傾向がある。

3) これは単に抵抗・告発型の運動が、提案型の市民活動へと転換したというわけではない。例えば長谷川公一(1996:246)は、NPOが問題解決に継続的に取りくむ制度的枠組みをもっている点に注目し、NPOを社会運動や市民運動が「制度化し、事業体化した姿」として、両者を連続性のもとに捉える。同じく高田昭彦(1998:167)は、1980年代以降に広がりをみせる市民活動の特質を「ネットワーキング」に見いだし、その導入を介してもたらされた、1960年代の抵抗型市民運動の後継者として捉えている。

4) もともと弱者とは、「能力の劣る」とされる障害者や高齢者などを示す概念として使用されてきた。しかし1990年代頃から、社会政策によって作りだされる貧困者や失業者などが、自立への道を閉ざされるようになることを「社会的弱者」に含める考えが定着しつつある。つまり偶然の出来事により、誰でも「弱者化」する、いわゆる「弱者の大衆化」(岡本 1996)という現象が起きている。

5) ここで重要なのは、「非営利」が営利を追求しない、あるいは無償性を意味しない点である。「非営利」とは、利益を上げてもよいが、それを理事会やメンバーなどに分配しない、あるいは制限つきの配分に限定し、活動本来の目的に投資することを意味する。

6) 三本松政之(1998)によるとボランティア研究には、①個人の自発性・発意に基づく「個人レベル」、②組織化された集団・組織において理念化された目標達成を図る「集団レベル」、③活動の理念を制度的な次元で社会的な価値や目標として共有化する「社会レベル」という3つのレベルがある。

7) 現在、NPO法人に認定されると、法人税法上の収益事業33種類の所得にのみ、株式会社と同じ30%が課税される。また寄付金に関しては、「特定公益増進法人」と認定された団体に対する寄付のみに所得控除が適応される。しかし、所得控除を受けるためには非常に多くの条件をクリアしなくてはならず、2001年から始まった認定申請は手続きが煩雑な上に、厳しい条件が課せられている。そのためほとんどの団体が「特定公益増進法人」に申請できないという(朝日新聞 2001. 12. 11)。

8) アメリカの「非営利セクター」論の動向に関しては、川口(1997)が詳しく述

べている。
9) L. サラモン（Salamon 1992=1994, Salamon & Anheier 1994=1996）やW. アンハイアーとH. K. セイベル（Anheier & Seibel 1990）らは、経済的変数だけでなく、政治的・社会文化的変数も考慮し、それを非政府性、非営利性、公共性などと関連づけたサード・セクター論を展開している。
10) NPO論の代表として、公共財理論と契約不履行理論がある。簡潔にいうと、公共財理論とは、画一的で一律な政府によるサービス提供では充足できない多様なニーズに対して、NPOがサービスを供給するという補完理論である。これに対し契約不履行理論とは、企業と消費者がかわす対等な社会契約において、企業が圧倒的に有利になるために、その契約不履行を是正する主体としてNPOが役割を果たすという理論である（富沢・川口編 1997：42-50）。

第 2 章　「生」をささえる市民活動への注目

　阪神・淡路大震災は、ボランティア革命、ボランティア元年と呼ばれる程のボランティアのうねりを生みだし、日本社会のあり方やボランタリズム思想に対して大きなインパクトを与えた。被災地で展開されたのは、被災者の生命を救いだすことに全力をつくし、生活再建を支援するボランティア・市民活動であった。多くのボランティアは、活動に伴う困難を乗りこえながら、社会から切り離され、生命の維持が困難になった被災者を支える活動に取りくみつづけている。
　第2章では、阪神・淡路大震災が既存のボランティア論に与えた思想的インパクトを論じる。そして「生」の次元から、ボランティア・市民活動を取りあげるために、サブシステンスという理論的視座を提示する。

1．阪神・淡路大震災の思想的インパクト

(1)　受動性から立ちあがる主体

　大震災が提起した第1のテーマは、自発性によって規定されてきた能動的主体という人間存在の問い直しと、「受動性」に基づく主体の形成という問題である[1]。これは活動の主体に、他者からの受苦を受けざるをえない「身体性」(受苦・受身)という視点を導入することを意味する。
　多くの家屋やビルを倒壊させ多くの命を奪った震災で、かけがえのない人や物を、一瞬にして失った被災者の絶望と苦しみは計り知れない。震災直後に集まったボランティアは、被災者が抱える苦しみや困難に対

し、自発的にというよりは、「おのずから」「ほっとかれへん」という感覚によって行動を起こしたケースが非常に多かったという(渥美2001:62)。ボランティアに参加した人は、「とても他人ごととは思えず、行かずにはいられなかった」「何か役に立ちたい」「人間として当たり前のことだし」などの理由を挙げている(ながた支援ネットワーク編1995)。こうしたボランティアの行動は、自発的というよりは、他者の苦しみに対する受動的感覚から生みだされている。そこには権利獲得のために権力へ抵抗し、他者と積極的にコミュニケーションを交わし、オルタナティブをめざす運動とは異なる主体像が浮かびあがる。つまり震災後のボランティア活動は、人間が無意識のうちに他者から苦しみを受ける「弱い存在」であり、他者の痛み、苦しみへの感受性という受動的な身体性をもつ存在であることを示したのである。

　震災後のボランティア活動を分析するためには、他者の苦しみや苦痛への感受性から立ちあがり、他者に働きかけるという、身体性を伴う主体をテーマとして取り扱う必要があるだろう。他者の苦しみに対して傷つき、行動するボランティアの主体性のあり方を問うことで、身体性を導入したボランタリズムの新たな位相を捉えることができると思われる。

　人間の持つ受苦性を存在論のレベルまで掘り下げ、身体性の視点を取り入れながら「パテーマ」論を展開しているのが、中村雄二郎(1998, 2000)である。中村は、近代の知が、若さや、能動性、力など、青壮年・男性を中心とした「強さと力」の価値を重視し、絶対化してきたことを批判する。近代科学が無視し、軽視してきた現実である「生命現象」「関係の相互性」に注目しながら、知の体系を組み立てることを提唱する。そして身体をそなえた主体が行う他者との相互行為を基盤にして、パトス(受動性、受苦性)から出発する知を「パトスの知」、あるいは「臨床の知」として提起している。ここでいうパトス(pathos)とは、身体性をそなえた人間が必然的に他者からの働きかけを受けざるをえないという受動、受苦、

情念など、人間の弱さに関わる概念である。こうした苦しみを受ける受動的な身体性を捉える概念がパテーマだといえる。

中村の議論は、イタリア人哲学者G. バッティモ（Vattimo）の「弱い思想」に触発され、さらにそれを人間の存在論的な考察にまで深めたものである。こうした人間の持つ「パトス」は、近年の「弱さ」やボランティア活動における「ヴァルネラビリティ」（vulnerability）の議論として注目を集めている[2]。また運動論のなかに痛みや苦しみといった身体性の視点を明確に導入したA. メルッチ（Melucci 1989=1997）の研究にも通じるものがある。

ボランタリズムという行為を捉えるひとつの概念としてパトスやヴァルネラビリティが重要となるのは、これが他者の受苦を受けざるをえない受動的な身体性への視点をもたらすからである。ただし、ここでいう身体とは単なる人間の体ではなく、人間の生命の「現われ」を、最も根源的なところで捉える「命の与えあい」のなかに成立するものである（鷲田 1998：183-188）。

ボランティア論に身体性や人間存在への視点を導入することで、他者の苦しみや困難といった受苦から立ちあがる主体を想定しながら、人間の「生」に関わるボランタリズムの位相を捉えることが重要なテーマとなる。

(2)「生」の固有性の尊重

大震災が提起した第2のテーマは、単一的な価値観の問い直しと、多様性の受容による「生」の固有性の尊重という問題である。

震災直後、生きるか死ぬかの極限状態におかれた多くの被災者に対して、全国から集まったボランティアは、被災者の生命を救う救援活動に必死に取りくんだ。そこでは被災者もボランティアも、人間の生命と安全を何よりも最優先に考え、他者と共に生命を支えあう重要性を切実に感じた。日常のルールや一定の秩序が崩壊した非日常時に成立したのは、多様な被災者の存在に目を向け、多様なニーズに目くばりできる状態で

あったという。

　しかし、次第に復興が進み日常時へともどるにつれ、ボランティア活動もルール化され、秩序化されるようになった。それは多様な価値観が再び、効率性・利潤最優先の画一的な価値観へと引きもどされていく過程でもあった。こうした状態で、復興から取り残されていく被災者のニーズを発見し、解決するために、ボランティアは多様な価値観をもちつづけながら、被災者の個別な「生」を支える活動を展開するようになる。それは人間の生命に最も重い価値を置き、一人ひとりの「かけがえのなさ」(uniqueness)に徹底してこだわるという支援活動であった。

　これまでの運動論は、どちらかというと、自らのニーズを語ることができるメンバーがコミュニケーションを交わし、同一の目的や理念に向かって、「みんなのために」行動するという動きが中心であった。しかしこうした同質性が、ともすれば、メンバー以外の他者にとり排他的であったことも事実である[3]。

　「生」をささえる市民活動は、支援者と被支援者が同一化することを目ざすのではなく、むしろ異質性を保ち続けながら、お互いの固有性を尊重することをめざしている。これは他者との差異が関係を生みだす契機となり、他者に対して受容的なコミュニケーションのあり方を指す[4]。

　この点に関し国際法学者・芹田健太郎は、震災の経験をふまえ、「切り捨ては許さない」という被災地に育った決意から、「最大多数の最大幸福から脱せよ」という議論を展開している。芹田は「みんなのために」ではなく、人間の個別な「生」、存在の固有性に目を向ける必要性を主張する。そこで万人の幸福は、「最後の一人が幸福になって初めて実現する」として、「最後の一人」の生存権の根拠を、人間のつながりに見いだしている（神戸新聞1997.12.7）。ボランティア論のなかに、「個」の尊重という視座を取りいれることで、画一的な価値観のもとに不可視化されてきた少数者の存在に光をあて、具体的な「生」にこだわるような動きを、運動論のなかに見いだすことができると思われる。

以上、震災が生みだしたボランティア活動は、他者の受苦に対する感受性という「身体性」への視点を、活動主体に組みいれていくこと、さらに「生」の個別性や存在を支えるという、「生」(生命圏と生活圏)への視点をふまえることを大きなテーマとしている。ではこうした「生」への視点は、震災ボランティアの先行研究で、どこまで注目されてきたのであろうか。

2．震災ボランティアの先行研究

　阪神・淡路大震災後、災害社会学を初めとして、ボランティア活動や市民活動に関する多様なアプローチが展開されるようになった。それらを以下の4つのタイプに分けて概観する。

(1)集合行動論的アプローチ

　震災の経緯を地域コミュニティとの関わりから分析する浦野正樹(1995, 1996)や大矢根淳(1996)を中心としたグループは、災害社会学の立場から調査を行い、直後の緊急救命期(1週間以内)、避難救援期(1月末～3月末)、生活再建期(4月以降)に分け、被災地内外のボランティア活動の展開を、行政の対応、団体間のネットワーク形成、高齢者問題やコミュニティの生活再建など、さまざまなテーマと関連づけながら論じている(早稲田大学社会科学研究所編1996)。

　なかでも山下祐介・菅磨志保(2002)は、震災直後に集まった震災ボランティアへの調査を行い、被災地の状況変化に対応した緊急支援システムのなかで、ボランティアが果たした役割や「ボランティア・システム」の内実など、組織化するボランティアの詳細な記録を、集合行動論や危機管理論の視点から記述している。そこでは、震災ボランティアを市民社会の形成主体ではなく、これまで日本社会にあった「共同性のあり方」の変化と捉えることを強調している。

また渥美公秀(1998, 2001)らは社会心理学の立場から、災害ボランティア研究を行っている。渥美は、「人間の集合体を1つの全体として捉え、その全体的特質(集合性)のダイナミズムを明らかにする」というグループダイナミクスの手法をとる。そして日本災害救援ボランティア・ネットワーク(NVNAD)を事例に、災害ボランティアが現場で果たす役割や問題点、ネットワークの形成などを議論している。

　さらに今野裕昭(1998, 1999)は、震災ボランティアの組織化に注目している。長田区真野地区を事例に取りあげ、地元住民ボランティアの視点から外部参入の一般ボランティアの動きを分析し、ボランティアのコーディネート能力が、震災ボランティアによる効率的な被災者のニーズ充足を可能にすること、地元自治組織が災害で大きな機能を果たしたことなどを明らかにした。

(2) 組織論的アプローチ

　野田隆(1997)は組織行動研究に焦点を当て、災害時に形成される「緊急社会システム」において課題となる組織的対応を考察している。被災地に集まるボランティア団体やNPOに対して、既存組織の落ちこぼれた業務を地道に拾っていたと評価する一方で、それが「コントロール不可能な、帰属意識のない、スキルもまちまちな、期間も人員数も定かではない応援」とみなされてきた点も指摘する。そして、ボランティアを防災関連諸組織によって制御されることが難しい「転置型組織」と位置づけている。

(3) 市民社会論的アプローチ

　震災ボランティアを新たな市民社会の形成主体と捉え、理論化を図る「市民社会論」アプローチがある。例えば似田貝香門(1996)は、復旧・復興過程に関わるボランティア活動が、諸局面の役割変化に応じて、ボランティア自身の主体変容を引き起こすことに注目する。そしてボラン

ティアが、国家と「公共性」への協働と対抗という市民社会の「相補性」を、「公共圏」に構築する可能性を示唆している。

また本間正明・出口正之編(1996)は震災後のボランティア活動から、官のロジックが優勢であった日本社会が、民のロジックの重要性に目覚めたことを読み取ろうとしている。これらの研究は、ボランティアの力が日本の「市民社会」を再構築できるかどうか、その可能性を探るものといえる。

(4)相互関係論・支援論的アプローチ

さまざまな震災研究のなかでも特に注目されるのは、ボランティアと被災者の関係に焦点をあてた研究である。これらの議論では、ボランティアを自発性や無償、自己犠牲などの特徴で捉えるのではなく、相互関係のなかに成立するとみなす点に特徴がある。

例えば震災後、自ら活動に取りくんだ原田隆司(1999, 2000)は、「良いこと」と思いこんでいるボランティア活動が、結果として相手を深く傷つける事実に注目する。ボランティアを動機づけによって理解するのではなく、対象者との相互関係の形成過程から議論を展開している。また震災後に展開された被災障害者に対するボランティア活動から、ミクロな相互作用行為のなかで、ボランティアが障害者への認識を変化させ、自己反省的に自らの活動を変化させる過程を分析したのが佐藤恵(1999: 139-155)である。佐藤はP. L. バーガーの「態度変更」や「共謀」といった概念により、アイデンティティ形成や自己決定などを軸としたボランティア論を展開している。また似田貝香門(1999)や三井さよ(2001b)は、復興過程に応じて医療専門家が被災者との相互関係のなかで、専門職としての限定を乗りこえ、専門職ボランティア化する過程に注目し、専門性や専門知が施設外でもつ可能性と限界について論じている。

阪神・淡路大震災が社会学、さらには社会科学の領域に与えたインパクトは計り知れない。実証レベルにおける調査研究や、理論的考察など

貴重な研究が蓄積されるようになった。とりわけボランティアと被支援者の間の対話的行為に注目し、そこで関係が形成される過程を解明する視点は、極めて重要だと考える。その意味で、本書も基本的には「(4)相互関係論・支援論的アプローチ」の研究から大きな影響を受けている。

　しかし「生」をささえるボランティア活動を分析するためには、既存研究をふまえ、個人と個人の関係形成の過程を分析するだけでは不十分であろう。そこではボランティアが生みだす関係を、人間の実存や存在のレベルで捉え、その関係が当事者に与える影響と社会的意義について、実証的―理論的に検討することが求められる。そこで本書では、ボランティア活動・市民活動を「生」の次元から捉えるため、「サブシステンス」（支えあい、根源的関わり）という視座の導入を提示する。サブシステンスは、市民活動がテーマとする「生」の問題へとまなざしを向け、そこでの根源的関わりを捉える理論的視座を提供するものである。

3．サブシステンス概念への注目

(1)サブシステンス概念をめぐる諸理論

　一般的にサブシステンスとは、「生存維持的」「直接生存のために必要なあらゆる行為」を意味し、1970年代以降、おもに経済人類学や近代産業批判論、さらに平和・環境問題を分析する概念として注目されてきた（戸崎・横山編 2002）。例えば人類学では、未開社会における家族や世帯、「自給自足経済」（Sahlins 1972=1984, Polanyi 1977=1980）として、またフェミニズム経済学では、アンペイド・ワークに関する議論のなかで注目されている。つまり産業社会において利潤最大化の経済を基盤にした活動に対置し、「人間の営みの根底にあり、その社会の基礎をなす精神的・物質的基盤」を示す概念として認識されてきたといえる（川崎・中村編 2000）。しかしサブシステンスは、効率優先の資本主義原理との二項対立によって、理想的なものとして位置づけられてきたため、現況を分析する実践

概念としてはやや説得力に欠けていたことも事実である。「生」を支える市民活動の思想的基盤となるサブシステンス概念の源流を求め、現代的意義を探るため、サブシステンスの議論を**表2-1**に整理しておく。

そもそもサブシステンスは、労働や経済（エコノミー）という人間の営みに深く関わり、その歴史的パラダイム転換の上に形成されてきた。その背景には、近代を形成してきた労働社会の危機と、さまざまな社会運

表2-1 サブシステンス概念の分類

議論の種類	サブシステンスの内容	サブシステンスの位置づけ	サブシステンスの目的
人間の経済論 （ポラニー、イリイチ）	・自給自足経済、希少経済 ・生存の維持、人間生活の自立と自存 ・人間の営みの根底にある物質的・精神的基盤	市場経済—非市場経済 　　（サブシステンス）	・市場経済に包摂されないエコノミーの領域を捉える ・非市場領域にある人間生活の自立と自存の活動を捉える
エコ・フェミニズム論 （ミース、トムゼン他）	・生命を維持する「労働」 ・生の営みを支える生き生きとした関係の基盤となる	中心—周辺 （西欧中心的発展 　　—サブシステンス）	・資本主義で周辺に位置づけられてきた労働の重要性を、環境や生活文化との関係から浮かびあがらせる
環境、政治社会学 （栗原彬）	・生命の別の形式の現われ ・非領有・非支配の場 ・もう一つの政治、もう一つの公共圏の基盤	生活圏—生命圏 　　（サブシステンス）	・人間中心主義を相対化しながら、近代システムとは異なる人間の生命の別の形式の現われを捉える
平和学・環境学 （横山正樹他）	・生命の存続および再生産を支える生命維持系 ・本来性、類の存続条件 ・目指すべき価値規範	平和（サブシステンス） 　　—暴力	・環境問題を、人間の生命維持・再生産の根源的レベルから捉えかえし、人間社会を再構築する
「生」に関わる市民活動論 （本研究の定義するサブシステンス）	・存在の「現われ」を促す、人間の根源的関係を捉える視座 ・人間の生存を維持するために最小限必要となる他者との「支えあい」	生命圏と生活圏の交差領域にサブシステンスが成立	・理念的市民社会論で想定されてきた人間存在を問い直し、人間の実存レベルにおける他者との根源的関わりを捉える

動を背景とした人間の多様な活動の発見がある。その意味で、サブシステンスは、単なる伝統社会や自給自足社会への回帰をせまる概念では決してない。

サブシステンスで最も有名な議論は、K. ポランニー(Polanyi)による形式経済と実体経済である。ポランニーはC. メンガー(Menger)の「人間経済の二つの基本的方向」という理論的着想からヒントをえて、社会における経済位置の変化という問題を取りあげる[5]。そして経済(economy)には、経済的な「稀少性」の論理から派生する形式経済(formal economics)と、社会のなかで物的手段をつくる実体=実存的で「生存維持」(サブシステンス)に基づく実体経済(substantive economics)という2つのアプローチがあることを示した(Polanyi 1977=1980)。ポランニーの洞察は、そもそも実体経済が人間の歴史の中心を占めてきたが、19世紀に西欧資本主義において形式経済が確立されたことで2つの経済が重なり、1つとなって現われたという指摘にある。つまり近代化に伴い、形式経済が社会から「離床」(disembedding)するという大転換により、経済的決定があらゆる人間社会を支配するという妄想を生みだしたというのである。そして人間が物象化から脱却し、人間らしい相互関係を保ちながら生活するためには、人間の活動の一側面である「エコノミー」の本質的意味を考え、実体経済へ目を向ける必要を主張する(Polanyi 1957=1975)。

ポランニーの議論の特徴は、社会構造の存在によって統合される、人間本来の関係性に基づく相互行為プロセスに注目することで、社会に埋めこまれた「エコノミー」の実態を浮かびあがらせた点にある。つまり自らの生活の場である共同体を維持するために、さまざまな規範や慣習により規定される人間の相互行為を、「生存維持経済」(サブシステンス・エコノミー)という視点から明らかにした[6]。

またJ. C. スコット(Scott)は、互酬性や再分配の機構が、人間の最小限の生存保障を供与するというポランニーの議論に依拠し、現代の農民社会に生存維持のための「モラル・エコノミー」(moral economy)の成立を分

析した。スコットは、生存限界のところで暮らしている農民にとって、利潤の極大化の問題ではなく、むしろ生存維持のために最も安定した手段を選択するという生存維持倫理(モラル)の存在を強調している(Scott 1976=1999)。また日本でも玉野井芳郎が、人間中心主義を批判し、人間だけでなく、すべての生物の生命を核とした「生きた系」を中心とした生物サイクルに、低エントロピーの生命系や生命維持系(サブシステンス)をコアとする開放定常系の循環総体システムを提唱している(槌田・岸本編 1990、鶴見・新崎編 1990)。

　市場経済とは異なる人間存在に関わる営みを「エコノミー」という視点から提起したポランニーやスコット、玉野井の議論は、市民活動の基盤にあるサブシステンスの実態を考える際に大きな示唆を与える。しかしまた同時に、これらの議論が未開社会や農村社会を対象としているために、現代社会における分析概念として使用した際に、回帰主義という批判を受けることも確かである。そこで注目するのが、サブシステンス概念を現代的な理論枠組みへと再解釈したI. イリイチの議論である。

(2) 現代的サブシステンスの理論的系譜

①イリイチのサブシステンス論

　社会思想家であるI. イリイチ(Illich)はポランニーから大きな影響を受け、サブシステンスを現代における人間行為の理論枠組みとして確立した。とりわけイリイチが注目したのが、離床した経済の「影」になった領域であり、貨幣化されず市場経済を補足する領域であった。多くの経済学者達の関心は、市場経済とそれを支える「賃労働」にあったのに対し、イリイチは生産活動である「労働」を、「賃労働」(lohnarbeit)、「シャドー・ワーク」(schattenarbeit)、「自己固有の労働」(eigenarbeit)の3つに分類し、そこからサブシステンス概念を導きだしている。

　イリイチのいう「賃労働」とは資本主義経済を支える労働であり、基本的ニーズが生産物によって満たされるような、商品中心社会における労

働をいう。ここでは生産物が生産者から切り離されるために、労働の歓びや満足はなく、他律的で依存的な性質が強くなる。つまりこれは富の蓄積に関わる労働であり、サブシステンスと対置されるような経済活動だといえる。

「賃労働」に対しイリイチは、貨幣化されない2つの領域に注目する。第1が家事の領域における「シャドー・ワーク」、第2が人間生活の自立と自存を志向する「自己固有の労働」である。

「シャドー・ワーク」と呼ばれる労働は、賃金が支払われない「アンペイド・ワーク」であり、市場経済の「影にある労働」である。その特徴は、人間生活の自律・自存の活動や「支払いのよくない賃労働」とも異なり、市場経済を支える点にある (Illich 1981=1990:206-207)。つまり賃労働の再生産を支える原動力として存在し、資本蓄積に関わらない非生産的労働を指す。その典型が、男性の賃労働を支える家庭内での主婦労働である。

これに対し、イリイチが最も重視するのは「自己固有の労働」である。これは賃金が支払われないアンペイド・ワークであるが、「賃労働」や「シャドー・ワーク」の対極に位置する。具体的には、自分の属する地域社会における生活のための活動、自助、隣人援助、ボランティア活動などの余暇活動を指す。これらの活動は、他者との相互関係によって日常生活のニーズを満足させる、自立的で非市場的な「ヴァナキュラー」(vernacular)[7]という行為を基盤にしている。こうした行為に基づき、自らが生存するための基本的欲求を非市場的方法で充足することで、人間は生きている (aliveness) ことを実感し、生きる歓びをえることができる。この「自己固有の労働」に基づき、脱産業の経済において普及する、自律的、自主的で、使用価値志向の生活様式こそが、イリイチのいう現代的サブシステンスだといえる[8]。これは市場社会の周縁にあり、生存維持経済を、脱産業の経済社会における生活様式を捉える概念として、現代的に解釈し直したものである (Illich 1974=1979:175)。そしてサブシステンスという生活様式により、人間の自立共生を意味する「コンヴィヴィア

リティ」(conviviality)が可能になるというのである(Illich 1973=1989)。

イリイチのいうサブシステンスとは、生活のあり方を問い直し、市場経済の外部にある非市場的領域において成立する「人間生活の自律と自存」のための活動であり、社会的必要労働である賃労働に対する余暇活動を意味する。それは市場経済や産業経済に対置するものであり、人間が自立・自存を確立する上で必要不可欠な物的・精神的基盤をなす。

日本でも、イリイチの思想から影響を受けた栗原彬(2001, 2002)が、サブシステンスの議論を展開している。栗原のいうサブシステンスとは、近代システムで優先的な権力編制に回収しきれない生命圏の次元から立ちあがる「非決定・非領有の場」を捉える概念である。一般的にいわれる経済過程とは異なり、存在の現われ、生命の別の形式のアピアランス(現われ)を示している。栗原の場合、サブシステンスの視点を政治の世界へ展開するところに特徴があり、生の臨界状態に立たされた難民やマイノリティが生き延びようとする時にいきつく、「もう1つの政治」の基盤として位置づけている。本書は、生命圏にサブシステンスを見いだす栗原の議論に一定の修正を加えるが、サブシステンスの捉え方については継承する点が多い(この点については、後述する)。

②フェミニズムにおけるサブシステンス論

一方、イリイチとは別の系譜でサブシステンスを議論しているのが、M. ミース(Mies)、C. V. ヴェールホフ(Werlhof)、B. ドゥーデン(Duden)らの非主流派フェミニストである[9]。イリイチは、自らのシャドー・ワーク概念を、ヴェールホフらの影響のもとに構想したことを明言している。しかし両者のサブシステンス概念に直接的関係はなく、むしろフェミニストらは、社会的必要労働と規定する雇用労働と、自由時間内での自己固有の労働というイリイチの二分法を、男性中心的労働観であるとして批判する。そこで周辺化されたインフォーマル・セクターに、主婦労働が押しこめられていることを鋭く指摘する。むしろ中心と周辺という分類によって労働を規定し、その周辺領域にある、市場向けではない生産

に関わる女性や農民の「重荷としての労働と楽しみや自己表現の源泉としての労働とが入り混じっている」ような労働に、サブシステンスの存在をみいだす。その特徴は、サブシステンス生産が決して前資本主義的あるいは非資本主義的なものではなく、現存の資本主義体制のなかで実現すると考える点にある。

　とりわけ、生活クラブ生協などの実践活動との交流からサブシステンス論を展開しているエコ・フェミニストのミースは、グローバル化の進展に対する危機感から、サブシステンスを地域に根ざし、生命を支える基盤として再評価する (Mies & Shiva 1993:318-322)。そこでのサブシステンスとは「生存維持」を意味し、「直接的な生命の生産と生活を支える労働」を中核におき、「労働の時間と休養や楽しみの時間が交互にくりかえされるようなあり方」という特徴をもつ (Mies 1986=1997:326-331)。人々がサブシステンスの視点 (subsistence perspective) を共有することで、資本主義システムによって排除されてきた労働を見なおし、地球上の生命が、お互いの生の営みを支えあうための「生き生きとした関係」を再創造するというのである (Mies et al. 1988=1995:80, Mies 2002:13-25)。その意味でミースのいうサブシステンスとは、成長志向の資本主義―社会主義的な産業構造における科学・知・技術体系にパラダイム転換をもたらし、「非植民地主義・非搾取的な社会」の実態を示す分析視座を提供するものだといえよう (Bennholdt-Thomsen & Mies 1999:17-23)。

　フェミニズムの議論は、生命の生産に関わる多様な人間の諸活動を見直し、人間の生命と深く結びつく生存維持的な労働にサブシステンスを見出している。むしろイリイチのいう自立・自律的、使用価値志向のライフスタイルは、資本のためのサブシステンスであり、男性中心主義的であるとして、厳しく批判する (Werlhof 1984=1986:83)。問題は、サブシステンスと結びつく女性労働がほとんど無償化されている点だとして、家事労働に報酬を与えるか、あるいは男性が家事労働を担うことを主張する。つまり周辺に置かれた労働力の生産・再生産を社会的に価値づけ

ることを主張しているのである。

このように市場経済に批判的な立場がある一方で、サブシステンスを市場経済のなかで成立可能なものとして捉えるフェミニストの議論もある。V. ベンホルト=トムゼン（Bennholdt-Thomsen）らは、ある価値観を一つの社会集団が共有していれば、市場と貨幣をサブシステンス志向の形にできることを、メキシコの母系社会フチタンを事例に実証している（Bennholdt-Thomsen hg. 1994=1996）。そこでのサブシステンスとは、女性を中心とした生活の需要にあわせた労働に基づく社会的実践であり、人間の生命や生存維持を尊重した独自のモラルや価値に基づき、貨幣や市場を使用しながらお互いを承認しあうような相互関係性を生みだす過程[10]だという（Bennholdt-Thomsen hg. 1994=1996:36-37）。人々が共有する価値規範がエコノミーを規定するという考えは、モラルに注目しながら、生存に特別の価値をおくエコノミーを分析したスコットのモラル・エコノミー概念に近い。

(3)「生」の次元を捉えるサブシステンス概念とは何か

人類学などで自給自足と理解されてきたサブシステンスは、外界から閉鎖した実体経済として、アウタルキー（autarkie）概念の意味で使われてきた。これに対して、イリイチの議論とフェミニズムの議論は、非資本主義的、非市場経済的な労働を志向するという点では共通しているが、根本的に大きく異なる。イリイチはサブシステンスを、賃労働と余暇活動という対立軸のもとに捉えている。それは市場経済や賃労働から自由で自律的・自主的な「自己固有の労働」であるため、市場の外部に成立する無償労働を意味する。これに対してフェミニストらは、中心と周辺という構図のもとにサブシステンスを捉え、生命の生産や家事労働など、女性や農民が行ってきた周辺労働への再評価を強調している。こうしたサブシステンス労働を、男性も担うか、あるいは報酬を与え社会的に評価することにより、資本主義システムにおける中心―周辺の構造を変化

させようとしているのである。

「生」に関わる市民活動を捉える場合、イリイチの議論は「自己固有の労働」という概念により、人間生活の自律・自存のための活動に焦点を当てた点で大きな意味を持つ。しかしそれを賃労働と対立する余暇活動と結びつけ、市場経済との対抗を強調し、市場や貨幣からの自由に力点をおいている点に限界があると思われる。

確かにサブシステンスを産業社会の批判や対抗として位置づける限り、ペイド・ワークの否定はアンペイド・ワーク(無償労働)になる。しかし無償であることが、貨幣や市場からの自由を意味するとは断言できない。むしろ賃金による支払いを受けないという意味での無償労働は、サブシステンスが資本主義システム内部の周辺労働として規定される時に成立するという指摘もある(足立 1996:141)。それは有償―無償という枠組み自体が資本主義システムの提示したものであり、無報酬労働は資本主義システムの縁辺に位置づけられたときに初めて成立するものだからである。実際、ボランティアが「安上がり労働」として、常に動員の危険性にさらされてきた事実を踏まえると、サブシステンスを安易に無償の余暇活動とすることには慎重になるべきであろう(中野 1999)。

一方、サブシステンスを、中心を占める男性のフォーマル賃労働に対し、周辺で女性や農民が行ってきた「生命の生産と生活を支えるインフォーマル労働」として捉えるフェミニストの分析枠組みでも、市民活動の本質を的確に把握することは難しい。そもそも女性が家庭内で行うサブシステンス生産という労働と、市民活動が生みだす「働き」には大きな違いがある。フェミニズムのいうサブシステンスとは余暇と両立する労働であり、「良い生活」の実現のために、労働と余暇が分断されないような働き方を意味する。こうした主張は回帰主義的でユートピア的だという批判もある(Bennholdt-Thomsen & Mies 1999:14)。

「生」をささえる市民活動の現場から理解されるサブシステンスとは、市場と対抗する次元ではなく、他者と互いの存在を支えあうという、人

間の生存維持の関わりへとまなざしを向ける視座である。人間の「生」を捉える理論枠組みとしてサブシステンスを考えた場合、市場との対抗に成立する自由な無償の余暇活動や、中心労働―周辺労働といった視点を強調するフェミニズムの概念では、その本質を捉えることは難しい。

　これらの概念には、人間の実存や存在の維持といった根源的次元へのまなざしが欠けていると思われる。つまり人間が他者からの苦しみを受ける受苦的な弱い存在であり、それがゆえに他者へと目を向け、存在の固有性を支えあうという、人間の実存や存在の次元における関わりへの視点がないのである。

　そこでサブシステンスの基盤にある「life」の意味を、自立した人間が営む「生活」の次元から、他者との関わりによって維持される「生命圏」と「生活圏」の重なる領域、つまり「生」の次元へと転換させるという、意味内容の組みかえを行う。これにより、身体性をそなえた人間が、自己存在を維持するために他者に働きかけ、支えあうという、生存維持の根源的関わりとしてサブシステンスを捉える。

　本書でいうサブシステンスとは、人間の生命維持に関わる物的な最低条件ではない。また無償―有償という基準によって市場経済との対比のなかに位置づけ、理想とすべき社会のモデルとして把握できるものでもない。それは、他者との関わりのなかで、「生」の固有性に徹底してこだわっていくという、人間の実存に関わる根源的営みであり、人間本来の実践(praxis)としての「働き」を基盤として、他者との対話的な相互関係を捉える視座だと考える。つまり、人間の存在や「かけがえのなさ」と深く関わり、人間の実存の次元における他者との「支えあい」[11]という結びつきを捉える概念である。その意味でサブシステンスは、「経済」(エコノミー)という意味にとどまらず、「生存維持のための根源的関わり」(moral economy of survival)(Illich)への注目を促すものである。

　本書では、サブシステンスという視座を導入することで、互いの「生」の固有性、存在の「かけがえのなさ」を支えあうという、ボランタリズム

の基本的原理を考えていきたい[12]。

4．運動論における「生」への視座

　人間の生存維持というサブシステンスの活動や運動は、震災後に初めて現われたものではない。これまでにも、公害問題や水俣病、差別問題といった問題に対して、人間の生命や生活をテーマとする運動論が展開されてきた[13]。例えば、公害の被害者救済を中心にアイデンティティの確立をめざす被害者運動(飯島 1984, 飯島・舩橋編 1999)や、高度経済成長のなかでの地域開発政策に反対し、住民の生活を守る住民運動(松原・似田貝編 1976)などは、環境問題によって人間の生命そのものが脅かされ、生活が破壊されるという人間の受苦をテーマとしてきた。

　反公害運動やフェミニズム運動、反差別運動などの運動論に、明確に「生命」の視点を導入したのが花崎皋平と栗原彬の議論である。花崎(2001)は、水俣やアイヌ、ジェンダーといった差別問題に対する鋭い眼ざしによって、進歩と開発に起因する「生」の破壊と崩壊を捉えている。そして民衆として、尊厳を持って生きるための闘いを問題提起する。その根底には、近代の「市民社会」における市民像が、合理的な西欧啓蒙主義の思想を基礎としていることへの批判があり、「市民」という身分を批判し、世界社会の成員を「ピープル」という概念で捉える(花崎 1996:88)。ピープル概念には、他者の「痛みへの注目」「傷つきやすさの倫理的自覚としての受苦可能性」という、人間の生命に対する深い思慮が含まれている。

　「ピープルとしてのあり方」を共有する社会には、「生命の移ろいやすさ、傷つきやすさ、多様性と差異を、文化として尊重し、無理な発展＝開発を追求しないやわらかい秩序」が存在している(花崎 2001:351)。そこで人間の加害可能性と受苦可能性を認めながら、差異の固有性を尊重することで、他者と調和のとれた「共生」の関係が可能になるという。こ

の新たな意味の「共生」を実践するのが、市民活動や住民運動、ボランティア活動やNGOである。

また、花崎と同じく水俣問題から出発する栗原彬は、差別と共生に関する思索を進めている。水俣病患者が、システムの権力意思を表し、システムの言説によって作られた仮想現実(「表象の政治」と表現している)の下に置かれていることに問題を見いだす。そして領有・支配できない水俣患者の「魂」を、「非決定の存在」として浮かびあがらせている(栗原 2000b:59)。ここでいう「非決定の存在」とは、生命への極限的感受性である「ヴァルネラビリティ」(被傷性)により、被害を受けた人々が「水俣の患者さん」というイメージ、権力によってつくられた「表象の政治」を突き破り、自己のなかに他者存在を繰り返し受けとめていくところに現われる「魂」の形である。それは、1人の人間存在を認めるという、他者との豊かな「共生」という関係形成のなかに成立する「いのち」の形態だという(栗原 2000a)。

両者の議論に共通しているのは、理念的市民社会における「市民」概念を問い直し、傷つきやすさやヴァルネラビリティという視点から、生命圏の活動を捉える「ピープル」という、もうひとつのベクトルを示す点である。つまり近代市民社会そのものが、マジョリティである自立した主体を想定している。そして他者への依存を前提とした障害者、貧困層、マイノリティをメンバーから排除し、生活世界の基盤にある生命圏を剥奪するところに成立していることへの批判である。そうした生命圏においては、同質的な主体が行うコミュニケーションではなく、異質性を抱えた人々が唯一性や固有性、脆弱性や相互依存性などを尊重し、存在を受容しあうような関係が切りひらかれる。この点が身体性や固有性の尊重という「生」をささえる活動の本質である。本書も、理念的市民社会が前提とする諸概念を「生」の次元から問い直すという点で、問題意識を共有している。

本書で対象とする人々は、社会システムの周縁に置かれ、社会から孤

立しがちな弱者、さらに、何らかのできごとにより「生」の維持が困難になり、他者の支援を必要とする障害者や高齢者、貧困者などである。そうした人々の生命圏は生活圏と切り離せない。つまり生命圏と生活圏の重なりあう「生」という領域、それを支える市民活動に注目することが重要テーマとなる。この点が、生命圏に生命の別の形式の「現われ」を見いだす栗原の議論と異なるところである。

5．震災調査の概要

　ボランティアや市民活動の展開を考察する際、運動の全体像やネットワーク構造を把握する統計調査ももちろん重要である。しかし本書のテーマは、阪神・淡路大震災後に展開されたボランティアの役割変化に注目し、被災者の「生」を支える関係形成の過程から、その解決に向けた運動の可能性とその影響を考察するというものである。つまり、長期間のフィールドワークにより、問題状況に応じて活動主体が問題認識や内容を変化させる決定的な転換のモメントを注意深く捉え、そこに生成するテーマを発見することを目的としている。

　そこで運動体が取りくんでいる問題の内容を重視する「イッシュー・アプローチ」に基づき、1998年から被災地神戸で調査を開始した。そして、多くのボランティア、市民活動団体、被災者、行政などに対するヒアリング調査および資料収集をつづけてきた[14]。ヒアリング調査の対象者は、ボランティア団体やNPO法人の代表リーダー（14名）、事務局長・スタッフ（13名）、専門職ボランティア（3名）、一般ボランティア（9名）、行政関係者（5名）、地縁系団体関係者（6名）、被災者（5名）、活動への参加者（3名）、あわせて約60名であった。ヒアリングは、1人あたり1回約1時間〜3時間ほど、最低1回から多い人で20回以上重ねている[15]。

　まず運動主体が抱える問題認識の変化と、それに伴う運動内容の変化を捉えるというテーマを設定した。第1段階では、全体的なボランティ

ア団体の概要と特徴を把握するため、団体の歴史や活動変遷、構成、メンバーの概要などに関する情報を収集し、各団体が抱えている問題状況や活動内容を確認した。ここでは量的調査のデーター分析や各団体の会報・情報収集といった作業が中心である。

　第2段階で、情報に基づいて団体を類型化し、そのなかから問題意識やミッションが明確で、運動志向の強い草の根レベルの団体を選定した。その後、選定した団体を訪問し、中心リーダーにヒアリングし、信頼関係を形成するように努めた。とりわけ、活動が対象としている問題を明確にしながら、活動の転換点を把握し、問題状況の変化や集合行為の生成などを継続的に記述することに力を注いだ。

　ヒアリング調査の論点は、次の4点に要約できる。

①震災後の問題状況をボランティア、とりわけリーダーがどのように認識し、活動を展開したか、

②被災者が抱える問題に対して、ボランティアがどのように役割変化しながら、対応するようになったか、

③その過程において、ボランティアがどのような困難を抱え、それを乗り越えながらNPOやNGOへと展開したか、

④活動の過程において、団体のスタッフやボランティアがどのようにミッションを共有し、運動を継続するためにどのような戦略を選んだか。

　調査を実施するためには、調査者と被調査者の信頼関係の構築（ラポール関係 rapport）を築くことがきわめて重要となった。震災という人間の生死に関わる問題をテーマとして、またそれを支え続けているボランティアの苦悩を聞きだすこと自体、時間のかかることであり、また単純で単発的な調査ではとても不可能であった。涙なしにはとても聞けない話や、大きな困難に直面して活動が進まず、「今回は話すことがありませんわ」といわれることもしばしばあった。そこで調査による二次的被害の発生を防ぐために、「調査者と被調査者の役割分担」「現場への継続的関わり」

「研究成果の還元」ということをつねに意識した。

　「調査者と被調査者の役割分担」とは、活動主体が問題状況に独自の意味を与えるのに対し、調査主体はそのプロセスを的確に捉え、社会システムと彼らの行為連関を解明するカテゴリーや知識を提供する役割を担う。調査者がえたカテゴリーと仮説を、活動主体の体験に基づいて検証する。同時に、調査を通して活動主体も自らの行為を反省的に振りかえることで、その意味と可能性を調査者からえるという関係が形成される。とりわけ重視したのは、ボランティアが活動を表現する独自の言葉、例えば「人間として関わる」「顔の見える関係」などの意味を掘り下げ、彼らの主観的世界を捉えること、そして無意識に抱えている問題や葛藤、活動の方向性について討論を深めることであった。活動主体との間で役割が明確に区別されているということが、調査における「共同行為」[16]を可能にするものと考えた。

　災害後に絶望の淵に立たされた被災者に対し、災害社会学などでは、既存の災害経験を踏まえながら「生活再建の可能性や方向性」を示すことが可能となる（大矢根 2002）。しかしボランティアや市民活動のように、不確実・不安定な問題状況にあわせて、そのつど方向性を決断するような活動に対して、調査者ができることは、活動主体が自らの行為の潜在的能力を増すために必要となる反省的知識を提供し、その意味性を捉える枠組み・知識を提示することであった。

　第3段階では、被調査者の使用する言葉を基本的カテゴリーで捉え、さらに諸カテゴリーの諸特性や相関性を検討しながら、仮説を提示することを試みた[17]。いくつかのデーターから、カテゴリーとその特性を把握し、相関関係を明確にしながら仮説をたて、現場の実践過程から活動の意味づけや問題状況の解明を行った。提示した理論やカテゴリーにより、問題状況の論点を明確にし、活動に新しい代替案を提示することができると、ボランティアのなかには「自分たちのやってきたことには、そんな意味があるんか」「問題はそこにあったんや」と反応してくれる

ケースもあった。またボランティアやNPOの活動にとり、調査を受けることがひとつの社会的評価につながり、「継続してヒアリングに来てくれることが、活動の励みになりますわ」と言われたこともあった。しかしその過程で、活動へ感情が移入されたり、研究ではなく実践者となってしまい、ややもすれば客観的分析ができなくなるという問題が起きることが想定された。

そのため第4段階では、ヒアリングでえた情報を、それに関わる他の人からのヒアリングや文献資料によって検証し、信ぴょう性を確保することも意識した。またヒアリング調査から抽出されたカテゴリーや見解、さらには論文を再び現場へ還元し、活動主体とつねに議論する機会をもつように努めた。「現場への継続的な関わり」を通して、ボランティアやスタッフ、被災者と信頼関係を取りむすぶ努力をつづけ、共に活動内容や意味づけを反省的に議論し、将来に向けての可能性を共に模索することをめざした。現場の課題や問いかけに応答し、その成果を現場に再びもどす「研究成果の還元」をつねに考え、共に方向性を探ることで、研究者が現場に対して責任を保ちつづけることの意味を問いつづけた[18]。

注

1) 似田貝香門(2001)は人間の抱える受苦性に注目し、運動論に身体性を組みいれながら、「弱さ」から立ちあがる受動的主体をテーマ化している。住民運動の中心を担った「強い主体」に対して、「弱い主体」からボランティア論を展開している。本書は運動論への身体性の導入という点において、問題意識を共有している。

2) 鷲田清一(1999:148-165)はE. レヴィナス(Levinas)の「ヴァルネラビリティ」論に依拠しながら、他者の苦痛に対する苦痛、他者の悲惨や切迫を感じざるをえないという人間の身体性に鋭いまなざしを投げかける。そうした選択以前のヴァルネラビリティという感受性のなかにこそ、他者を迎え入れるという「応答可能性」が、それゆえの人間としての「責任」(responsibility)が成立するという。

3) 地域社会に老人ホームや知的障害者援護施設などの社会福祉施設が建設

されようとするとき、これを阻止しようとする住民運動が起きることは珍しい話ではない(副田 1980, 古川他編 1993)。
4) 他者と差異を保ったままで存在を相互に受容しあうような関係を、栗原彬は「異交通」と呼ぶ(栗原 2000a)
5) ポランニーの議論が、メンガーの『経済学原理』から理論的着想をえていることは、玉野井芳郎(1979)が詳しく述べている。
6) ポランニーと同様に、実体経済に焦点を当てた研究として、古代における贈与経済論を展開したM. サーリンズ(Sahlins 1972=1984)の研究や、互酬性に注目したA. W. グルドナー(Gouldner 1973)などが注目される。
7) 「ヴァナキュラー」というのは、「生活のあらゆる局面に埋め込まれている互酬性の型に由来する人間の暮らし」であり、他者と「共有されること」で広がる生存に固有の価値をおく考えである(Illich 1981=1990:127)。
8) 玉野井芳郎と栗原彬はサブシステンスを「人間生活の自立と自存」と訳している(Illich 1981=1990)
9) フェミニズムの提唱するサブシステンス・パースペクティブについて、Bennholdt-Thomsen & Mies(1999)、Bennholdt-Thomsen, V. et al. eds. (2001)を参照した。グローバリゼーションに批判的な立場から、サブシステンスの実践可能性が、さまざまな事例分析のなかで検討されている。
10) こうしたサブシステンスの成立条件は、①地域的な市場が存在すること、②地域的流通が、民族的アイデンティティを楽しむ特別な価値評価によって支えられていること、③地域的地方的な文化が、地縁的・地域的帰属に基づく、相互の助け合いの関係によって支えられることである(Bennholdt-Thomsen hq. 1994=1996:36-37)。
11) 生命学の森岡正博(1994:76-86)は、命の一回性、かけがえのなさにこだわる関わりを「ささえあい」と呼ぶ。「ささえあい」が、共同体での生活の助け合いという「相互扶助」とは文脈が異なる点を指摘する。「相互扶助」が社会形成の秩序原理であるのに対し、「ささえあい」は、命や生死に関わる場面で要請される根源的状況に根ざした行為原理だという。この相違は非常に重要であると考える。
12) サブシステンスの具体的内容については、第5章から第7章の事例分析から明らかにしている。
13) 「生」をめぐる議論は、ショウペンハワーやニーチェからベルクソン、ジンメル、アレント、フーコーまで、非常に幅広くみられる。最近では、生命倫理や先端医療、遺伝子組み換えなどの食品問題などの議論で、生命への関心は高まっている。

14) 主なデーターは、1995年夏から現在まで継続している共同調査（代表東京大学大学院教授似田貝香門、似田貝編2001）、および神戸大学震災研究会の共同研究（代表神戸大学大学院教授岩崎信彦、岩崎編2002）、さらに個人調査でえたものを中心にした。
15) 中心的な団体へのヒアリング調査は、全体的まとめ（似田貝編2001）、被災地障害者センター（似田貝2001, 佐藤恵1999, 2001）、阪神高齢者・障害者支援ネットワーク（三井2001a, 2001b）、被災地NGO恊働センター（西山1999, 2001）、コミュニティ・サポートセンター神戸（西山2002b, 2002c）としてまとめている。
16) 調査者と被調査者の対話に基づく「共同行為」によって、社会学のテーマ発見をめざすという調査方法論に関しては、似田貝香門（1974）が問題提起し、中野卓との間で論争を引き起こした。その後、似田貝（1996）は阪神・淡路大震災後のボランティア調査から、再び共同行為について論じている。
17) これはB. G. グレーザーとA. L. ストラウス（Glaser&Strauss 1967=1996）の提案する「データー対話型理論」にみられる手法と重なりを持つと考える。
18) A. メルッチ（Melucci）は、他者の話を「聴く」ということが、他者に対して「応答すること」を意味し、それが他者に対する「責任」（responsibility）となることを指摘している（Melucci 2000=2001:9）。調査においては、この「聴く」という行為が重要になる。

第3章 戦後日本におけるボランタリズムの変遷

　日本のボランタリーな活動は欧米とは異なり、思想的基盤が弱く、国家や行政が政策的に介入し、その主導のもとに推進されてきた傾向が強いといわれる。しかし他方で、市民の自発的意思に基づき人間の生存権や人権[1]に関わる運動が、少数ではあるが存在してきた。

　本章では、国家の下請け、補完的役割を担うボランタリズムの系譜と、人権思想に基づき問題解決に取りくむ市民の自発的なボランタリズムの系譜という2つの思想的対立を明らかにし、それを社会の状況変化や国家政策との関連のなかで分析する[2]。

1. 価値理念としてのボランタリズム

　ボランタリズムという用語は、主にアメリカで伝統的に培われてきた。そこには3つの位相があるといわれる（福田 1989:87）。第1は、人間の持つ強い意志を示す「主意主義」としての「ボランタリズム」（voluntarism）である。第2は、他者への関心と福祉に向かって積極的に動こうとする主体的意志と自律的姿勢としての「ボランタリイズム」（voluntaryism）である。そして第3に、ボランティアとして行動するという「ボランティアリズム」（volunteerism）である。

　日本では1970年代以降、ボランタリズムの概念をめぐりさまざまな議論がなされてきた[3]。阿部志郎（1980:84-93）はボランティアリズムとボランタリイズムの相違に注目し、ボランティアリズムの基盤にあるボラン

タリズムが「異議申し立て」(dissenting)の伝統を含んでいると指摘する。ディッセントとは、宗教上の権威・伝統・形式・特権に対して異議を申し立てる自由を獲得すること、つまり個人としての信仰や考えが国家や行政から自立し、自由であるといった観念を意味する。そしてスコットランド教会を離脱し、自由教会の創立をめざすプロテスタント運動にボランタリズムの契機を見いだしている[4]。また自己愛ではなく愛他的な隣人愛に応える者を、神に選ばれたボランティアとみなす嶋田啓一郎(1986)や、「人間の自由と普遍性」や「圧迫や強制や命令からの自由」「機構・組織からの自由」というキリスト教の「自由意思」と「自発性」を、ボランティア活動の本質とみなす右田紀久恵(1974=1986:32-33)の研究がある。これらの議論でボランタリズムの本質は、自発性、自由主義、異議申し立て、連帯などの宗教的理念との関わりから理解されている。

　一方、キリスト教の堅固な基盤を持つ欧米と異なり、日本におけるボランタリズム概念は、理念の断絶と連続という経験のなかで、意味が大きく変化してきた。日本のボランタリズム研究には2つのアプローチがある(土志田 1998:149-150)。第1は、仏教や儒教などの宗教的理念に結びつけながらボランタリズムを解明する研究である。吉田久一(1986:59-77)は、縁起、無我、名利否定、実践を特徴とする仏教の慈悲や、方面委員制度に大きな影響を与えた慈恵救済や共同体的救済などの儒教的仁義思想に、日本のボランタリズムを見いだしている。また仏教的思想とボランタリズムの関連を指摘する井上真六(1979:11-30)の研究などがある。

　これに対し第2のアプローチは、地域共同体における伝統的慣習によって、ボランタリズムを解明する研究である。遠藤興一(1979:133-168)は、日本人のイエ制度や家族制度にみられる相互扶助に日本のボランタリズムの源泉を見いだし、家連合を基盤とした同族、親族、共同体の相互依存関係、「講」や「結」といった農村共同体における相互扶助関係に注目している。しかし相互扶助的な活動は、個人の自発的意思というより

共同体の規範や価値に基づいている。そのため西欧のボランタリズムとは、かなり意味内容が異なったものとして理解する必要がある。

このように日本ではボランタリズムを、内面的な宗教的価値理念と関連づけて捉える傾向が強かった。しかしこれがボランティアに、ある意味、過剰な思い入れをくわえてきたことも事実である。

動機づけからのボランティア理解には、3つの問題が生じる(原田2000：61-78)。第1に、善意と結びつく限り、ボランティアはよいことにとどまり、行為すること自体が賞賛の対象になるという問題、第2に、行為のきっかけとしての動機づけだけでは、ボランティア活動が継続できないという問題、第3は、生きがいという「する側」からボランティアを定義すると、「受ける側」がどのように感じようと理想化される、という問題である。こうした問題のために、社会変革をめざす運動体から、ボランティアは「自分自身も心地よくなり、相手にも感謝され、小さな満足感をえてますます現状肯定に埋没する」ものとして批判の対象になってきた(花崎2001：379-380)。

そこで戦後に生みだされたさまざまな社会運動のなかから、ボランタリズムの理念がどのように変容してきたのか論じる。

2．戦後社会事業から社会福祉運動へ

(1) 戦後の民主化と「公私分離の原則」

戦後の混乱期、政府は終戦直前まで厚生事業を担ってきた民間の社会事業組織を再編し、問題に対応させようとした。しかし民間の社会事業施設は、戦争によって壊滅的な打撃を受け、戦時託児所、季節保育所、軍事関係施設を除き、活動を休止せざるをえない状況であった[5]。

占領軍GHQは、社会福祉の基本理念を近代化と民主化におき、戦前の翼賛的な社会事業活動を一掃し、貧困救済を公的責任で行うことを強く要請した。こうして戦後の民主化において、戦前の社会事業思想とは

異なる社会福祉の理念が確立され、日本のボランタリズムの大まかな方向が決定された。そこで大きな影響を与えたのが、GHQによる「公私分離の原則」であった。「公私分離の原則」[6]は、社会福祉に関して私的・準政府機関への権限委譲や補助金支出を全面的に禁止するものである。これに加え、日本国憲法第89条においても、宗教団体とともに「公の支配に属さない」民間福祉団体への公的助成を禁じた。その結果、多くの自発的な民間福祉団体は財政的に窮地に追いこまれていった。

一方、GHQは、財政的窮地に陥った民間福祉団体を救済する方法として厚生省側に、アメリカの共同募金運動であるコミュニティ・チェストを日本に導入し、その寄付金で民間社会事業の運営資金の一部を補填する案を提案した（中央共同募金会1997）。その意向を受けて厚生省は1947年、同胞援護運動から発展した「国民たすけあい運動」の一環として「共同募金」の実施を決定した。そして、総裁を高松宮、委員長を日本社会事業協会会長とする中央共同募金中央委員会を発足させた[7]。「共同募金運動は民間の運動であるべき」といわれながらも、その内実は厚生省の主導で、しかも皇族による権威づけがなされている。つまり、募金行為が皇室の名のもとに行われた点に特徴があった。

このように政府は、国民の自発的参加という、一見、民主的な衣を着た共同募金を通して、民間活動団体を管理統制下においた。この時、中央共同募金会が、都道府県の区域を単位とする一元的連絡団体の設立を促したことが、後の社会福祉協議会の成立へと至った点は重要である。さらに1951年、社会福祉事業における「公私責任分離」を再度確認するものとして、社会福祉事業法が制定された。戦前の社会事業法は失効し、社会事業から社会福祉事業へと転換した。そしてこの社会福祉事業法において、社会福祉協議会は都道府県単位の地域福祉の拠点と位置づけられた。これにより社会福祉協議会が、「公の支配に属する」社会福祉法人[8]としての法人格を付与され、委託事業の受け皿として役割を果たすようになった。多くの社会福祉協議会は、地方公共団体からの交付金や委託

事業費、共同募金からの分配金を主たる財源とし、地域の福祉施設や福祉団体との協力により地域福祉の増進をめざした。しかし道府県協議会の会員構成の約7割が民生委員代表であった事実からも、社会福祉協議会の活動は事実上、民生委員に依存していたことがわかる(山口 2000：29)。

　このように戦後数年の間に、日本特有のボランタリズムは方向づけられていった[9]。とりわけ戦後、措置委託費や共同募金を通して、公的責任とされる福祉行政を側面から支えた民間福祉活動を社会福祉協議会が担い、それを民生委員が末端の地域で担うという構造が確立された。その結果、措置の対象にならない福祉ニーズや行政に批判的な民間福祉団体は、社会福祉事業として認知されず、活動継続が困難になった。早瀬昇(1987：134)によると、「社会福祉法人や民生委員を除き、ボランティア活動をはじめとする民間福祉活動は、国家責任を基調とする福祉制度の外にあるものとして、実質的に無視され、いわんや政策対象となることはなかった」という。

　その一方、1960年代末から急速な経済成長を背景として、人間の生命と生活というサブシステンスに関わる多様な社会運動が広がった。

(2) サブシステンスに関わる多様な社会運動

　朝鮮戦争勃発後、国家予算が防衛関係と軍人恩給費を増額させたこととは逆に、社会保障費は大幅に削減された。1953年の生活保護法の改正、1954年、失業保険受給を厳しく取り締まる措置が講じられるなど、1950年代は、日本国の再軍備の進展により、社会福祉理念の形骸化が急速に進んだ時期であったといえる。

　社会福祉後退の動きに対し、社会福祉を自らの権利、あるいは人権のひとつとして認識するさまざまな社会福祉運動[10]が展開された。さらに女性の労働権保障や子供の教育権保障を求める保育運動が盛んになった。権利意識の高い運動が広がったこともあり、政府は、1960年代から

西欧の福祉ミニマム制度を日本的に解釈した擬似的福祉国家をめざすようになる。実際に、社会保険の整備や老人福祉法など「福祉六法体制」が確立され、福祉国家化への一歩を踏みだしたようにみえた。しかし高度経済成長期の急激な工業化・都市化が、過密や過疎問題、公害問題、社会的共同生活手段の不足、生活環境の悪化など、生活の質をめぐる貧困問題としての「現代的貧困」(宮本憲一)を深刻化させた。

とりわけわが国では1970年代、公害が環境問題として注目されるようになった。人間の生命に関わる生活環境問題は、環境破壊に含まれる大気・水・土壌・食用生物などの環境汚染や、地盤沈下・地形変形・森林破壊などの自然破壊に始まり、日照権問題、騒音・振動問題、洗剤公害による健康破壊など人為的被害に直接関わる問題まで多岐にわたる。

こうした問題に対して都市という労働力再生産現場では、生活環境の充実を求める「生活要求」や、生活権や日照権の保障を求める「生活環境保全要求」の住民運動が展開された(松原・似田貝1976, 宮本編1970)。それは国家・行政や企業による地域生活への介入、加害に対して、住民が自らの生活や生命を守るための自発的な生活防衛闘争であった。また都市周辺部でも、1964年三島・沼津・清水の住民コンビナート反対運動、1966年三里塚闘争、1969年水俣病闘争など、地域開発やコンビナート、特定企業の水汚染によって引き起こされた公害に対し、被害の救済を中心にアイデンティティの確立をめざす被害者運動が展開された(飯島1984)。

反公害運動の中心的テーマは、人間の生命と生活を脅かす企業や国家の政治権力に対する抵抗や拒絶であった。つまり大衆消費社会の価値から人間の「生命圏」を守り、受苦を帯びた人間の尊厳の回復を求める運動であったといえる。それは環境破壊によって生命そのものが脅かされ、生活が破壊されるという人間の受苦や身体性をテーマとしていた。なかには裁判や認定申請という制度的解決を超え、生命の次元で「魂の救い」をテーマとする熊本水俣病闘争などがみられた(栗原編2000)。その意味で、反公害運動の流れには、人間の根源性や尊厳の問い直しというサブ

システムの源流をみいだすことができよう。

　さらに同時期、反公害運動と住民運動の影響を受け、人間の「生命と生活」をテーマとしたもうひとつの運動である社会福祉運動[11]が広がった。公害の被害が、低所得者層やハンディキャップをもった階層に集中的に発生したことを背景として、社会福祉運動は、社会福祉を生活レベルで捉えることを余儀なくさせた。それは障害をもつ人々の権利を生活の場で保障する生活保障要求運動へと結びついていった。当初、社会福祉運動は、障害者の親たちを中心に始まり、障害者の権利主張と権利獲得を目的として、生活の場所である社会福祉施設の増加と、経済的な自立を可能とする職業訓練や雇用の確保をめざした。さらに1960年代半ば以降、労働組合の運動方針のなかに、心身障害者の要求と運動を支援し、援助する点が掲げられると、障害者の権利保障が国民全体の問題として認識されるようになった。障害者自身による生活・教育・就労の全面的な権利保障運動が発展したのも、この頃からである。

　障害者や高齢者の権利保障を求める運動は、ボランティアの支援をえながら地域に根ざした運動として展開した点に特徴がある。例えば、養護学校の義務化を要求する運動は、その要求を地域住民に訴え、地域ぐるみで運動を展開し、国の福祉政策だけでなく、自治体の福祉政策を動かすまでに発展した。こうして1960年代後半から、これまで障害種別に個別に組織化されていた障害者団体が、労働運動や市民運動と連携し、その種別を乗りこえて連合体を結成し、権利保障の運動へと展開するようになった（植田 2001：220）。

　こうして高度経済成長がもたらした急速な社会変化に対し、さまざまな社会運動、市民運動が展開された。その多くは、自らの生活や生命を守るために権力への批判や抵抗を中心として、人間らしく生きる権利の獲得をめざすものであった。なかでも社会福祉運動は、社会福祉の対象でしかなかった障害者や高齢者を、初めて政策主体として位置づけていく、いわゆる生存権思想に基づく新しい理念を提起した。それは、国の

保護のもとで育成された民間福祉団体とは全く異なる原理で組織されたボランタリズムの系譜が、生存権の意味と具体像を求めて、権利理念に基づく運動を展開する過程でもあった。

3．日本型福祉社会論とボランティア活動の広がり

(1) コミュニティ・ケアをめぐる2つの解釈

　大量生産・大量消費を特徴とする豊かな社会の到来と同時に、日本では1973年、「福祉元年」が宣言された。その背景には、1960年代に展開された社会福祉運動が、公害反対運動や福祉労働運動などと連携しながら、自治体政策に影響を与えたことがある。これにより、1967年の革新都政を初めとして、京都、大阪、神戸など多くの自治体で、社会福祉を重視する革新自治体が成立した。こうした動きに伴い1970年代初めには福祉予算が大幅に増額され、社会福祉施設の整備が進むなど、国や自治体の社会福祉政策が充実していった。さらに、心身障害者対策基本法の制定(1970年)、児童手当法(1971年)、老人福祉法の改正(1972年)など、つぎつぎと権利保障を拡充する法整備が進められた。

　この時、政府が地域統合原理として打ちだしたのが「コミュニティ構想」であり、社会福祉ニーズに対するコミュニティ・ケア論であった。コミュニティ・ケア論は、1969年に国民生活審議会から出された「コミュニティ：生活の場における人間性の回復」、つづく1971年に中央社会福祉審議会から出された「コミュニティ形成と社会福祉」において、明確な政策となった。それまでの施設収容主義からコミュニティ・ケアへの転換、さらには社会福祉協議会を中心とする地域組織活動を発展、強化することが明記された。地域社会で福祉を担うというコミュニティ・ケア論は、一方で、行政のサービス供給を担うボランティアを組織化する手段として、他方で、当事者の生活を地域社会で支えるボランティア活動の新たな理念として広がっていった。

前者のコミュニティ・ケア論の担い手として注目されたのが、民生委員やボランティアを中心とした社会福祉協議会の活動である。公的に社会福祉の担い手と認知された社会福祉協議会は、行事中心であったそれまでの活動を反省し、地域組織化の活動に取りくむようになる。1962年に「社会福祉協議会基本要綱」を策定し、住民参加やコミュニティ・オーガニゼーション理論を取りいれ、住民の自発的参加による総合的地域福祉の実現をめざした(山口 2000)。しかしその財源は共同募金に依存したままで、住民主体の原則とは全く異なるものであった。しかも社会福祉協議会は、1967年の募金配分改正により重大な財政危機を迎え、行政の下請的な委託事業を増大せざるをえず、ますます行政補完的な機能を強めていった。こうして措置受託という方法を介して、ボランタリー活動に対する「官」の支配と管理が確立されていった(右田・高田編 1986:248)。

　政府のコミュニティ政策に呼応するかたちで、1973年に出された「市区町村社会福祉協議会活動強化要項」では、コミュニティ・ケアの重視、福祉コミュニティの形成が明記された。これは、同年のオイルショックとその後の福祉見直し、臨調・行革路線、公的責任で行う社会福祉を削減する動きと呼応している[12]。実際に、1976年に全社協社会福祉懇談会が、報告書『これからの社会福祉：低成長下におけるそのあり方』を出し、福祉見直しを提言した。福祉見直しの動きは次第に、福祉抑制や削減を推し進め、自助・自立、相互扶助および「心の福祉」などの精神主義的福祉を強調する「日本型福祉社会論」[13]に結びついていった。社会福祉協議会の推し進めるコミュニティ・ケアは、全国的規模でボランティア養成に向かうが、そこで必要とされるボランティアは、市民の自覚に基づくボランティアとは本質的に異なるものであった。

(2) 人権思想に基づくボランタリズムの拡大

　前述したように、コミュニティ・ケア論は、一方でボランティアを組織する手段として解釈された。他方、障害当事者の生活を地域社会で支

える社会福祉運動の新たな理念として、注目されることになった。1970年代半ば、オイルショックにより低成長期へ入り、社会福祉費は削減された。そこで地域を争点としてきた労働運動や社会福祉運動は、生活困窮者や年金生活者、障害者などの弱者救済をスローガンに掲げるようになった。社会福祉施設や就労場所の確保という要求をさらに進め、そして障害者が地域で生活できるよう、生活圏拡大や街づくりを要求する運動へと展開していったのである。

生活圏拡大運動とは、障害者がボランティアの支援をえながら街に出て、積極的に社会的活動に参加するために、生活空間である地域の物的環境を見なおすという動きである。具体的には、道路の段差解消や点字ブロックの設置、バスの低床化、公共施設でのバリアフリー化などの点検と整備を実現した。これは施設で福祉の対象とされてきた障害者自身が、市民と連帯し、生活圏拡大を求めて自ら立ちあがるという運動である。つまり家庭や施設に閉じ込められてきた障害者が、地域社会に出ることを権利と自覚し、それに共感するボランティアが共に行動し、市民の理解と協力を訴えたのである（手塚1981：191-197）。こうして福祉の対象とされてきた障害者が、初めて運動主体となったという点で、障害者運動は新たな段階を迎えた。

1980年代になると、生活圏拡大運動が思想的にも運動領域においても広がりをみせ、障害者の教育を受ける権利を求める養護学校の義務化や共同作業所づくりなどの動きが生まれた（植田2001：221-224）。それは、地域で生活を営む上で必要となるさまざまな施設と施策を求める、自立生活運動（Independent Living Movement）への転換であった。そこには、自立思想の深まりと国際的な運動を背景としたノーマライゼーション思想がみられる。

障害者が施設における管理を拒否することに始まった自立生活運動は、単に生活条件を改善する運動に終始したわけではない。むしろ障害を肯定的にとらえ、そこから社会制度の見直しや、障害者と支援者やボ

ランティアの関係を見なおそうとするものであった(立岩 1990：194)。それだけでなく、健常者を前提とした身辺的、経済的な自立概念を否定し、障害者の自己決定にもとづく自立や依存的自立の思想を提起した。

例えば、東京都府中療育センターの生活条件が非人間的であるとして、改善要求を契機とする脳性マヒ者の「青い芝の会」(1957年結成)は、当初、懇親やレクリエーションなどの互助連帯型として始まった[14]。しかしその後、要求型へと目的を変化させ、全国に支部を設立するなど、全国的に自立生活運動を展開するようになる。なかには、重症児殺害事件の減刑嘆願運動に対する反対運動を契機として、社会的価値観や制度を批判・告発し、糾弾する過激な方向をとる支部もでてきた。「青い芝の会」に代表される自立生活運動は、人間性の尊厳という人権保障を求め、制度変革を求める権利要求型運動の典型とみなすことができる(全国自立生活センター協議会 2001)。

一方、自立生活運動のなかには、障害者福祉や高齢者福祉[15]の領域で、ハンディを抱えた人々の人権を、地域社会のなかで、自主的・実践的に擁護する権利擁護型の運動も広がりをみせた。そこで大きな影響を与えたのがノーマライゼーションという思想である。ノーマライゼーションは、1950年代にデンマークのバンク・ミケルセンが提唱し、日本でも1981年の国際障害者年以後、その思想が共有されるようになった(花村 1998)。ノーマライゼーションとは、知的障害者の地域社会への復帰と参加を保障し、施設を必要とする場合に、町のなかのグループホームなどの小規模施設で、社会的支援を受けながら生活することをめざす思想である。B. ニィリエ(Nirje 2000=2000)が指摘するように、これは障害者を健常者の基準に合わせてノーマライズすることではない。健常者と同じ権利や責任をもつ主体として、障害者が生活の機会を地域社会で獲得していくことを意味している。

ノーマライゼーション思想の広がりは、それまでのボランティアと障害者の関係にも大幅な見直しを迫った。ボランティアはサービス提供主

体から、当事者と共に活動し、地域における福祉活動を積極的に推進する主体として位置づけられた。つまりかわいそうな存在を同情的理解に基づいて支援する「for」（～のための）活動ではなく、共に生きる存在としての共感的理解に基づく「with」（～ともに）という、ボランティア観の転換が迫られたのである（早瀬1986:60-62）。これはまさに、障害者を健常者の生活に同化させるのではなく、違いを認めあいながら、地域社会において実践的に人権問題や社会改革に取りくむボランタリズムの誕生を示すものであった。

　このように人権思想に基づくボランタリズムの運動は、それまで社会福祉の対象でしかなかった障害者や高齢者を、社会福祉の政策主体や権利主体として位置づけるという大きな動きを生みだした。その流れは、社会福祉運動の基本的視点を踏まえながらも、「もうひとつの社会（オルタナティブ）の実現」をめざして、地域の生活協同組合や労働者協同組合、ボランティア運動と連携し、運動の視野と幅を広げている（植田2001:232）。

（3）　福祉ニーズの多様化と「有償ボランティア」への展開

　日本社会でボランティア活動が広く認識されるようになったのは、政府がボランティア育成を本格化させた1970年代後半のことである。その背景には、コミュニティ・ケアや福祉見直し、マンパワー対策としての官民協働論のもとで、「公私分離の原則」が見直され、「私」の役割が強調されるようになったことがある。

　具体的な政策をみると1973年、厚生省が国家補助による「奉仕銀行」を社会福祉協議会に設置、1975年、市町村社会福祉協議会の「奉仕活動センター」（現ボランティア・センター）への国庫補助金の開始、さらに社協によるボランティア・センターの育成推進などがあげられる（表3-1）。これに伴い、すでに地域社会で主婦や高齢者が担っていたボランティア活動は、運動ではなく市民活動と位置づけられ、一段と政府や行政による

る積極的な育成・振興策におけるマンパワーとして組みこまれていった（右田・岡本編 1986：2-23）。

こうした傾向は、急速な高齢化、福祉ニーズの拡大と多様化、さらに家族機能が弱体化した1980年代に一段と強くなった。この時、ボランティ

表3-1　ボランティア活動に関する国の施策と答申など

	厚生省	文部省	その他の動き
1960年代	1968「老人社会活動促進事業」の開始		1969 国民生活審議会「コミュニティ・生活の場における人間性の回復」
1970年代	1970「老人社会奉仕団」の育成と活動費助成開始 1972 都道府県社協・指定都市社協の「奉仕銀行」に補助 1975 市町村社協の「奉仕活動センター」に補助開始 1977 全社協「全国ボランティア活動振興センター」に補助開始 1977「学童・生徒のボランティア活動普及事業」助成開始	1976「婦人ボランティア活動促進事業」開始 1976「青少年ふるさと運動」開始 1979「青少年地域活動促進事業」開始	1970 新生活運動協会「郷土奉仕活動」の促進について助成（総理府） 1975 全社協に「中央ボランティアセンター」発足 1977 全社協「ボランティア保険制度」開始
1980年代	1985「ボラントピア事業」「老人クラブ等社会参加促進事業」開始 1989「ボラントピア事業」を促進させるための「フォローアップ事業」開始	1982「生涯教育推進事業」開始 1983「青少年ボランティア参加促進事業」開始 1985「青年ボランティアバンク」構想	1983「ボランティア意識調査」（総理府） 1984「環境ボランティア」構想（環境庁） 1986「国民生活審議会委員会報告」（経済企画庁） 1989「自然保護教育ボランティア活動講習会」開催（環境庁）
1990年代	1991「ふれあいのまちづくり事業」開始 1993 中央社会福祉審議会意見具申「ボランティア活動の中長期的な振興方策について」 1994「ボラントピア事業」を解消し、「市町村ボランティアセンター活動事業」開始	1992 生涯学習審議会答申「今後の社会動向に対応した生涯学習の振興方策について」 1993 生涯学習ボランティア活動支援・推進のための研究・開発事業 1998 高校でボランティア活動を単位認定 1999 全国ボランティア情報提供窓口の開設	1994 国民生活審議会委員会報告「**NPO**に対する支援策の必要性を提言」（経済企画庁） 1998 特定非営利活動促進法成立（経済企画庁）

ア活動は、民間企業や行政が担わなくなった公共サービスのすきまを埋める主体として注目された。実際多くのボランティアは、行政との協働志向のなかで「在宅福祉サービス」[16]の供給主体と位置づけられた。そしてボランティア育成の先鞭をつけたのが、1979年全国社会福祉協議会の『在宅福祉サービスの戦略』である[17]。そこで強調されたのは、非貨幣的ニーズへの対応を目的とした「福祉供給システム論」であり、ボランティア対策を広い意味でのマンパワー対策の一環として捉え、ボランティアの確保とボランティア・ビューローの充実強化をはかることを明確に打ちだした(全国社会福祉協議会編 1979：182)。

こうして行財政の投資が在宅福祉サービスに集中したことで、ノーマライゼーション理念や人権思想に基づく運動型ボランタリズムの影が薄くなり、理念とは切り離されたサービス型の活動が肥大化するようになっていった。つまりこの時期、福祉供給システムの重要な資源としてボランティアの活用が積極的、かつ急速に進められたことで、日本におけるボランティアに関するある種のイメージが形成されていったのである。

在宅福祉サービスに伴って誕生したのが「有償ボランティア」の議論である。在宅福祉サービスは、40～50歳代の主婦が主な担い手で、身近な地域で、給食サービスやデイケア・サービス、友愛訪問、家事援助などのボランティア活動を行う。しかし日常生活における家事・介護は継続してサービスを提供する必要がある。そのため自発性に基づく無償のボランティア活動では、次第に対応が困難になった。そこで安定したサービス提供のしくみを作るために提案されたのが、低額ではあるが、サービス活動を有償化するしくみであった。

有償サービスの特徴は一般的に、①「会員制」、②サービス供給者と利用者の間の対等な関係という「互酬性」、③サービス提供と授受に一定の金銭が介在する「有償性」にある(筒井2001：11-18)。当初、有償化の動きは、「自発性」「社会性」「無償性」というボランティアの3原則を根底からくつがえすものとして、既存団体から多くの批判をあびた。そこで旧来

の無償ボランティアと異なることを明確にするために、社会福祉協議会は有償サービス団体を「住民参加型在宅福祉サービス団体」と命名した。これらの団体は、不十分な行政の福祉政策のすきまを、市民の互助的な助けあいによって埋める活動として大きな役割を果たしてきた[18]。なかには行政からの財政支援を受けず、会費を捻出したり、地元企業や他団体からの寄付と自主財源による運営に取りくむ事業型の団体もみられる。そして、生活クラブ生協やワーカーズ・コレクティブと連携しながら、オルタナティブな生活様式を切りひらくなどの運動を展開している。

在宅福祉サービス活動の担い手は、ほとんどが中高年の専業主婦[19]である。この実態を藤村正之(1999:195)は、「主たる提供者である専業主婦層の社会参加の志向性を、明確な賃労働としてではなく、専業主婦のままで可能なサービス提供として、吸収することによって可能になっている」と述べている。つまりこれは、行政が対応できない領域と無償のボランティアでは対応できない領域を、安価な女性労働力が埋める動きとして理解することもできる。在宅福祉サービスにより、市民が主体的に高齢者の問題解決に取りくむ有償化、事業化の動きが生みだされたことは重要である。しかしそれが当事者の人権尊重という理念やミッションに基づいた独自の事業を展開しない限り、行政を補完するものとして取りこまれていく危険性と常に隣あわせにあるといえる。

4．他者との関係性に成立するボランタリズム

日本のボランタリズムの特質として、一方では、国家体制に組みこまれ、その補完機能を担うものとして位置づけられてきた動きがある。他方、人権思想に基づき社会改革・制度変革をめざす運動もある。両者は、理念や活動内容、財政基盤などにおいて両極を示してきた。しかし1980年代末以降、ボランティア活動を価値理念や国家・行政との関係からで

はなく、他者との関係性から捉える新たな議論が展開されるようになる。

他者との関係性という視点から、新たなボランタリズム論を提起したのが佐藤慶幸(1994)である。佐藤はボランタリズム[20]を、行為主体の意思決定に基づく実践行為と捉え、「社会も個人も、ともに関係性のうちにのみ存在する」と考える方法論的関係主義を主張する。行為者が他者との「意味の共有」によって形成する相互主観的世界に、ボランタリズムの基盤を見いだしている(佐藤 1994:77)。相互主観的世界とは、「自己と他者が時間・空間を共有することを基本的要件として可能になる、直接的コミュニケーション過程で生じる〈共感的了解〉の世界」を意味する(佐藤 1994:108)。そこで想定されているのは、他者と主体的にコミュニケーション関係を形成し、意味を共有しながら、自ら選択的意思決定を行う能動的主体である。こうした能動的主体が、規範や価値的要素ではなく、他者との間のコミュニケーションに基づく共感的了解によって、相互主観的世界を形成するところに、人権思想に基づく本源的ボランタリズムが成立する。

ボランタリズムに能動的主体を想定する佐藤に対し、金子郁容(1992)は「ひ弱さ」や「傷つきやすさ」(vulnerability)からボランティア論を展開する。金子によるとボランティアとは、自分で自発的に行動した結果、苦しい立場に立たされるという「自発性のパラドクス」に自分自身を投げこむことから始まる。ボランティアが自らを「ひ弱い」[21]立場に置くことで、他者との関係構築の契機がもたらされ、他者から力をもらう場所を空けることが可能になる。自発的行為に伴うヴァルネラビリティが、他者との関わりを生みだすという金子の議論は、ボランティアを宗教的動機づけではなく、他者との相互的な関係性のなかで理解することを可能にしている。

こうしたボランタリズムのあり方に大きな影響を与えたのが、1995年に発生した阪神・淡路大震災であった。被災地に全国から集まったボランティアのうねりは、日本中の高い関心を集め、「特別な人が行う特別

な活動」から、「普通の人が行う普通の活動」へとボランティアのイメージを大きく変えた。彼らのパワーは、人権思想に基づくボランタリズムが新たな価値として生まれ育っていること、そして行政に依存するのではなく、自分たちで立ちあがる市民の力を示したといえる。また彼らの活動は、無償性、自発性、自己犠牲で論じられてきた既存のボランティア論の限界を示し、広がりと深みをもった本格的なボランティア論の形成を迫るものであった。そこから、ボランティアの専門性や非営利事業の経営、組織運営などが議論されるようになっている。

このように1990年代以降、ボランタリズムの議論は大きく変化している。それはボランティアを、行政の補完、あるいは対抗として位置づけ、宗教的理念や動機づけで規定するのではなく、他者との関係性や、彼らが行う非営利事業に注目する議論への展開だといえる。

注

1) ここでいう人権とは、近代市民思想に系譜をもつ生存権や人間としての尊厳であり、戦後の憲法25条1項で保障された権利、「すべて国民は、健康で文化的な最低限度の生活を営む権利」を指す。
2) 日本のボランタリズムの思想的─歴史的系譜に関する研究として、早瀬昇(1994)、筒井のり子(1997)、小谷直道(1999)、A. S. ラウシュ(Raush 1998)を参照。
3) 実際に1974年以降、10年間にでたボランティア関係の文献のうち、約30%弱が「ボランティア活動の理念・哲学」を扱ったものである(小笠原・早瀬編1986)。そのなかには、キリスト教や仏教といった宗教的立場からボランタリズムの原理や本質的性格を分析した研究(社会福祉研究所編 1979)や、ボランタリズムの思想を歴史的視点から分析した研究(岡本栄一 1989)などがある。
4) voluntaryismは、「教会と国家の関係において、国家の優位を認めず、また国家から教会への援助を一切拒否し、教会は教会員によってのみ維持されるべきであるという主張」に基づき、社会体制や政治権力に対抗する運動を示す。その基盤にある「ディッセント」の伝統は、後の労働組合や協同組合、セツルメントなどのボランタリー・アソシェーション(任意団体)の思想的基

盤を形成している。
5) 戦前、全国に6,700余あった民間社会事業施設は、戦後3,050に激減し、しかもその大半が戦災により致命的な打撃をうけた(中央共同募金会 1997:5)。
6) 社会問題への取りくみを、「官」(governmental)と「民」(voluntary)との二極構造として進めるというのが、GHQの理解であった。しかし、「公私一体」という一元的世界観に慣れ親しんできた日本では、こうした考えは受け入れられなかった(早瀬 2000:203)。
7) 共同募金の経験はすでに1921年に長崎で成功を収め、内務省も注目していた。
8) 同法では、社会福祉事業を第一種と第二種に分類し、それぞれの経営主体を定め、公益性の高い第一種事業の経営主体を国、地方公共団体、社会福祉法人に限定した。この法により、社会福祉法人が、国や自治体と同列に社会福祉事業の推進主体であり、公的事業である社会福祉事業を「措置委託」という形で請け負う法人として制度化された。ここで社会福祉法人が、「公の支配に属する」団体として、明確に規定された。
9) 大阪ボランティア協会(1981:38)は、日本のボランタリー活動を「アクション型」と「サービス活動型」によって捉えている。両者には、長い間大きな隔たりがあった。
10) 日本の社会福祉運動に大きな影響を与えた1957年の朝日訴訟運動は、日本の社会保障・社会福祉行政を、人間の尊厳によって国民が初めて裁いた運動であった。これは岡山療養所に入院中の肺結核患者朝日茂が生活保護法による処分を不服として、東京地裁に訴えたことに始まった裁判である(小川 1964:185-203)。
11) 障害者の運動の歴史的展開については、中野敏子(1987)、手塚直樹(1981)、岡村正幸(2001)などを参照した。
12) 福祉サービスの推進と同時に福祉サービスの削減が起きた状況を、武川正吾(1999:285)は、「福祉国家形成と福祉国家危機を同時に体験しなければならなかった日本社会の宿命」と表現する。
13) 「日本型福祉社会論」とは、「個人の自助努力と家庭や近隣・地域社会などの連帯を基礎としつつ、効率のよい政府が適正な公的福祉を重点的に保障する」という議論である。つまり「小さな政府」のもとに、福祉の対象を本当に必要とする者だけに限定し、それ以外の人には自助努力や家族や地域社会による相互扶助を強調する議論である(丸尾 1984)。個人の自助努力や相互扶助を強調する「日本型福祉社会」の考えは、戦前の天皇制、官僚制と密接

に結びついた感化救済事業の思想を引きつぐものであり、戦後に形成されてきた社会福祉政策を根底から転換するものだといえる。
14) 「青い芝の会」に代表される自立生活運動は、人間性の尊厳という人権保障を求め、制度変革を求める権利要求型運動の典型とみなすことができる。
15) 老人の自殺・孤独死などの調査に基づき、「杉並・老後を良くする会」は、ホームヘルプ活動を始め、老人医療助成措置請願運動(1972)、小規模多目的施設・訪問看護制度・ボランティア助成の要望請願運動(1973)などを行った。
16) 在宅福祉サービス論については針生誠吉・小林良二編(1994)、右田紀久恵・小田兼三共編(1985)などを参照。
17) これに大きな影響を与えたのが、三浦文夫の「福祉供給システム」論である(三浦 1985)。
18) 「住民互助型」「生協組合型」「社協型」「行政関与型」「施設運営型」「その他」といった、さまざまなタイプの「住民参加型在宅福祉サービス団体」がある。
19) 江上渉(1994:173-194)は、東京郊外の調布市を対象に1990年、在宅福祉サービス活動の担い手に対して意識調査を行い、会員の9割以上が女性で、そのうち、40〜60代が全体の約85％を占めている実態を明らかにした。
20) ボランタリズムの理念は、①自立・自律的、②貨幣からの自由、③権力からの自由、④属性からの自由、⑤自己超越的、⑥共感的了解の志向、にある(佐藤慶幸1999:168)。
21) 金子郁容(1992)は、ボランティアが「自らを弱い立場に立たせる」ことを強調する。これに対し中村雄二郎(1996)は、人間の存在論的な「弱さ」に注目し、苦しみを受ける身体性から「パテーマ」(受苦・受動)論を展開している。人間が傷つきやすく弱い存在であることに出発点をおく中村の議論は、ボランタリズムを考えるうえで有益な視点を与えてくれる。

第Ⅱ部

阪神・淡路大震災が生みだした市民活動

第4章　大震災とボランティア活動の展開

　1995年に発生した阪神・淡路大震災のあと、延べ150万人を超えるボランティアが全国から集まり、柔軟な活動で被災者を救援した。彼らは、がれきに埋もれた被災者を救いだし、命を救うための水を運び、救援物資の配給、食料の調達、心のケアなどを自ら進んで引き受けた。その動きは「ボランティア元年」としてマスコミから多くの注目を集め、それまでのボランティア像を大きく変えたといえる[1]。しかし緊急救援を目的に集まったボランティアは、長期的支援を必要とする被災者に対応できなくなり、3月末にはその多くが撤退していった。一方、被災地に残り、被災者の生活再建に取り組むボランティアは、現在まで、いくつもの困難を乗りこえながら、活動をつづけている[2]。

　そこで被災から復興に至る段階を、「緊急救援（レスキュー）期」（震災直後1週間）、「避難救援期」（1995年1～3月）、「復旧・復興期」（4～12月）、「生活再建期」（1996～1997年）、「まちづくり期」（1998～1999年）、「市民社

表4-1　震災後のボランティア活動の時期区分

区分	段階	期　　間	課題
第1期	緊急救援期	震災後1週間	生命の救済、緊急避難、物資供給
第2期	避難救援期	1995.1～3月	避難所での緊急支援、物資供給、生活再建に向けての支援
第3期	復旧・復興期	1995.4～12月	生活再建、仮設住宅での生活支援、自立支援活動への展開
第4期	生活再建期	1996～1997年	ボランティア活動の再構成、事業化への展開、被災者の生きがいづくり
第5期	まちづくり・社会のしくみづくり期	1998～1999年	運動方向の明確化、ミッションの再確認、情報公開、ネットワーク形成
第6期	市民社会の再構築期	2000～現在	企業、行政、地縁組織へのインパクト　NPO・NGOの自己変革

年次		1994	1995.1(H7)		1995.4
期分類		震災前	避難救援期	緊急救援期	復旧・復興期
各期の特徴			救援・支援	組織立ち上げ	・地元住民による立ち上げ
活動内容			・災害緊急救援 ・避難所支援		・仮設住宅入居支援 ・まちづくりの始動 ・被災者自身が活動開始
テーマの設定	被災者直接支援 ・生活支援 ・ボランティア的		ボランティア日人数 (外部者中心) 1～2万人 全国組織 ピースボート / SVA・YMCA / AMDA・学界・業界 地元組織 医療生協・社協 直後立上 95.1がんばろう神戸!! 95.1週末ボランティア、西ネットワーク 95.1鷹取救援基地 95.2地元NGO救援連絡会議		4月 ライフライン回復　鉄道復旧 ピースボート引き揚げ　仮設住宅5万世帯 1000人　がれき撤去完了 600人 95.8 神戸元気村
	短期専門支援 ・対象者限定 ・テーマ限定		95.1外国人地震情報センター 95.1東灘・地域助け合いネットワーク 95.1被災ベトナム人救援連絡会議 95.2アート・エイド・神戸 95.4兵庫県定住外国人生活復興センター		95.9 震災・活動記録室
	中間まちづくり支援 ・地域限定 ・目的完結型	まちづくり協議会	95.2 神戸市復興計画案 95.4 都市計画決定 95.6 神戸市復興計画 95.1まちづくり支援ネットワーク(専門家で地区別)→まち協・計画案づくり 95.1関西建築家ボランティア	95.5 長田まちづくり懇談会 95.5 どんぐりネット　95.9 コレクティブ応援団 95.10 東部白地地区まちづくりネットワーク	
	長期社会支援 ・広域対象 ・広域テーマ ・未来システム指向				95.10 多文化共生センター
	インターミディアリー ・人材 ・基金	93.7 まちづくりセンター (神戸市)		95.7 まちづくり人材センター (神戸市) 95.9 阪神・淡路ルネサンスファンド(HAR基金)	
行政の支援			95.1神戸市災害対策本部		95.7 被災者復興支援会議 (兵庫県)
行事					アジアまつり
分析評価			・当初3ヶ月は学生などの外来ボランティアによった ・作業内容は避難所運営、食料配布、引っ越し手伝い、がれき撤去、病院送迎など		・ライフラインの回復で被災者が自宅へもどる ・地元を中心としたボランティアメンバー ・支援対象を特定し、自らの長期支援体制を固めた

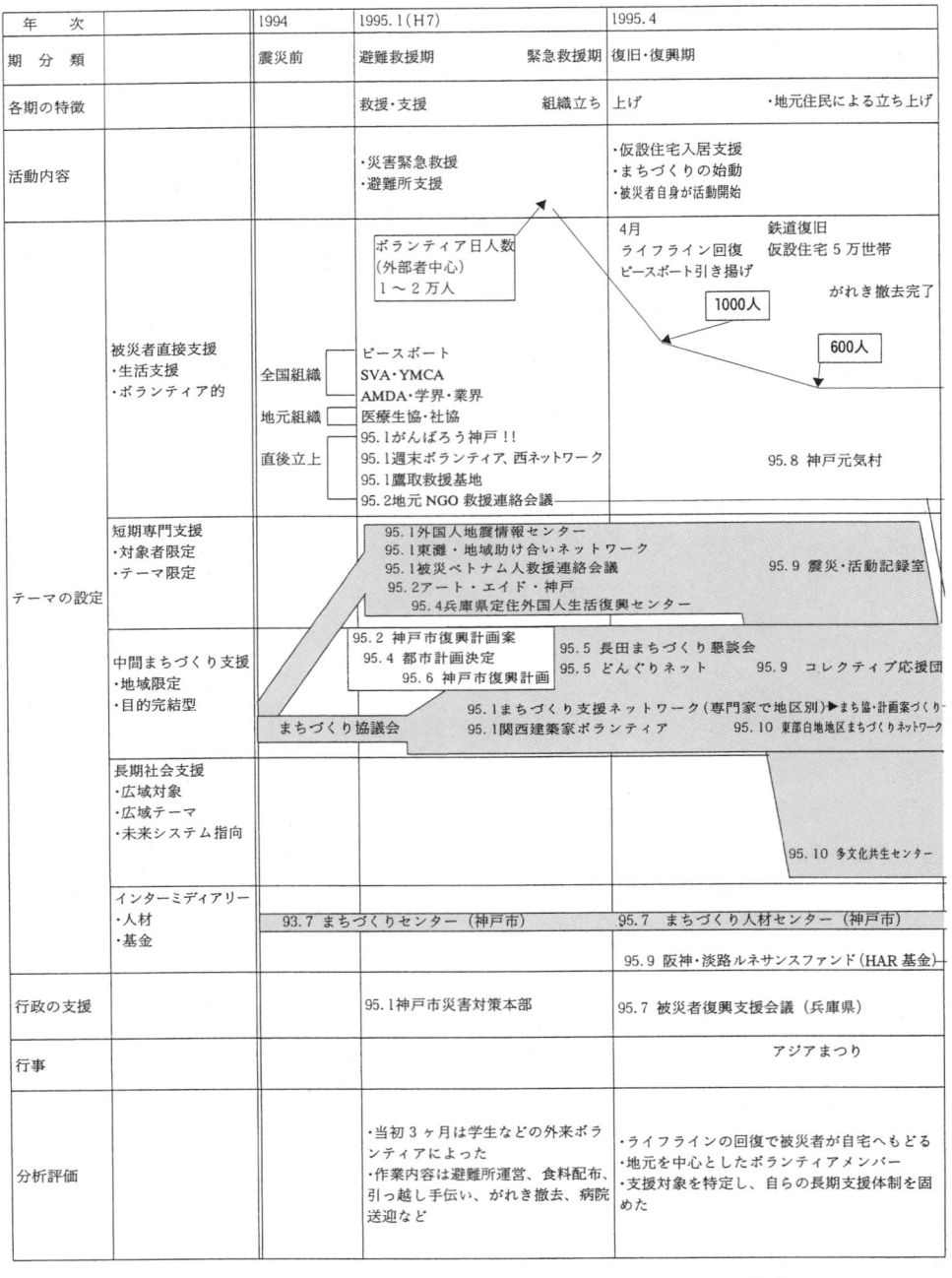

図4-1 神戸のNPO

出典：神戸復興塾・防災対策調査研究チーム (1999) の図に筆者が加筆修正した。

1996.1(H8)	1997.1(H9)	1998.1(H10)	1999.1(H11)	
生活再建期(1)	生活再建期(2)	まちづくり・社会のしくみづくり期		
中間支援組織の立ち上げ	体制整備 テーマの普遍化	脱復興 NPO活動検討	テーマの再編 自立の模索	
・仮設住宅生活支援 ・まちづくり計画 ・当初からの組織脱皮	・まちづくり事業	・災害公営住宅入居支援 ・特定非営利活動促進法の検討 ・まちづくり案の完成	・恒常化への自立、自律 ・特定非営利法人活動の申請	
	600人	公営住宅入居 8割復旧、6割復興　400人	都市計画事業ほぼ完了　仮設住宅5千世帯に　200人　仮設住宅3千世帯に	神戸市内の仮設住宅解消
→96.4 仮設支援NGO連絡会		→98.4 被災地NGO協働センター		→新しい市民社会の形成
			震災がつなぐ全国ネット 公営住宅エリア・ベルボックス(神戸文化村)	
96.1 アジアタウン　　　都市の記憶 　96.2 阪神グリーンネット 　96.4 まち・コミュニケーション			都市計画事業区画は困難地区を残して完了。	
→96.7 まち協連絡会→事業化(着工)→工　事(竣工)→			・事業地帯地区(新長田、御管、須磨)が困難。白地地区は長期化	
96.4 NGO外国人救援ネット 　96.10 CS神戸 　96.4 神戸復興塾 96.1 FM わいわい　　97.2 神戸定住外国人支援センター		98.3 震災しみん情報室	グループホーム支援 まち運営会社(真野、松本)	
→96.5 阪神・淡路コミュニティ基金　　　　　　　　　　　　　　　　　→99.5 しみん基金・KOBE→				
→96.5 阪神・淡路まちづくり支援機構→				
96.10 生活復興県民ネット		98.4 市民活動支援課(神戸市) 震災周年事業補助金(県)	99.4 被災者復興支援会議2(兵庫県)	
市民とNGOの防災フォーラム 世界鷹取祭		「市民がつくる復興計画」	こうべiウォーク、117メモリアルイベント	
・仮設住宅組織が出来、ボランティアはネットワークへ回った。 NPOが現場からさまざまに学んだ。 ・目的を絞ったさまざまなNPOが立ち上がった。	・各NPOの情報交換、ネットワークづくりが進む(自信と不安) ・活動恒常化への足場固め(ひと、機材、場所、支援)	・特定非営利活動促進法の過程で、自らの長期自立の可能性を追求。	・満4年を過ぎて、復興が一応完成したとされ、当初の中間支援組織が撤退する。 ・長期活動へ向けた新しい中間支援組織の必要が増した。 ・恒常的テーマと実力を備えたNPOのみが生き残る。 ・それらを統合した新しいコミュニティ論への期待が高まる。	

活動の経緯

会の再構築期」(2000年以降)に 6 区分する(**表4－1**)。第4章では、震災後の問題状況とボランティアの活動変化を時系列的に論じたい(**図4－1**)。

1．阪神・淡路大震災の発生

(1)阪神・淡路大震災の概要

　1995年 1 月17日午前 5 時46分、直下型の阪神・淡路大震災が、人口約150万人の神戸市を直撃した(**図4－2**)。震源は淡路島北部、マグニチュード7.2、死者6,433名、損害10兆円という、戦後最大の災害であった。断層が神戸市街地を横断していたため大都市の中枢機能は麻痺し、電気、上下水道、ガスなどのライフ・ラインも大きな被害を受けた。さらに、神戸港をはじめとする港湾、鉄道や道路など都市インフラも破壊された。

　地震による直接被害の死者は5,500人を超え(負傷者 4 万1,502人、行方不明者 2 人)、家屋の全半壊18万3,436棟、被災世帯40万6,337世帯であっ

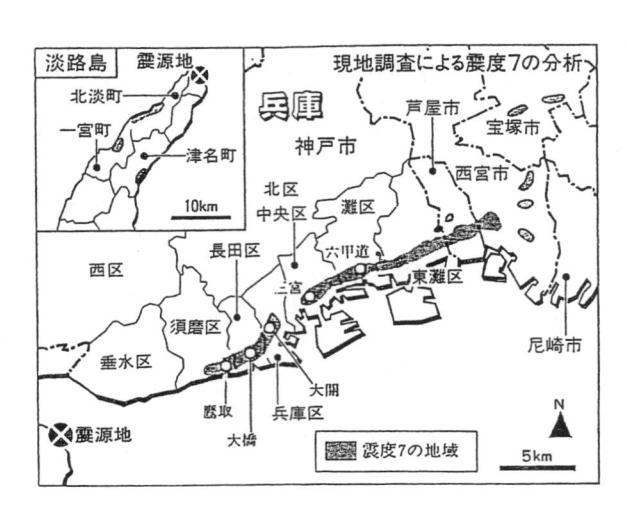

図4－2　神戸市における被害状況

出典：神戸新聞社（1995）170ページ。

た(国土庁編1995)。神戸市の死者は3,897人で、死因は家屋の倒壊による圧死、窒息死(88%)が最も多く、焼死(10%)、落下物による死亡(2%)がつづく。とりわけ戦前に建設された老朽家屋が数多く残る、神戸のインナー・シティに被害が集中した。年齢別の死亡者構成をみると、高齢者の割合が非常に高く、死亡者のうち60歳以上が58%を占める。まさに震災の被害は、高齢者、低所得者層、障害者、若者、在日外国人など、比較的所得の低い層が暮らす地域に集中したのである。

　なぜ阪神・淡路大震災の被害が、弱者の暮らすインナー・シティに集中したのだろうか。その背景には、神戸市が公共デベロッパーとして開発を進めた、有名な神戸独自の「都市経営」[3]があるといわれる(岩崎信彦 1998, 2002a)。神戸市は1969年からの宮崎辰雄市政において、「徹底した起債主義」「公権力をバックとする総合力の発揮」「外郭団体の活用」を三位一体的に展開し、「山を削り、海を埋める」という都市経営を進めてきた(内橋1995:99)。この方式は「株式会社・神戸市」と呼ばれ、大震災の前までは、「自律都市」の成功例として、多くの研究者、専門家、マスコミなどにより称賛されてきた(宮本1999)。また実際に、神戸市の丸山地区や真野地区は、住民自治やコミュニティ行政の先進事例として全国から注目されてきた。

　しかし、こうした輝かしい神戸市政の内実が、震災をきっかけに問い直されることになる。戦前に形成された木造密集市街地は、対応もないまま放置され、さらに市民生活を守る福祉政策も、全国平均と比べて立ち遅れ、神戸市の理念、「最小の負担で最大の市民福祉」とはかけ離れていたことが、震災後に批判の対象となった(一番ヶ瀬1996, 市民がつくる神戸市白書委員会1996:50-62)。そして、大震災で最も大きな被害を受けたのが、郊外開発に重点をおく都市経営によって放置されてきたインナー・シティだった。まさに岩崎信彦(1998:2)が「インナー・シティ災害」と表現するように、最も都市問題の山積する地域に暮らす弱者を直撃した大震災は、低所得者層、高齢者が暮らすインナー・シティという、日本の

大都市構造に共通する基本的欠陥を明らかにしたのである。

(2) 公的システムの機能麻痺

　震災が発生したとき、行政機能は完全に麻痺し、その救助能力や行政システムはほぼ崩壊した。既にいくつかの調査により、神戸市では大地震の可能性が指摘されていたが、予算等の制約から、「震度5の想定で訓練なし」という防災計画しか存在していなかった。その矛盾が、震災という非常時において、非力な公的システムと柔軟性を欠く官僚体制の問題として浮かび上がった。

　震災後の初動体制が遅れた第1の原因は、職員確保が難しかった点である（高寄 1996:12-16）。神戸市では、地震発生から1時間後に、国の地域防災計画に基づき災害対策本部を設置し、組織をあげて救援対策に乗りだした。しかし職員の40％以上が被災し、交通機関が麻痺するなか、震災当日に出勤できたのは40％に過ぎなかった。さらに第2の原因として、通信、交通、水道などのインフラ、ライフ・ラインが崩壊し、さらに消防や医療などの公的救急・救助活動がマヒした点がある。特にポート・アイランドに移転していた市民病院などの基幹施設は、連絡橋の崩壊により機能しなかったという。

　このように職員不足のなかで、各区役所は主に被災者に対する応急救助として、人命救助や消火活動、避難所への食料や毛布などの生活物資供給、遺体の安置・火葬の依頼、ボランティアの受け入れ対応など、平常の何倍もの仕事に徹夜で取りくんだ。さらに一定期間が経過すると、避難所や仮設住宅の建設をはじめとして、り災証明の受付・発行、義援金交付の受付、倒壊家屋の解体、見舞金の交付やボランティアのコーディネート、避難所の管理など、膨大な量の災害応急業務に追われるようになった（神戸市 1996）。しかしその対応は、府県経由方式を規定した「災害救助法」の適用に基づいていたため救援物資の配布、自衛隊の要請、仮設住宅の建設、義援金の分配など、あらゆる緊急対応は県知事を経由

して中央政府へと要請された。その結果、公的な緊急救援システムの効率は極端に落ちた(高寄 1996:53-56)。まさに機関委任事務方式という、日本の制度・システムの悪弊がはっきり現われたのである。

こうした状況とは対照的に、被災者の救援に柔軟に取りくんだのが、自然発生的なボランティアであった。

2．復興格差と緊急救援ボランティア

(1) 緊急避難所での問題

震災直後1週間の「緊急救援期」(レスキュー期)には、兵庫県全体で最も多いときは1,200ヵ所を超える避難所が設置され、避難者数も約30万人に上った。避難所に入れない多くの被災者は、学校の校庭や体育館、公園でのテント生活、自動車内での生活を余儀なくされた。しかも、避難所を管理・運営する職員が少なく、防災マニュアルは全く役に立たなかった。そうした状況で、ボランティアや自治会などの関係者、被災者自身が大きな役割を果たした。

避難所には多くの遺体が運びこまれ、さらに避難所での生活は、風呂やトイレ、寒さ対策など問題が山積し、喧嘩やトラブルが絶えなかったという。とりわけ1月の寒さのなか、高齢者や障害者は暖房施設のない冷たい床にやむをえず寝たため、多くの者が体調を崩した。体の不自由な人々が片隅におかれた簡易トイレに行くのは容易なことではなく、周囲に迷惑をかけまいと食事や水分をとるのをひかえた。その結果、脱水・衰弱症状を起こし、さらにインフルエンザによる肺炎などで命を落とす者も少なくなかった(ながた支援ネットワーク 1995:7)。

しかし神戸市は当時、「市民全員が被災者だ」と、被災者すべてを平等に扱おうとした。ボランティアが高齢者や障害者への特別な配慮を求め暖房を要求しても、市は平等の原則に反すると拒否した。結局、災害弱者への配慮に欠ける行政の平等主義により、弱者やその家族は、周囲に

迷惑をかけたくないと困難を口にしなくなり、最も弱い者から命を落とすという深刻な事態となった。

このように震災直後の緊急救援期には、すべての人が被災者となり、身近な人々の命を救いだすことに全力をつくした。そこには一杯の水が命を救い、声を掛けあうことで命の存在を確かめあうという、まさに人間の生命救済を何よりも優先する状態が生みだされた。しかし時間が経過し「避難救援期」になると、同じ避難所内でも、自力で生活再建できる人とできない人に分かれていった。つまり、震災直後の「避難所の人々＝被災者」から、次第に、「避難所の人々＝社会的弱者」へと大きく変化していった（松井他編 1998：13）。そしてこの復興格差の問題は、仮設住宅で一段と深刻となった。

(2)「緊急救援期」におけるボランティア活動

震災が発生した1月17日の夕方、全国からボランティアをしたいのだがどうしたらよいのか、という問いあわせが殺到するようになる。神戸市は直ちに「救援ボランティア窓口」を設置し、専門職を初めとするボランティアを受け入れた（表4－2）。参加形態は、何の仲介もなく現地に入る人、行政組織へ登録し参加する人、地域住民組織や労働組合、ボラ

表4－2 災害ボランティア活動者数の推移

期間	1日平均ボランティア活動人数（人）				期間ボランティア活動人数（人）	累計（人）
	避難所	物資搬出搬入	炊き出し準備地域活動等	計		
1/17～2/17	12,000	3,700	4,300	20,000	62,000	62,000
2/18～3/16	8,500	1,500	4,000	14,000	38,000	1,000,000
3/17～4/3	4,600	400	2,000	7,000	13,000	1,130,000
4/4～4/18	1,600	100	1,000	2,700	40,000	1,170,000
4/19～5/21	750	10	340	1,100	36,000	1,206,000
5/22～6/16	390		310	700	18,200	1,224,200

出典：神戸市生活再建本部（2000）27ページ。

ンタリー・アソシエーションなどの団体を通じて参加する人、社会福祉協議会などの団体へ所属し参加する人などさまざまで、被災者を救援する「ボランティア・システム」が形成された(山下・菅 1997:215-226)。

　全国から集まったボランティアは20代が34％、40代が19％、30代が16％と若年層が多い[4]。職業別でみると学生が33％と最も多く、会社員の23％が続き、それ以外にも主婦、フリーターなどがいた。しかも、震災以前に「活動経験なし」と答えた人は52％と、「活動経験あり」と答えた人の47％を上回った。彼らの多くは、「何か役に立ちそう」「自分自身の勉強のため」「衝動的に」「近かった」など、さまざまな動機づけでボランティア活動に参加している。さらに学生ボランティアのほかに、数多くの専門職ボランティアが、被災地の内外から救助・救援・復興などの諸活動に参加した。そして障害者に対する安否確認や医療関係のボランティア、個人住宅の危険度を判定する建築ボランティア、外国人に対する通訳ボランティアなどを担った(神戸市 1996:606)。

　こうした震災後のボランティア活動には4つのタイプがみられる(出口 1997)。第1は、「人命救助型」ボランティアである。これは震災直後のレスキュー段階に、被災者の人命救援にあたった活動で、地域社会の非組織的な緊急救助が中心になっている。組織的なものではAMDA(アジア医師連絡協議会)や日本赤十字社などがこれに該当する。第2は「コーディネート型」ボランティアで、震災後に全国から集まったボランティアを登録し、仕事を割り当てるなどの調整を行った。例えば「被災地の人々を応援する市民の会」は、大阪ボランティア協会を母体として作られた任意団体で、希望する活動を選び、求人票上に付箋紙を貼る「ポスト・イット(付箋紙)方式」によるボランティア登録や、他団体との連携など、ボランティア活動の調整役を担った。第3は、「ネットワーク型」のボランティア組織である。震災直後から行政との連携をはかり、救援活動を行った西宮ボランティア・ネットワークや、日本で最も古いNGOの協議会として発足した「神戸NGO協議会」を中心とした「阪神・淡路大震

災地元NGO救援連絡会議」(以下、「連絡会議」と略す)などはその典型である。これらの団体は、多くのボランティア団体が連携を図りながら協力体制を確立するうえで、大きな役割を果たした。さらに第4の「情報ボランティア」の活躍もめざましい。東京を中心に活動するNGOのピースボートは、手書き新聞を毎日発行し、情報提供により被災者を支えつづけた。またインターネットでのボランティア活動や電子情報での支援など、パソコン通信ネットワークを駆使しボランティア活動を展開する新たなボランティアの形態も現われた(干川 2003)。また震災の被害を記録として残すことを目的とした「震災・活動記録室」など、情報に関わるボランティア活動も広がった。

しかし予想以上に多く集まったボランティアは、専門的知識をもたない一般の人々であったことや、手続き上の問題によって、ボランティアを迅速に対応させることができないなど、コーディネートのミスマッチの問題は深刻であった。しかも手続きを重視する行政は、大量のボランティア登録者をなかなか有効には活用できなかった(神戸市生活再建本部 2000)。その一方、一般ボランティアは、それぞれの判断で自己運営組織を結成し、避難所で生活する被災者を対象に、全国から送られてきた大量の緊急物資を仕分けし、安否確認、情報収集などの生活支援をした。

震災直後の避難救援期においては、生命の救援を最優先する非日常時のシステムのもとで、多くのボランティアが被災者の生命を救済し、絶望的な状況におかれた被災者に寄り添い[5]、彼らが生きる希望を取りもどすように支援した。

しかし、マスコミによって美化されるのとは対照的に、被災者が死んでいくのを目の当たりにしたボランティアのなかには、自分の無力さを感じるなどの無力感から、不眠や過敏、感情のコントロール不可能などの「心的外傷後ストレス障害」(PTSD)になった者も少なくなかった。また自分の限界をこえて活動したために、心身が疲労し、無気力、無関心になるという「燃えつき症候群」に陥ったボランティアもみられた(草地

1995:174)。

　そしてライフ・ラインが復旧し、被災者が避難所から仮設住宅へと移動するようになる1995年の3月末頃には、ボランティア活動も「非日常時における緊急支援」から、「日常時における生活再建支援」へと移行した。これに伴い被災者の救出、緊急医療、物資供給といった非日常時を対象とした救援ボランティアの多くが、3月末までには終了し、撤退に向かった(菅 1999)。

3．緊急支援から復興支援、そして生活再建へ

(1) 仮設住宅における諸問題の発生

　第3期の「復旧・復興期」は1995年4月から12月である。主要課題は、仮設住宅での生活支援や復興まちづくりといった、被災者の生活再建であった。そのため過剰なボランティアの支援が、コミュニティの復興や被災者の自立を阻害するなど、複雑な問題が発生した。これは皆が平等に避難所生活を送り、互いに協力しあいながら危機を乗りこえる「ハネムーン期」から、生活再建の格差が広がり、被災者の忍耐が限界に達する「幻滅期」へ入ったことを示す状態である。とりわけ震災1ヶ月後から建設された仮設住宅では、相対的に経済力ある被災者は自力で生活再建する一方で、貧困や年齢、健康上の理由で生活再建から取り残される被災者は、より苦しい状態に追いこまれていった。こうして仮設住宅では、被災者の階層格差がますます拡大していった(内藤 1999:278)。

　「応急仮設住宅」とは、災害救援法(第23条)に基づいて建設され、「災害により住家が滅失した被災者のうち、自らの資力では住宅を確保できない者に対し、簡単な住宅を仮設し一時的な居住の安定をはかる」ための住宅を意味する(厚生省社会局施設課 1992)。通常は、国の責任において都道府県知事が建設する。しかし、兵庫県は迅速な救助のため、市町村長が仮設住宅の建設などを行うことを決定した。実際、神戸市長は地

震発生当日、市内の公園などに仮設住宅用地を確保する指示をだしている。県は仮設住宅の設計・発注業務を行い、市が用地の確保や建設調整、住宅入居・募集などを行うという役割分担を決めた。そして、今回の震災では、最終的に4万9,681戸の公的仮設住宅が建設されたが、これは全壊世帯18万2,619に対しわずか27％で、他の災害と比べてもはるかに少ない(室崎 1997:118)。その仮設住宅に、1995年11月には最大4万6,617世帯が入居していた。

　仮設住宅には問題が山積し、避難所からの移動はなかなか進まなかった。仮設住宅の第1の問題は、建設場所の問題と質の悪い住宅構造であった[6]。神戸市は、上下水道などの条件を検討し用地を選定したが、「早く、大量に」用地を確保する点を重視したため、多くの問題が残った。

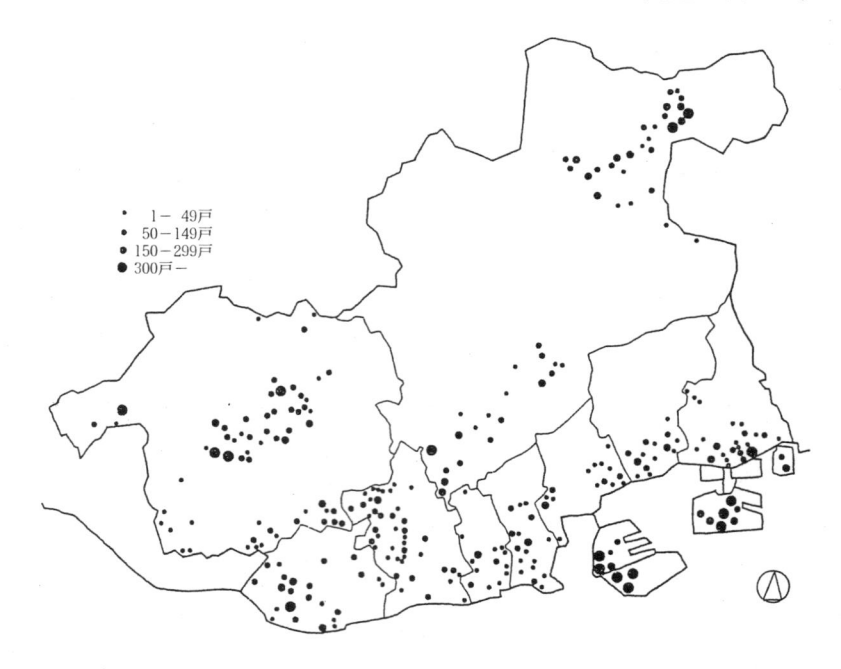

図4-3　兵庫県における仮設住宅の立地

出典：神戸大学〈震災研究会〉（1997a）118ページ。

というのも、神戸市では大量の仮設住宅建設が必要とされたため、被災地近くに用地を確保することは難しかった。そのため仮設住宅は、被災地から離れた、商店や病院もない不便な遠隔地に建設された（図4-3）。しかも、隣の物音が聞こえ、すきま風や雨がもれ、風呂や便所も高齢者や障害者向けの仕様になっていないなど、住宅の構造上の問題があった。そのため被災者の痴呆症やノイローゼが生じ、精神病や入院する被災者が後を絶たなかったという。

　第2の問題は募集方法と入居条件である。神戸市では入居者を抽選で決定すること、入居期間は6ヶ月で、さらに6ヶ月の更新ができることなどを広報し、兵庫県にも募集要項を説明していた。入居者は、全申込者のなかから抽選する一般募集枠が8割で、残りの2割を落選者のうち母子家庭や障害者・高齢者・乳幼児・病弱者のいずれかがいる世帯に「特別募集枠」として割りあて、再抽選した。

　しかし県は、希望世帯10万、入居世帯5万戸では不十分として、自らの資力では住宅を確保できない高齢者や障害者といった弱者を優先的に入居させる「10割優先方式」を強く主張した（表4-3）。つまり県は、抽象的な「弱者救済」のイメージで、神戸市に仮設住宅の入居配分を指示したのである。その背景には、人道的に要援護者を優先すべきであるという国の強い指示があり、形式的に「弱者」を救済しようという傾向は市より県、県より国で強かった。

　そのため仮設住宅には、要援護者の多い、いわゆる「超高齢社会の縮

表4-3　仮設住宅への入居者優先順位

第1順位	高齢者（60歳以上）だけの世帯、障害者（身体障害者手帳1・2級、療育手帳Aランク）のいる世帯、母子家庭（子どもが18歳未満）
第2順位	高齢者（65歳以上）のいる世帯、乳幼児（3歳以下）のいる世帯、妊婦のいる世帯、18歳未満の子どもが3人以上いる世帯
第3順位	病弱な人・被災により負傷した人・一時避難により身体の衰弱した人のいる世帯
第4順位	その他の世帯（上記3つの区分に当てはまらない世帯）

出典：神戸市生活再建本部（2000）54ページ。

図」が現れた。1996年5月の兵庫県の仮設住宅調査[7]によると、世帯主の65歳以上が42％、そのうちの半数以上(51％)が高齢単身世帯であった。こうして弱者優先という「形式的な平等」により、高齢者や障害者のような「自己主張しない人々だけが一ヶ所に集められ」、隔離された劣悪な住環境で暮らすことを余儀なくされた(荻野1999:340)。さらに仮設住宅への入居は60歳以上という「固定化された規則」により、本当に支援を必要としている震災弱者が排除されることもしばしば起きた。こうして行政の規則と方針は、他者の支援を必要とする弱者を地域社会から切り離し、支援や安全面で危険な状況に追い込んでいったといえる。

　1997年1月から3月にかけて生活問題研究会が、仮設住宅で生活する169世帯を対象に調査し、悲惨な暮らしの実態を明らかにしている(生活問題研究会1997)。調査によると、生計中心者の過半数は無業者層で、「暮らしの基盤が不安定でもろく弱い」壮年期の男性が非常に多い。働いていない理由は「病気のため」が最も多く、その場合、主な収入源は生活保護の受給となっている。暮らしの基盤の不安定さは、家族構成にはっきり現われ1人暮らしが約7割にもなる。暮らしや健康のことで相談する相手として「身内」をあげる人が多かったが、働いていない男性の場合、「相談できる人がいない」という場合が36％も占める。加えて生計中心者の62％、生活保護受給者のほとんどが病院に通い、ストレスを抱えながら苦しい生活を送っている実態が浮かびあがった。とりわけ55～59歳の生計中心者の健康状態が良くないという結果がでている。

　このように、もともと何らかの疾患を持っていた上に、住宅環境の劣悪さ、生活基盤の不安定さが重なり、被災者の孤独死や自殺が増加した。生活問題研究会は孤独死を生みだしたメカニズムを、被災者個人の責任ではなく、「基本的には社会的な分断と孤立化をテコにした政策的・構造的な産物」であり、生存権保障の責任を回避する日本型福祉社会と神戸の大規模開発が構造的に作りだした問題と指摘している(生活問題研究会1997:82-83)。そしてこの孤独死問題が、仮設住宅におけるボランティア

活動を、被災者の生活支援から、ボランティアと被災者の双方の自立を意識した活動へと大きく転換させることになった。

(2) 緊急支援から生活支援への転換

「復旧・復興期」において、生活再建から取り残され、不安や二次的ストレス[8]などを抱えた震災弱者が必要としたのは、精神的なケアや生活支援などの継続的な支援であった。そして行政体制が回復し、仮設住宅への移動が始まると、ボランティア活動の内容も大きく変化した。

被災者への継続的支援が求められると神戸市は、各区に「ボランティア・センター」[9]を開設し、高齢者の移送サービスやケア、外出支援などを実施した。主に全国社会福祉協議会や区社会福祉協議会のなかに設置されたボランティア・センターは、さまざまな問題意識を持った個人のボランティアを組織化し、区本部とは別の形で、被災者の救援や自立支援のための体勢を確立した。そこでの実践活動は、被災者の安否確認、ボランティアによるふれあい訪問、ふれあいテントの開設などである。これは行政登録型のボランティア活動を引きつぐもので、行政主導の色あいが強かった。

これに対して、地元住民を中心にしたボランティア団体や市民活動団体[10]は、仮設住宅での被災者の生活再建や心のケア、その後に移り住む災害復興公営住宅でのコミュニティづくりといった、長期化する課題に取りくんだ。つまり自らも被災体験を持つ人々が、被災地全体を視野に入れながら団体間でネットワークを形成したのである。そして日常時における活動へと転換しながら、仮設住宅での被災者の生活支援や、復興まちづくりに取りくんでいった。

こうした団体のなかには、ボランティアが中心になり、福祉の専門職グループや民生委員と協力して巡回訪問したり、仮設住宅に自治会を設立しコミュニティづくりに努める例もあった。

「超高齢社会の縮図」を生みだしたといわれる仮設住宅において、ボラ

ンティアが震災弱者のニーズを発見し、どのような支援を行ったのか、という点は非常に重要である。そこで西区の西神第7仮設を中心に活動した「阪神高齢者・障害者支援ネットワーク」(以下、「阪神・支援ネット」と略す)を事例に、仮設住宅におけるボランティア活動について概観しよう[11]。

　神戸市西区の仮設住宅は69団地、8,941戸で、阪神間で最も建設数が多い。なかでも1,060戸の仮設住宅が建設された西神第7仮設は、入居募集が比較的早かったため、60歳以上が900人、65歳以上が500人と高齢者が多く、平均年齢は約65歳であった。その西神第7仮設に阪神・支援ネットはテントを設置し、ボランティアを常駐させ、高齢者や障害者の生活支援に取りくんだ。阪神・支援ネットの前身は、林山朝日診療所所長R氏(医師)と特別養護老人ホーム「長田ケアホーム」の施設長N氏が結成した「長田地区高齢者・障害者緊急支援ネットワーク」である。避難所で危険な状態におかれた要介護老人を第2次避難所「サルビア」に一時的に避難させるなど、24時間体制で支援活動を展開した。

　阪神・支援ネットのボランティアの多くは医療や福祉の専門家集団、および市民活動、ボランティア運動の未経験者であった(黒田1997:61-62)。主に専門職ボランティアが中心となって、訪問活動や医療相談、ホームヘルプ・サービスなど、仮設入居者のニーズ発見や健康管理に積極的に取りくんだ。とりわけ一人暮らしの高齢者は話し相手を求め、近隣との交流を望んでいた。そこで一般ボランティアが訪問して住民ニーズを見つける「ふれあい訪問」や、ボランティア・コーディネーターが被災住民のニーズを把握し調整するなど、仮設住民が安全で安心して暮らせるための環境づくりをめざすようになる。副代表K氏は一つひとつの事例を大切にし、常に命を重んじることを意識し支援したと述べている。

　こうした活動を通じて阪神・支援ネットは、高齢者の多い住民間に近所づきあいがほとんどなく、隣人を全く知らないことを発見していった。そこで1995年7月、コミュニティづくりのため自治会の結成を支援する

ようになる。しかし仮設住宅の規模が大きく、高齢者・障害者率も高いため、包括的な機能を持つ組織にはならなかったという（山下・菅 2002：175）。つまり要援護者の多い仮設住宅では、入居者中心のコミュニティづくりには限界があった。一方で、急増するアルコール依存症や孤独死、うつ病などの病気を防止するために、花壇づくりやふれあい喫茶や、ふれあいセンターの「なんでも相談コーナー」での健康医療相談など、ボランティアが支援しながら、住民同士の交流の機会を増やす努力をつづけた。

しかしこうしたボランティアの取りくみにも関わらず、仮設住宅では多くの被災者が社会から切り離され、次第に肉体と精神が衰弱するという状態に追いこまれていった。そこで深刻化したのは、生命の維持を困難にする孤独死という重大な問題であった。ボランティアができるのは、復興から取り残されていく社会的弱者の最後の一人にまで目を向けつづけ、ふれあい訪問や安否確認など、被災者との直接的な交流をふやし、彼らが孤独にならないよう必死で対応することであった。しかし多くのボランティアは、被災者が復興住宅へと移動を始めた頃から大きな困難に直面するようになる。

4．生活再建に取りくむ市民活動[12]——ボランティア活動からNPO/NGOへ

1996年からの97年を「生活再建期」と名づける。この時期、被災者は「仮」の住まいの仮設住宅から、「終」の住まいの災害復興公営住宅へ移り住むようになった。復興住宅への移住が進む一方で、仮設住宅に残された被災者は将来への不安に陥り、それを支援するボランティア側の疲労も極限に達した。加えて、ボランティア団体の資金源である助成金や震災義援金も大幅に減り、存続の危機に直面した。また、仮設住宅の解消をひとつの転機と捉え、活動を終える団体もあった。活動の継続を決めた団体も、いかに長期的な視野から、地域社会や行政と協力するかが課題と

表4-4　設立時期と団体数

	1979年以前	1980～1984	1985～1989	1990～以降	無回答	合　計
団体数	64	49	66	212	25	416団体

出典：市民活動地域支援システム研究会（1997）『グループ名鑑 兵庫・市民人 '97』より作成。

なった。そしてそこから生活再建への公的支援を求める動きや、組織の事業化、さらにNPOやNGOによる「市民がつくる復興計画」の策定などの新たな動きが生まれた。

この時期の市民活動団体の動向[13]をみると、半数以上の団体が神戸市内に拠点を構え(55%)、1990年代以降に設立された団体(212団体)が最も多い（**表4-4**）。そのなかで、6割以上の団体が被災者救援の活動へ参加し、「震災直後の緊急支援」「寄付・募金・物資支援」「物資運搬・配分」に取りくんでいる。震災が市民活動に与えた影響をみると、震災をきっかけに「同じ分野の市民団体」との連携が進んだと答えた団体は20.2%、後は「同じ地域」(11.5%)、「地域住民」(11.3%)、「他の分野」(10.1%)との連携が進んだという。また震災以降、ボランティア活動に参加する「数が増加した」団体は18.5%であったが、35.3%は「変わらない」という。

またこの時期、ボランティア団体からNPOやNGOへ転換する団体も多くあった。各団体は平均して4.71の活動分野を持ち、「地域・まちづくり」(13.9%)、「障害者」(10.1%)、「環境・エコロジー」(9.4%)が上位を占める。1979年以前に設立された団体の中心が、「障害者」「文化・芸術」「国際交流」であることを踏まえると、市民活動の関心が時代とともに変化していることがよくわかる。また、明文化した規約や会則を持っている団体が47.6%、全くない団体が2割強、さらに個人会員制の団体が55.3%と半数を超える。

また会員の数は49人以下が25.7%、50～99人12.5%、100～499人17.1%と、100人未満が4割弱にとどまり、比較的大規模な団体が多い。これを活動上の問題点とクロスさせると、100人以上の大規模な団体の課

表4-5　会員数と活動上の問題点

(%)

会員数	1～49人	50～99人	100～499人	500人～	無回答
全体	25.7	12.5	17.1	8.2	36.5
活動資金が足りない	19.4	11.7	24.3	11.7	33.0
活動人数が少ない	25.5	19.1	12.7	6.4	36.4
活動場所がない	43.5	8.7	13.0	8.7	26.1
外部との関係	15.8	10.5	10.5	0	63.2
情報・助言がほしい	46.4	7.1	21.4	3.6	21.4
その他	33.3	3.3	13.3	10.0	40.0
無回答	22.3	11.7	16.5	8.7	40.8

出典：市民活動地域支援システム研究会（1997）『グループ名鑑　兵庫・市民人'97』より作成。

題は活動資金の確保で、行政の資金援助を求めている。その一方、49人以下の小規模団体は場所や情報・助言の確保を必要としていることが指摘できる（表4-5）。

次に事務局体制について、常勤スタッフがいる団体は、「当該団体が人件費を負担する」「他団体や組織が人件費を負担する」「当該団体と他団体が協力して負担する」場合を含めて約2割で、予算規模が500万円以上の団体が多い。また非常勤有給スタッフを抱える団体は約1割、同じく大規模な団体が多い。それ以外のおよそ7割の団体で有給スタッフがいない。そして約6割はボランティア・スタッフを頼りにしている。

特徴的なのが予算規模である。10万円未満の団体が20％で、100万円未満の団体をあわせると全体の6割近くを占める。財政規模の小さな団体が多い一方、100-500万円が19.2％、1,000万円以上の団体も10.4％と、収入の多い団体もある（表4-6）。つまり小規模と大規模、予算面での二極化が進んでいる。そして大規模団体は資金不足などの資金面での問題に直面し、外部に対し資金援助のしくみを求め、50万円未満の小規模団体では、活動する場所、行政や企業との関係、情報・助言の問題をかかえていることがわかる。

次に活動上の問題をみると、「活動資金が足りない」が28.1％、「活動

表4-6 市民活動団体の年間予算規模

(%)

年間予算	割合
10万円未満	20.0
10-30万円	17.5
30-50万円	7.2
50-100万円	12.5
100-500万円	19.2
500-1000万円	6.7
1000-5000万円	7.5
5000-2億円	1.7
2億円以上	1.2
無回答	6.5

出典：市民活動地域支援システム研究会（1997）『グループ名鑑 兵庫・市民人 '97』より作成。

する人が少ない」が25.7％、「情報・助言がほしい」が15.6％、「活動場所がない」が14.2％と、やはり資金・人材・場所の問題が上位を占める。これらのことから、震災時の救援活動をきっかけ発足したボランティア団体が、次第に活動分野を広げ、地域社会での活動に取りくむようになったことがわかる。大きな資金で組織化を進め行政との新たな関係を築いた団体と、小資金でボランティアの支援に頼りながら活動を進める団体との間で、格差が広がっている。つまり市民活動団体のなかに、マネジメント能力や活動力に関して大きな力量の差が生まれたということである。

　さらに1998年から1999年へかけての「まちづくり期」に、市民運動や市民活動を公的に認める特定非営利活動促進法（NPO法）が施行され、被災者個人への公的保障を認める被災者生活再建支援法が成立した。この時期、市民活動を社会的に認知するしくみづくりが進み、市民社会の形成に向けて大きく前進した。ボランティア団体のなかには、被災者の自立と自主財源の確保を目的に新規事業を立ちあげ、ボランティア団体からNPOやNGOへと転換する団体が増加した。他団体とネットワークを形成し、互いの欠けている部分を補い、さらに行政と連携する団体もあっ

た。

　1999年にはほとんどの仮設住宅が撤去され、被災地の市民活動は節目を迎えた。この時、多くの市民活動団体は、非常時の震災復興支援から平常時のコミュニティづくりへと方向転換した。注目すべきは、そのなかから、人材育成や情報提供などによって市民活動をサポートする「中間支援組織」が誕生した点であろう。つまり市民活動団体を支援する市民活動団体が登場したのである。これらの団体が、復興検証に積極的に取りくみ、5年間の震災復興を総括し、今後の具体的な行動計画（アクション・プラン）に基づく、新しい市民社会を築くための課題を示した。その後、まちづくりから仕事づくりまで幅広い活動に取りくむ「市民社会の再構築期」(2000年以降)に入ることになる。

　そこで次に市民活動団体の具体的内容を取りあげ、団体の類型化と特徴を明らかにしたい。

5．市民活動の特徴と類型化

(1) 市民活動の特徴

　震災後の市民活動の動向を検証するため、『グループ年鑑』（市民活動センター神戸2000）から特徴的な10の市民活動団体を選んだ[14]。選定にあたり、災害に対する緊急支援を含む「災害対応型」と、日常時における社会的弱者に対する生活支援を中心とした「平常対応型」という縦軸と、他者に対するケアや生活支援などのソフト面での支援を中心とした「対人物」の活動と、まちづくりや情報活動支援などのハード面での支援を中心とした「対コミュニティ」の活動という横軸を交差させ、四象限に類型化し、各象限で典型的な活動を行っている団体を選出した（表4-7、表4-8）。10の団体は、「支援対象」（対人物―対コミュニティ）と「活動対象」（災害対応―平常対応）を変化させながら組織を再編し、その後14団体になっている（図4-4）。

表4-7　震災後に設立された代表的な市民活動団体の一覧表

	分類		事例
① 対人物 災害対応	Ⅰ.	災害救援活動	被災地NGO恊働センター(中央区)
	Ⅱ.	復興生活支援活動	(特非) 東灘助け合いネットワーク(東灘区)
② 対人物 平常対応	Ⅰ.	福祉・生活支援活動	阪神高齢者・障害者支援ネットワーク(西区) (特非)被災地障害者センター(長田区)
	Ⅱ.	自立支援・仕事づくり	(特非)コミュニティ・サポートセンター神戸(東灘区) プロジェクト1-2 (兵庫区) がんばろう！！神戸(北区)
③ 対コミュニティ災害対応	Ⅰ.	災害復興	(特非) 日本災害救援ボランティアネットワーク(西宮市)
	Ⅱ.	災害記録	震災モニュメントマップ作成委員会 アート・エイド・神戸実行委員会 (中央区)
④ 対コミュニティ平常対応	Ⅰ.	まちづくり	まちコミュニケーション(長田区) プラザ5 (長田区)
	Ⅱ.	市民活動支援	(特非) 市民活動センター神戸(中央区)

　分析の結果、次の4つの特徴を読みとることができる。第1の特徴は、いくつかの団体は今なお震災中心に活動している点である。これらの団体は支援対象を多少変化させてはいるが、災害や震災の経験を何らかの形で受けつぐという初期の目的をほとんど変えていない。典型的な事例として、被災者の生活再建を中心とした災害支援を行う「被災地NGO恊働センター」や、震災に備えたまちづくりを目ざす「日本災害救援ボランティア・ネットワーク」(NVNAD)、また震災の証であるモニュメントや慰霊碑などの地図を作成する「震災モニュメントマップ作成委員会」、震災の記録を残す「震災まちのアーカイブ」などがあげられる。震災という特殊性にこだわり、将来の災害に向けて他団体とのネットワークづくりや国内外の復興支援活動に力を入れる傾向がある。つまり大震災を教訓に、平常時から災害に備えるまちづくり運動や活動を展開しているのである。

第Ⅱ部　阪神・淡路大震災が生みだした市民活動　91

表4-8　調査対象団体の一覧表（2000年度）

団体名	設立年	活動目的	活動分野	活動メンバー・スタッフ
被災地NGO協働センター	1995年	震災によって被災した人々の支援活動および市民活動のサポート	市民事業・保健医療・高齢者福祉・障害者福祉他	活動メンバー10名（男女比1:1）スタッフ6名（有給）
（特非）東灘助け合いネットワーク	1995年	ノーマリゼーションを基本とした高齢者の自立支援と生きがいづくり	高齢者福祉・障害者福祉・市民事業・被災者支援	活動メンバー数100名（男女比1:4）スタッフ6名
阪神高齢者・障害者支援ネットワーク	1995年	高齢者・障害者を孤立させない、寝たきりにさせない、仮設住宅をよい生活の場にする	保健・医療・高齢者福祉・障害者福祉・市民事業・被災者支援他	活動メンバー数50名（男女比1:9）スタッフ28名（有給）
（特非）被災地障害者センター	1995年	障害者が当たり前に生きるための地域づくり、震災から取り残される障害者・障害者団体の支援	高齢者福祉・障害者福祉・他	活動メンバー数約150名（男女比2:1）、スタッフ7名（有給）
（特非）コミュニティ・サポートセンター神戸	1996年	高齢者や障害者を中心とした生きがいづくり、小規模NPOに対する中間支援活動	高齢者福祉・障害者福祉・まちづくり他	活動メンバー数約130名（男女比1:1）、スタッフ4名（有給）
プロジェクト1-2	1995年	高齢者や障害者の生きがい、仕事づくり	高者福祉・障害者福祉他	活動メンバー16名（男女比3:1）、スタッフ5名
がんばろう！！神戸	1995年	震災で目覚めた補い支えあうボランタリーな地域社会形成	保健・医療、高齢者福祉、障害者福祉他	活動メンバー120名（男女比1:5）、スタッフ6名
（特非）日本災害救援ボランティアネットワーク	1995年	緊急時の緊急支援及び平常時のネットワーク構築・まちづくり	まちづくり・地域活動	活動メンバー10数名スタッフ12名（有給1名）
震災モニュメントマップ作成委員会	1999年	被災地の「震災モニュメント」を掲載するマップづくり、交流ウォークの運動を展開	文化・芸術、地域活動	委員会メンバー23名、その他企画運営、現地調査メンバー多数
アート・エイド	1995年	神戸に人生を豊かに彩る、真に創造的な芸術文化風土をつくる	文化・芸術・地域活動・政策提言他	活動メンバー6名（男女比6:0）、スタッフ6名（無給）
まちコミュニケーション	1996年	長田区御蔵の復興まちづくりプラザ5が地域支援空間として、様々な活動展開	まちづくり・共生社会の実現・住まいと暮らし・被災者支援	活動メンバー10名（男女比8:2）、スタッフ3名
（特非）市民活動センター神戸	1995年	サポートセンター　シンクタンク　ネットワーキング	間接支援・政策提言・オンブズマン他	活動メンバー50名（男女比1:1）、スタッフ6名（有給）

出典：市民活動センター神戸（2000）『グループ年鑑2000』より作成。

92　第4章　大震災とボランティア活動の展開

```
第2象限：高齢者・障害者・外国人支援          第1象限：被災者支援

                        対
                        人
                        物
                                           ながた支援ネット
        阪神高齢者・障害者
        支援ネット                東灘助け合い      東灘助け合い
                                ネット          ネット

        被災地障害者センター                    被災地障害者センター

                          被災地NGO
         CS神戸             協働センター        1-2ドリーム

                          「仮設」NGO        がんばろう!!神戸

                        がんばろう!!神戸        地元NGO救援
                                           連絡会議
        プロジェクト1-2
                                           NVN

平常対応                                                災害対応

                          日本災害救援ボランティア
                          ネット（NVNAD）
                                           震災モニュメント
                                           マップ作成委員会
   プラザ5
                          アート・エイド      アート・エイド
        市民活動センター神戸

                          震災市民情報室      震災・まちのアーカイブ

                     まち・コミュニケーション  まち・コミュニケーション
                                           震災活動記録室
                        対
                        コ
                        ミ
                        ュ
                        ニ
                        テ
                        ィ

第3象限：市民活動支援              第4象限：災害救援活動
```

図4-4　震災後の市民活動団体の類型

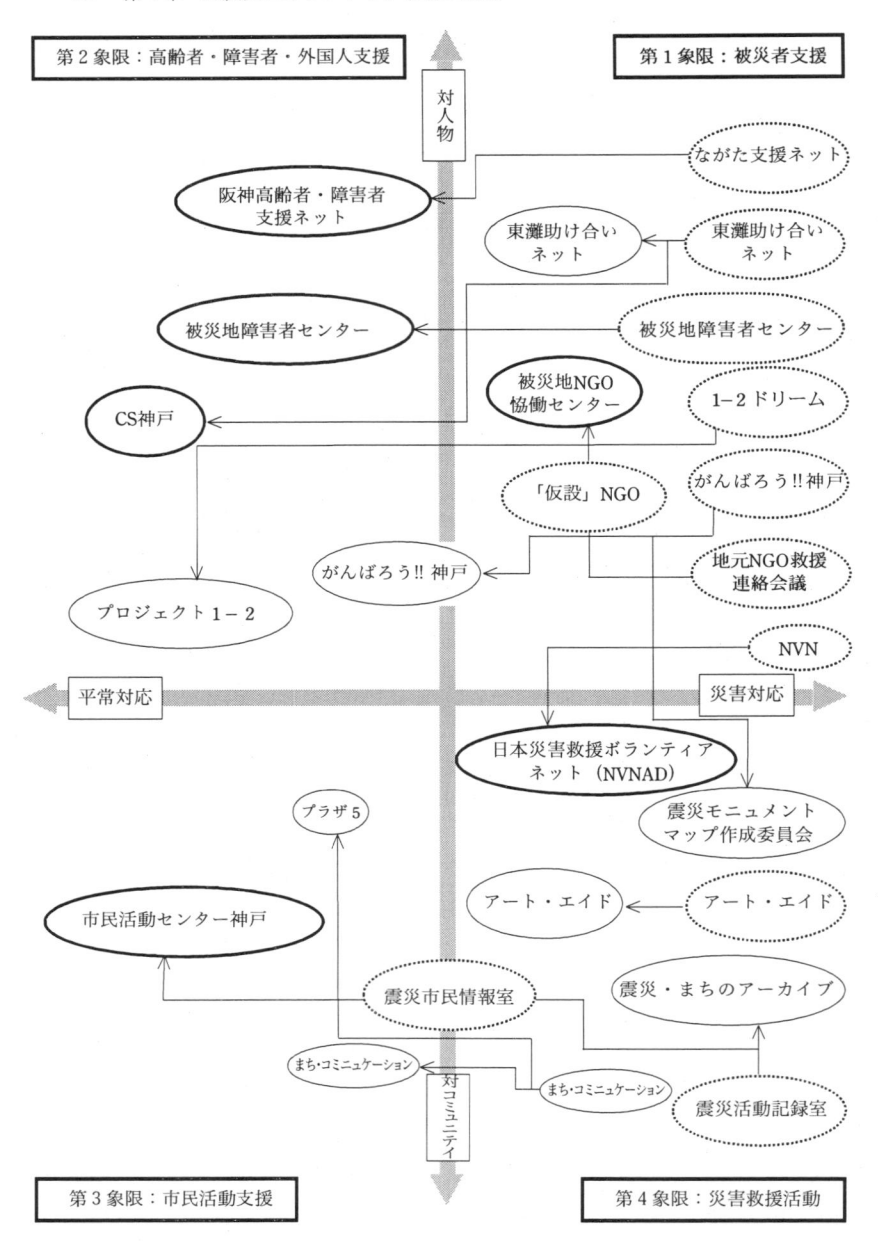

第2の特徴は、平常時のコミュニティづくりに取りくむ団体の存在である。これらの団体は、設立当初から、対人物と対コミュニティの活動を組みあわせ、複合的なコミュニティづくりを行っている。そして、地域社会との関わりのなかで弱者を支援したり、地域住民との交流を通してまちづくりを進めている。典型的な団体は、「コミュニティ・サポートセンター神戸」(CS神戸)、「プロジェクト1-2」、「阪神・支援ネット」、また「まち・コミュニケーション」、「プラザ5」、「がんばろう!! 神戸」がある。非常時の活動が平常時のコミュニティづくりへと展開したことは、活動が震災という特殊な経験における一時的なものではなく、地域の課題を主体的に解決する活動として、次第に根づいていったことを意味する。これは行政依存ではなく、住民間の助けあいのネットワークにより地域問題を解決したり、環境・教育問題に取りくむ新たな動きといえよう。

　第3の特徴は、活動を継続させるために、非営利事業を展開する団体が増加していることである。これは被災者に社会参加の機会を提供するとともに、活動資金を獲得することをも目的としていた。NPOとしての法人格を取得し、行政からの委託事業を引きうける「市民活動センター神戸」、「CS神戸」、「がんばろう!! 神戸」、また介護保険の指定事業者となった「被災地障害者センター」、法人格にこだわらず自主事業を行う「被災地NGO恊働センター」、「プロジェクト1-2」などがある。

　第4の特徴は、市民活動をサポートし情報面で支援する「中間支援」(intermediary)の団体が増加している点である(神戸市市民局2000)。中間支援組織は、市民、行政、NPO、企業、さらには地縁組織などを取り結び、財源の開発、専門家の派遣による事業の展開、人材交流などを積極的に行っている。これに分類されるのは**図4-4**の太線で囲んだ団体で、活動支援やネットワーク化により市民活動の基盤整備を積極的に進めている「市民活動センター神戸」や、西区のボランティア団体をネットワークで結び、行政と協力して被災者の支援に努める「阪神・支援ネット」など

が含まれる。

(2) 各団体の活動展開
第1象限：対人物を中心に「震災にこだわる」市民活動
①「被災地NGO協働センター」[15]（以下、「NGOセンターと略す」）

　神戸市兵庫区に事務所をおくNGOセンターは、約20のボランティア団体をつなぐネットワークの事務局的機能を果たしている。主に国内外の災害救援活動や被災者の生活支援や仕事づくり、さらに行政に対する政策提言に取りくんでいるNGOである。設立当初から、「最後の一人まで切り捨てない」「声にならない声」を代弁することに心がけ、非政府という立場から一貫して被災者の支援活動に取りくんでいる。

　この団体は、震災直後に団体間の調整を行う連絡会議の一分科会、仮設支援連絡会（以下、「仮設連絡会」と略す）として1995年5月に設立されたことに始まる。背景には、生活再生から取り残される不安などの二次的ストレスや復興格差から、仮設住宅で発生した被災者の孤独死問題がある。この孤独死問題が、NGOセンターの活動を一貫して継続させる原点となっている。

　仮設連絡会の設立当初からのリーダーM氏は元靴職人で、熊本水俣公害反対運動に関わった経験をもつ。当初、M氏は孤独死に対して「ショックよりも怒り」を感じたという。それは劣悪な生活環境の仮設住宅に、高齢者や障害者を集めている行政に対する怒りであった。仮設連絡会は、個別訪問やふれあい活動を通じ、被災者と積極的に「関わり」をもち、孤独死の防止に努めた。しかしボランティアの努力にもかかわらず、孤独死は増加の一途をたどる。仮設連絡会は、ネットワークに参加していた各ボランティア団体に事務局を移し、被災地内外の諸団体と連携し、また組織を再編し、孤独死問題に取りくんだ。さらに名称も、阪神・淡路大震災「仮設」支援NGO連絡会（以下、仮設「NGO」と略す）と改名した。しかし1996年、仮設住宅から災害復興公営住宅への移住が始まったため、

被災者のニーズは多様化し、孤独死問題の解決はますます困難になった。

そこで1998年、名称を「被災地NGO恊働センター」と変え、被災者の仕事づくりへ着手し、また行政への政策提言を積極的におこなった。仕事づくりは、社会から切り離された被災者にとって、働くことが「社会との関わり」を生みだすことに気づいたためだという。そこで開始したのが、全国からタオルを集め、それを被災者がゾウの形にして、1個400円で全国に販売するまけないぞう事業であった。被災者の生きがいをつくる事業は、NGOセンターのもつ全国的なネットワークを通じて急速に売上を伸ばし、活動の大きな柱のひとつに育った。

また、トルコやインドの大地震救援活動やアフガニスタンでの復興活動など、海外の災害救援活動にも力を入れている。2002年1月には、被災地のさまざまな市民活動団体が「海外災害援助市民センター」(CODE、Citizens toward Overseas Disaster Emergency)を立ちあげ、その事務局を被災地NGO恊働センターにおいている。阪神・淡路大震災のお礼とともに、震災で経験したこと、学んだことを伝える「被災地責任」を自覚し、それを「被災地文化」として具体化するための新たな試みといえよう。

被災地NGO恊働センターの特徴は、国内外の救援活動を通して災害にこだわりつづけながら、地域社会において市民主体の「しくみづくり」を実践している点にある。つねに「声にならない声」に耳を傾け、それを行政や市場とは異なる立場から社会に訴える活動によって、既存のシステムや市民意識の変革をめざしている。NGOセンターの活動展開については、後の第5章、第6章で詳しく分析する。

第2象限：対人物を中心に「コミュニティづくり」へと展開した市民活動

②「コミュニティ・サポートセンター神戸」(CS神戸)[16]

コミュニティ・サポートセンター神戸は神戸市東灘区を中心に活動するNPO法人である。地域の「自立と共生」を使命として、多くのボランティア団体を設立し、育てている中間支援団体である。

設立時からのリーダーN氏は、長年、神戸ライフケア協会（KLC）で高齢者の在宅支援に携わりながら、NPOの組織運営を学んだ。そのN氏を中心に、震災後の緊急救援のための「東灘・地域助け合いネットワーク」（以下、「東灘ネット」と略す）が設立された。東灘ネットは他のボランティア団体と連携しながら、拠点の拡大や支援金の調達などに取りくんだ。ところが1996年初めに仮設住宅への入居が始まると、ボランティア活動に対するクレームや被災者からの要望が激増した。元気を取りもどした被災者の要求にボランティアが対応したことが、かえって被災者の自立を妨げ、自尊心を傷つけたのである。むしろ必要なのは、被災者の能力を生かし、彼らが自立へと向かうように支援することであった。特に東灘区にあった20箇所の仮設住宅から聞こえてきたのは、仕事がない「失業者の悲鳴」であった。こうした被災者の存在は、東灘ネットの活動を大きく方向転換させることになった。

　そこで1996年10月、東灘ネットから分離・独立し、被災者の「自立」をめざすCS神戸が設立された。CS神戸の目的は、有償を前面に打ちだしながら事業化することで、自尊心を失った被災者が社会に参加し、自らの存在意義を感じることにあった。しかし設立当初は、ボランティアの有償化に対して多くの批判があり、活動の主旨と目的を理解してもらうのに苦労したという。

　こうした困難を乗り越え、CS神戸は3つの支援事業と5つの直轄事業を開始した。支援事業では、仮設住宅でアルコール依存症や病気を抱えた被災者、障害者の「できること」を聞きだし、他の被災者の「困っていること」を組みあわせて事業していく。そのために資金援助や人間関係の調整、情報提供などの世話をしている。実際に支援した「リフォームネットてん」「車ネット小旅」「パソコンネットオクトパス」など、多くの団体がCS神戸から独立し、それぞれに活動を展開している。

　1997年ごろからは、自治会、商店会などの既存の組織とのつながりを強め、「地域のニーズから活動に入る」ことを強く意識するようになった。

そして1999年には、コミュニティのニーズに基づく地域サポートへの方向転換を積極的に図った。現在では、地域社会に潜在化する「見えないニーズ」を発見し、自分達で解決する活動に力を入れている。行政からの委託事業を積極的に開拓し、コミュニティに根ざした仕事づくりに努め、地域通貨を広めるなど、豊かな創造力と実践力によって新しい試みを実行している。

CS神戸の目的は、「自立した小さなグループを地域にたくさんつくる」ことによって、一人ひとりが市民としての意識を高め、実践的に行動することにある。地域問題をコミュニティ事業という手法によって解決している先駆的事例といえよう。CS神戸の活動展開については、第7章、第8章で詳しく分析する。

③「阪神高齢者・障害者支援ネットワーク」[17]

阪神・支援ネットは、神戸市西区の公営住宅に暮らす被災者の生活支援を中心に、デイ・サービスやグループホーム、また中間施設や仕事づくりなどを行う中間支援団体である。設立時から一貫して被災者の支援、とりわけ復興から取り残された高齢者、障害者など、震災弱者に対し、きめ細かな支援をつづけている。

阪神・支援ネットが活動を開始した背景には、震災後、ハンディキャップを負った被災者を保護すべき行政機能が麻痺し、避難所において健康な高齢者まで病気になるという問題があった。長田区の避難所で介護にあたっていた「林山朝日診療所」のR医師と老人ホーム「高齢者ケアセンターながた」の施設長N氏が震災直後に設立したのが、「長田地区高齢者・障害者緊急支援ネットワーク」(以下、「ながた支援ネット」と略す)である。ながた支援ネットは、避難所で倒れる寸前の高齢者を緊急保護するため、高齢者・障害者専用の避難所として施設「サルビア」を確保し、初めての本格的な在宅高齢者・障害者等安否調査を行い、高齢者の実態やニーズを把握した。

緊急支援のボランティアが撤退し、仮設住宅への移動を開始した1995

年3月には、緊急避難所サルビアを閉鎖し、ながた支援ネットも活動の終了を検討した。しかし、仮設住宅で増加する孤独死や自殺を見すごすわけにはいかず、元看護師長であったK氏をリーダーに迎え、また名称も「阪神高齢者・障害者支援ネットワーク」に変え、活動体制を整えた。とりわけ仮設住宅のうち非常に高齢化率が高く、障害者母子家庭、生活保護世帯の人々も多く暮らす西神第7仮設に活動拠点を構え、80平方メートルの生活型テントを設営し、周辺仮設も含めて支援を積極的に進めた。同ネットの活動目的は、①一人暮しの高齢者の孤独死を防ぐ、②高齢者・障害者を寝たきりにさせない、③仮設住宅を住みやすい生活の場所にするというものである。そして1,000戸以上ある仮設住宅を、専門家ボランティアを含めた30〜40人のスタッフが訪問するという体制を確立していった。

しかしボランティアの努力にもかかわらず、第7仮設で孤独死が発生した。それはボランティアにとり、「ボランティアをやめたい」と思うほど衝撃的なできごとであった。孤独死とは、マスコミがいう「一人きりで死ぬこと」ではなく、自分に関心を持たなくなる「孤独な生」(K氏ヒアリング)から生み出される死である。そのためボランティアは、毎日のように24時間体制で被災者と接し、彼らが孤立することを防ぐ努力を続けた。そこでは被災者の表面化しにくいニーズを把握するために、「相手と目線をあわせ」「人間として関わる」ことを常に意識したという。こうしたボランティアによる安否確認やふれあい訪問は、仮設で暮らす被災者の生活再建にとり非常に大きな役割を果たすことになった。

1999年9月、西神第7仮設での活動が終わったことをきっかけに、被災者支援の活動から地域へと目を転じ(民家を借りた小規模施設でグループホームとミニデイサービスを行う「あじさいの家」や、また被災者の仕事場と自由な中間施設としての機能を持つ「伊川谷工房」など)住民に積極的に参加してもらう中間施設づくりへと大きく転換した。震災での経験をふまえ、地域社会で暮らす社会的弱者やその予備軍に目を向け、彼らが施設では

なく地域社会のなかで人間らしく生きる場づくりを展開している。そのため仕事づくりの機会を提供する工房も、アルコール依存症や高齢者・障害者だけではなく、地域社会から孤立したさまざまな人に開放して、交流を図っているという。つまり「人との関係のなかで自立をめざす」という仮設住宅での活動でえた理念を、コミュニティで実践しているのである。

阪神・支援ネットの活動は、公的支援や法制度の枠外に置かれた弱者のニーズに配慮し、彼らが支援をえながら自立へと向かう「場」を地域に提供している。弱者と呼ばれる人々が主体的に生きる力を引きだし、支えあいのなかで支援するという試みは、潜在的弱者が急増する日本の高齢社会に対し多くの示唆を与えてくれる。

④「プロジェクト１－２」

「プロジェクト１－２」は神戸市兵庫区で活動し、地域コミュニティの活性化をめざす「ふれあい創造グループ」である。主に高齢者・障害者の生きがい・仕事づくり、地域コミュニティ構築のためのプログラムづくりを行っている。その特徴は、町内会や連合会といった既存の組織と連携し、地域に根づいた活動を継続している点にある。地域社会とのつながりのなかで活動することは、被災者という「点」に対する集中的支援ではなく、地域という「円」に対して支援することを意味する。直接的なサポートや専門的知識を必要とする人々は専門家にまかせ、ボランティアは、地域で暮らす元気な高齢者や障害者といった弱者予備軍を元気にさせる役割を担うという。現在では、復興住宅に対する支援というよりは、地域住民のコミュニティづくりに力を入れ、さまざまなイベントを催し、生きがい仕事づくりとしての「共働工房」に取りくんでいる。

⑤「被災地障害者センター」[18]

神戸市長田区で活動する被災地障害者センターは、被災地の障害者作業所や自立支援など、地域社会における「障害者の権利実現」をめざす団体である。震災直後、「誰もがみんな障害者」という状況のなかで、障害

者が炊き出しをし、地域住民にサービスを提供するという光景がみられた。それは障害者が社会の主人公となる可能性を示すできごとであった。

しかし同時に被災地では、障害者に安否確認の手が届きにくい、情報が届きにくいなど、さまざまな問題が生じた。さらに長い避難所生活は、障害者にとり重い負担となった。そこで被災地の約43の障害者団体がネットワーク化し、被災地障害者センターを設立し、障害者家族の訪問など、救援活動に取りくむようになる。とりわけ、地域社会のなかに障害者の生活を支えるしくみがないことを痛感したセンターは、障害者の一時的避難所として「緊急生活の場」を設置した。そこで障害者の自己決定を支え、地域社会で障害者が当たり前に暮らし、自立するための生活支援活動を進めた。

現在では、地域社会に暮らす40名の障害者の生活支援を中心に、行政に権利を要求するだけではなく、使える制度を利用して、障害者と共に地域に根ざし活動している。具体的には、障害者や高齢者への情報提供や移送サービス、ホームヘルプなど、多岐にわたる生活支援コーディネートを担っている。さらに独自の視点からホームヘルパー養成講座やヒューマンセミナーなどの事業を展開し、また障害者が地域で活動するための拠点づくりとして、小規模作業所と、行政や市民をネットワーク化する「ゆめ・風プロジェクト」にも力を入れている。

1999年にはNPO法人の認定を受け、介護保険の指定事業者として、地域の被災者のニーズにきめ細かに対応している。障害者の生活を支援する活動とそれを支える事業を混在させて、未開拓の制度領域、社会領域を切り開く運動だといえよう。

⑥「がんばろう!! 神戸」[19]

「がんばろう!! 神戸」は、震災直後、神戸市北区を拠点に、135箇所の避難所での緊急救援活動を開始した市民ボランティア・ネットワークである。仮設住宅では、独居高齢者や障害者の世話、自治会づくり、ふれあいテントでの手工芸教室など、被災者の自立支援の活動を行った。さ

らにその後、仮設住宅での支援に加え、北区・西区全域での高齢世帯や障害者に対する生活支援活動や、独自の市民ブランドを立ちあげ、就業促進のための職業訓練など、生きがい仕事づくりに取りくんでいる。1999年には、震災を風化させないため震災モニュメント・マップを作成した。震災でめざめた「補いあい支えあい」を地域に根づかせ、ボランタリーな地域社会の形成をめざす活動である。

　また2002年には、震災で亡くなった犠牲者のために何ができるのかという「思い」と、そこから生まれた支えあう「こころ」を伝えひろげていくことを目的としたNPO法人「阪神・淡路大震災1.17希望の灯り」（略称HANDS）を設立した。地域の子育て支援や、地域で暮らす外国人との国際交流など、活動の範囲を広げている（HANDS設立趣意書2002年7月）。

第3象限：対コミュニティを中心に「コミュニティづくり」へと展開した市民活動
⑦「市民活動センター神戸」[20]（KEC）

　市民活動センター神戸の活動は、震災の記録から情報の発信へ、さらには市民活動を支援する「中間支援組織」へと大きく変化している。そもそもの活動は、連絡会議の一分科会として1995年3月、「震災・活動記録室」（以下、「記録室」と略す）が設立されたことに始まる。

　活動の目的は、震災後のボランティア活動や市民活動団体の記録を残すこと、とりわけボランティアの負の面や限界などを冷静に記録することにあった。しかし被災者が仮設住宅へ移動するようになると、記録を残すだけでなく、サポートやふれあい活動など、現場志向を強めていった。設立当初から中心的役割を担っているリーダーJ氏は、仮設住宅で活動しているボランティア団体と接触するにつれ、「震災のことを被災地の外に伝える」必要性を感じたという。そこで記録室は、記録を残すという「静の活動」から、被災地の情報を外に発信・共有することで、ボランティア活動を支援するという「動の活動」へと転換するようになる。

　さらに1996年に災害復興公営住宅への移動が始まると、申し込み方法

をやさしく書きなおし、入居の応募を助け、仮設住宅周辺のマップを作成し配布するなど、被災者に行政情報を翻訳して伝える役割を果たした。電話相談などを行うなかで被災者から聞こえてきたのは、元の住宅にもどりたいという切実な願いであった。この時期、他団体とともに兵庫県で初めてのボランティア団体の年鑑、『グループ年鑑「兵庫・市民人 97'」』を発行し、「情報の発信」にこだわりつづけた。

1998年には組織を、記録・記憶を扱う「震災・まちのアーカイブ」と、情報発信やNPOなどの連携に努める「震災しみん情報室」に分けた。情報室は市民活動団体調査の行政委託を受け、その調査を通じて自らの役割を、各団体を仲介・支援する中間支援組織においた。調査研究やアドボカシーとともに、市民活動団体を支援し、情報を提供することで「市民活動団体の土壌」づくりをめざした。

1999年10月には震災の名を外し、「市民活動センター・神戸」(Kobe Empowerment Center)と改名した。さらに2001年、NPO法人となり、行政からの緊急雇用対策事業の受託など、活動を広げている。KECは、「市民一人ひとりが力をつけていくことでしか社会全体は変えられない」という問題意識をもち、市民と市民活動のエンパワーメントをめざしている。市民活動が市民の力を媒介し、さらに、市民活動団体が力を発揮するためには、中間支援組織が大きな役割を果たすことを示している。

⑧「まち・コミュニケーション」[21]

「まち・コミュニケーション」は、神戸市長田区を中心に復興まちづくりに取りくんでいる市民活動団体である。現在は、震災の経験を伝える「まち・コミュニケーション」と地域住民の活動拠点としての「プラザ5」という2つの活動を軸にしている。

震災復興都市計画事業は遅れがちで、元の地域に早くもどり生活再建したいと願う、多くの被災借家人がいた。そこで1996年4月、ボランティアと地元事業主が中心になり、「元々住んでいた人がもどって来る」ことをめざし活動を始めた。

主な活動は、お祭りやイベントの実施、共同建てかえのための住民実態調査、地元にもどれなくなった被災者に集まる機会を提供することであった。また1997年には、共同住宅の再建プロジェクトを手がけ2000年に完成させた。そして、共同住宅に地域住民の集まる場、「プラザ5」を立ち上げ、イベント、介助・介護講座を開催した。つまりまち・コミュニケーションは、コミュニティづくりを支援し被災者を結びつけ、復興まちづくりを支える活動だといえよう。

第4象限：対コミュニティを中心に「震災にこだわる」市民活動
⑨「日本災害救援ボランティア・ネットワーク」(NVNAD)[22]

日本災害救援ボランティア・ネットワークは、西宮を拠点に活動している災害救援組織である。1999年にNPO法人となり、現在、地域での防災活動と世界各地での災害救援活動を展開している。前身は1995年に結成された「西宮ボランティア・ネットワーク」(NVN)で、全国から集まったボランティア達のコーディネートを行っていた。NVNは西宮市で活動していた13団体の連合組織であり、震災直後は、全国からの物資・食料の供給、ボランティアの紹介や避難所の斡旋などの救援活動を行った。ボランティアは被災後4ヶ月目には一斉に引きあげたが、仮設住宅には支援を求める被災者が残されていた。NVN内部にも目的を達成した以上、活動を終えるという意見もあった。しかし地元団体でもあったため、しだいに被災者の生活再建とか、阪神・大震災での経験を全国に伝える活動に取りくむようになる。

1996年1月、「日本災害救援ボランティアネットワーク」(NVNAD)と改め、阪神のみならず全国各地の災害救援をめざす組織となった。さらに当時のインドネシア地震や日本海重油流出事故でも、ボランティア団体の支援、情報発信を中心に活動した。また1997年には防災に関する全国的なボランティア・ネットワークを作るなど、災害支援活動を積極的に進めた。しかし、メンバーの生活保障など組織運営上の大きな問題を

かかえ、さらに急増する課題と深刻な資金不足が追い討ちをかけ、活動の継続が一層困難になったという。

1998年、組織の運営方針の限界や矛盾が一気に噴出し、大きな転機が訪れた。地元から地域に根ざした活動でないなどの批判がでたり、また活動の一部で営利を追求するなど、活動の目的と理念に混乱が生じた。このときリーダーのT氏は、活動の再建には、災害後の救援活動だけではなく、平時から「地域に認めてもらい、地域の中で信頼をえる」ことの必要性を痛感したという。平常時からのさまざまなつながりが、災害後の緊急対応に結びつくということであった。

現在、①全国に災害救援ネットワークを構築する、②災害救援の現状を全国に伝える講座・研修活動を実施する、③防災まちづくりに取りくむ、などの活動を展開している。NVNADは、平時から災害に強い地域社会をつくるために震災という経験に学び、災害に強い平常時のまちづくりを進めている。

⑩「震災モニュメントマップ作成委員会」[23]

震災後、被災者の慰霊碑や追悼碑として震災モニュメントが建てられた。その碑の心に動かされた「がんばろう‼ 神戸」のリーダーが、ボランティア、企業、行政、メディアと共に1999年、「震災モニュメントマップ作成委員会」を作ったことに始まる。慰霊碑や追悼碑の場所を示すモニュメントマップをつくり、建設者と遺族の交流、モニュメントを巡り歩く交流ウォークの実施に取りくんでいる。交流ウォーキングは遺族にとり、「生きる勇気を与えてくれる心のささえ」だという。委員会は、亡くなった者に向けての追悼にとどまらず、生き残った人たちの教訓として、震災時にめばえた心のふれあいや命の大切さを語りつぐ活動を行っている。

⑪「震災・まちのアーカイブ」[24]

神戸市長田区に事務所をかまえる「震災・まちのアーカイブ」は、1998年、震災・活動記録室から震災資料を受けつぎ独立した市民活動団体で

ある。主な活動は、第1に震災一次資料の収集・分類・保存や、証言の聞きとり、第2に「資料とは、人と人のつながりを通じて保存される」と捉え、被災地に記録室を作ること、第3に震災の記録と記憶の意味を広く伝えるため、会報、ブックレットを発行している。

　また震災の記憶を写真や証言、資料として残すメモリアル・センターを建設し、市民が「亡くなった者、壊れたものへの責任」を問いつづけることができるよう努めている。

⑫「アート・エイド・神戸実行委員会」[25]

　アート・エイド・神戸は、震災後、芸術関係者を緊急支援する目的で設立された市民活動団体である。当初の使命を、「芸術の力で、生きる勇気や希望を与える活動をできるだけ早く立ちあげる」ことにおき、チャリティ・コンサート、チャリティの美術展から資金をえて、芸術家を支援した。さらに155編の詩を編集した詩集『詩集・阪神淡路大震災』を発行し、仮設住民を美術展や音楽会に招待するなど、芸術を通してさまざまな人々の交流を生みだしてきた。2000年には「アート・サポートセンター・神戸」へと移行し、市民や企業の寄付により、市民活動の基盤を確立する「神戸文化復興基金」というファンド方式に取りくんでいる。

　以上、震災によって行政の復興マニュアルから外れ、復興から取り残されていく震災弱者が多く生みだされてきたことが明らかになった。また、市民生活の基盤のもろさも浮きぼりになった。こうした問題に正面から取りくんだのが、多くの震災ボランティアであった。彼らは、設立当初からミッションにあふれ、創造的、行動的で、被災者のさまざまなニーズに応えてきた。さらにNPOやNGOへと組織化しながら、コミュニティづくりへと展開している。まさに震災をきっかけとして行政に頼るのではなく、さまざまな「しくみづくり」によって市民が支えあい、社会問題を解決する活動が生まれ、それが地域社会に根づきつつあるといえよう。

注

1) 日本では、震災以前からボランティア活動が着実に広がりをみせた。全国社会福祉協議会の資料によると、1980年ではボランティア団体が16,162団体、活動者が160万人であったのに対し、1988年には43,620団体、活動者が388万人、1994年には60,738団体で、活動者が500万人にまで増加していた。震災後の1997年には79,025団体、活動者が550万人であることから、1990年代からボランティア数が増加し、大震災により、急速にボランティアへの関心が高まったことがわかる。
2) 震災直後のボランティア活動の詳しい経過については、阪神・淡路大震災被災地の人々を応援する市民の会(1996)を参照。
3) 神戸市の都市経営については、高寄昇三(1992, 1993a, 1993b, 1993c)、池田清(1997, 2001)を参照。
4) データーは、1995年6月から7月にかけて大阪市立大学生活科学部(1995)が行った『阪神・淡路大震災ボランティア活動調査』に基づいている。この調査は、ボランティア保険に登録した37,484人のうち、5,003人を抽出し、質問紙法により1,621の有効標本(32.4%)をえている。
5) 阪神・淡路大震災後、ボランティアの「ただそばにいる」という行為が非常に多くの被災者を勇気づけた事実が、精神科医から指摘されている(中井1995:42)。
6) 震災直後、行政の対応は被災地への配慮が目立った。しかし、仮設住宅の供給が一段落すると法律や前例に固執する体制にもどったという(朝日新聞1999.1.17)。
7) 兵庫県都市住宅部住まい復興推進課1996『応急仮設住宅入居者調査結果速報』の結果による。
8) 住まいや仕事を失い、行政からの充分な支援もえることのできない被災者が、もとの生活を取りもどすのは並大抵のことではない。まわりが復興するようになると、次第に自分だけ取り残されたという思いが強くなる。被災した直後のストレスを一次的ストレスと考えたとき、生活を再建していく過程で受けるストレスを二次的ストレスと捉えることができる(NHK神戸放送局 1999:65)。
9) ボランティア・センターの動向については、筒井のり子(1999)を参照。
10) 市民活動センター・神戸(2000)が1999年6月に実施した調査によると、兵庫県内にある437団体中、震災後に設立された市民活動団体は約170団体あ

第Ⅱ部　阪神・淡路大震災が生みだした市民活動　107

る。
11) 黒田裕子(1997)、渡辺実・小田桐誠(2000:109-122)、および阪神高齢者・障害者支援ネットワークへのヒアリング調査に基づく。
12) 震災後に展開された市民活動の多様な展開については、西山(2002a)で考察した。
13) 1997年1月に市民活動地域支援システム研究会が行った『大震災をこえた市民活動―兵庫の市民活動実態に関する調査報告』に基づいている。約1,000の市民活動団体を対象に実施し、有効標本416団体(41.6％)の実態を明らかにしたものである。震災以降のボランティア活動の実態に関しては、松本誠(1997, 2000)、長沼隆之(1998)などに詳しい。
14) まちコミュニケーション・震災しみん情報室・阪神大震災を記録しつづける会(1998)、市民活動地域支援システム研究会・神戸調査委員会(1997)、神戸市市民局/震災しみん情報室(1999)、神戸復興塾防災対策調査研究チーム(1999)等を参照。
15) 「協」が、力を束ねるという意味をもつのに対し、「恊」には心という意味が含まれている。被災地NGO恊働センターは、「心を合わせて社会のために働く」ことをめざすという意味にこだわり、「恊働」という用語を使用している(情報誌「じゃりみち」第49号)。阪神大震災地元NGO救援連絡会議(1996)、阪神大震災地元NGO救援連絡会議、実吉威編(1995)、市民とNGOの「防災」国際フォーラム実行委員会(1997)、「仮設」支援NGO連絡会議事録、機関紙『じゃりみち』等、およびヒアリング調査。
16) 全国新聞連合シニアライフ協議会神戸新聞社地域活動局(2001)、CS神戸(2000)、市民活動地域支援システム研究会・神戸調査委員会(1998)、機関紙『市民フロンティア』、岩崎信彦(2002b)等、およびヒアリング調査。
17) ながた支援ネットワーク編(1995)、黒田裕子(1997)等、およびヒアリング調査。
18) 被災地障害者センター編(1998)、会報『KSKR拓人』等、佐藤恵(2001)およびヒアリング調査。
19) 市民活動センター神戸(2000)等。
20) 実吉威(2000)、復興・市民活動情報誌『みみずく』等、およびヒアリング調査。
21) 木村明子・浦野正樹(1999)、情報誌『まちコミ』等、およびヒアリング調査。
22) 西宮ボランティアネットワーク(1995)、渥美公秀(1997)、渥美公秀他(1999:357-373)等、およびヒアリング調査。
23) 震災モニュメントマップ作成委員会・毎日新聞震災取材班編(2000, 2001)。

24) 寺田匡宏(1998:32-34)、機関紙『瓦版なまず』。
25) 震災復興市民検証研究会(2001)。

第5章　新たなボランタリズムの生成

　震災後、緊急救援を目的とした多くのボランティアが撤退する一方、被災地に残り、被災者の長期的な生活再建を支える活動が生まれた。しかし、その道のりは平坦ではなかった。日本ではボランティアが無償性・自発性・自己犠牲という「入り口」論[1]で捉えられてきたため、ボランティアが活動を継続しようとすると、さまざまな困難に直面したのである。ボランティアが問題を乗りこえ、被災者の自立を支えるためには、ボランティア自身が被災者の状況に応じて、役割を変化させることが必要となった。それは、震災直後の緊急救援活動を通じ被災者と信頼関係を築き、自立を支援する新たな活動へと転換することを意味した。

　本章では、ボランティアが被災者と出会い、役割を変化させていく過程を分析し、一人ひとりのかけがえのなさを支えるという、新たな「ボランタリズム」の姿を考察する。事例として、災害救援ネットワークの事務局を担ってきた「NGOセンター」および、その参加団体であった「阪神・支援ネット」の活動を取りあげる。

1. 阪神・淡路大震災におけるボランタリズムの変容

　神戸市兵庫区に事務所を構えるNGOセンター[2]は仮設支援連絡会を母体に成立したNGOである。仮設支援連絡会は震災後、仮設住宅での被災者支援を目的に設立された。2003年度の有給スタッフは4名、年間事業規模は約2,000万円で、全国20のボランティア、NGO団体の参加する

表5-1　被災地NGO協働センターの事業収入の推移

(単位：千円)

	1997年度		1998年度[注1]		1999年度		2000年度		2001年度		2002年度	
	決算額	割合%	決算額	割合%	決算額	割合%	決算額	割合%	決算額	割合%	決算額	割合%
会費	623	1.6	907	1.7	702	3.2	945	4.7	594	3.4	478	3.7
事業	1,030	2.7	26,877	51.1	916	4.2	7,963	39.6	6,256	35.3	9,482	74.1
寄付金	16,047	42.2	5,684	10.8	3,245	14.8	2,631	13.1	1,829	10.3	1,715	13.3
助成金	1,805	4.7	11,283	21.5	4,600	21.0	900	4.5	0	0.0	1,126	8.8
販売	549	1.4	318	0.6	-		-		-		-	
受取利息	4	0.0	3	0.0	0	0.0	2	0.0	0	0.0	0	0.0
雑収入	1,888	5.0	0	0.0	0	0.0	0	0.0	13	0.1	0	0.0
その他	386	1.0	0	0.0	5,523	25.3	1,200	6.0	3,000	16.9	0	0.0
前期繰越金	15,710	41.3	7,506	14.3	6,882	31.5	6	32.1	6,011	34.0	0	0.0
計	38,042	100.0	52,578	100	21,868	100	20,102	100	17,703	100	12,801	100

注1）まけないぞう事業を特別会計として独立させた。
出典：被災地NGO協働センター各年度の決算報告より作成。

「震災がつなぐ全国ネットワーク」の中核組織となっている。自主的な活動をつづけるためには組織の自立性が重要と考え、財源を行政からの補助や受託事業に全面依存するのではなく、なるべく自主事業、助成金、寄付金に求めている（表5-1、図5-1）。そして、地域社会の「声にならない声」に耳を傾け、被災者の声を代弁する活動をつづけている[3]。

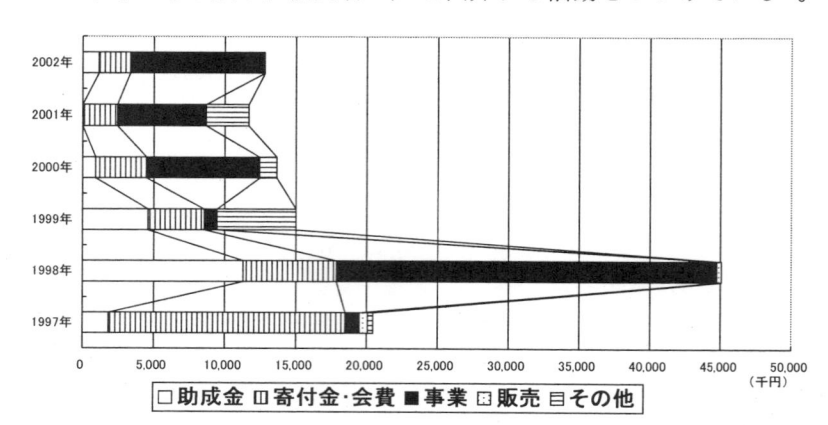

図5-1　被災地NGO協働センターの事業収入の推移
※1999年に、まけないぞう事業を特別会計として独立させた。

表5-2　被災地NGO協働センターの活動変遷

第1期	緊急救援・避難救援期：混沌とした状況での救援活動とネットワーク形成
時期	1995年1月～3月（震災直後）
特徴1	**「地元NGO救援連絡会議」の設立** ①被災地の現状把握②ボランティア志願者への対応③団体間のネットワーキング
特徴2	**自然発生的ボランティアのうねりと後退** ①ボランティア、ボランティア・リーダーのケア問題②燃えつき症候群、自己満足ボランティアの問題③緊急活動から生活再建支援への移行

第2期	復旧・復興期：被災者の生活支援とボランティア活動の危機
時期	1995年4月～12月（震災1年目）
特徴1	**仮設住宅における支援活動の開始** ①「仮設支援連絡会」の設立ボランティア団体間のネットワーク形成 ②全国キャラバンによる後方支援の確保・寺小屋の開始
特徴2	**ボランティア活動の危機** ①仮設住宅で被災者の「孤独死」が発生②被災者の生活再建・自立支援が大きなテーマとなる③チャリティ型ボランティア活動の限界、継続性のあるボランティア活動の必要性高まる

第3期	生活再建期：ボランティア活動の転換と被災者の生きがいづくりへの取りくみ
時期	1996年～1997年（震災2～3年目）
特徴1	**ボランティア活動の転換：阪神・淡路大震災「仮設」支援NGOとして独立** ①ボランティアの自立がテーマとなる：支援と自立のバランス②被災者の個別性への注目：人間としての関わり③ボランティアの支援活動だけでは問題の根本解決にならない、社会状況を変えるための政策提言・コミュニティづくりへの展開④団体の財政的危機
特徴2	**非営利事業への展開** ①被災者が生活を立て直すための支援として仕事づくりへの着手（まけないぞう事業）②組織の活動資金の獲得を強く意識する

第4期	まちづくり・社会のしくみづくり期：運動方向の明確化とネットワークの拡大
時期	1998年～2000年（震災4～5年目）
特徴1	**活動の組織化、社会における「しくみづくり」の開始** ①「被災地NGO協働センター」へ名称変更、これに伴い運営委員会の設置、事業展開、企画委員会の設置などの組織化②まけないぞう事業の本格的開始③「市民基金・KOBE」の設立
特徴2	**被災地内外の各関係団体との連携によるネットワークの形成** ①震災がつなぐ全国ネットワーク ②市民が作る復興計画の策定③市民検証研究会

第5期	新たな市民社会の形成期：災害救援活動の拡大と提言・提案活動
時期	2001年～現在（震災6年目以降～）
特徴1	**海外災害救援活動への積極的取り組み** ①海外援助市民センター構想②インド、エルサルバドル、アフガニスタン、台湾での災害救援活動③CODE海外災害援助市民センターの設立
特徴2	**新たな市民社会の形成へ向けての提言・提案活動** ①KOBE発アクションプランの策定②被災地を中心とする中間支援団体との連携

活動は、①国内外の災害救援活動、②被災者の生きがいと仕事づくりとしての「まけないぞう事業」、③他の市民活動団体と連携し、行政や関係機関に提言する「提言・提案活動」である。そこで表5-2を参照し、NGOセンターの活動を被災地の状況と関連づけながら述べる。

(1) 衝撃的な孤独死

　震災直後の緊急・救援段階では、全国から多くのボランティアがかけつけ、被災者救援のため一杯の水を運んだ。被災者にとりボランティアは、「絶望の中から〈希望〉を見いだす勇気を与える」大きな役割を果たした（似田貝 1996:57）。そして震災2日後の1月19日、ボランティア団体相互を調整するため、連絡会議が設立された。連絡会議は救援活動の実態を把握し、さらにボランティア団体間の調整と連絡、民間企業との連絡、情報収集などを担当し、2月には、外国人救援、保健・福祉、ボランティア、物資供給、情報ネットワーク、行政と復興という6つの分科会を組織した。

　活動場所が仮設住宅中心の復旧・復興段階になると、被災者支援も緊急支援から長期的な生活支援への転換が求められた。そのため連絡会議に参加する分科会にも、解散、活動中止に追いこまれる場合も出てきた。

　復興が進むにつれ被災地の状況は厳しさを増していった。とりわけ生活再建できずに、将来への不安や新しい環境への不適応からストレスを抱え、心身ともに弱っていく被災者が増加した。実際、1995年3月末頃から、仮設住宅で被災者の孤独死や自殺が発生するようになった。自立困難に陥った被災者にとり、生活の再建は生命維持と結びついている。そのためボランティアの課題は、被災者の生命を支える周辺環境をいかにととのえるか、ということに集中していった。

　既に述べたように震災後に建設された仮設住宅は、戸数が少ない、商店、病院などの生活施設から遠い、建物が画一的であるなど多くの問題を抱えていた（室崎 1997:115-128）。加えて、震災でコミュニティを

失った被災者は、仮設住宅の地に新しいコミュニティを築かなくてはならないというストレスを抱えた。この大きなストレスは、高齢者、障害者、一人暮らしの人などの「震災弱者」に重くのしかかり、仮設住宅での生活を困難にした。

これに対して政府や行政は、住家の全・半壊(焼)した世帯に対し、1人当たり最高10〜30万円の義援金[4]、物資、住宅を提供した。国の阪神・淡路大震災復興関連予算はおよそ4兆円、しかし多くは、幹線道路や橋、港湾などの都市基盤の復興、整備につぎこまれた。しかも、行政は仮設住宅の入居条件に関し、弱者優先という「形式的平等性」を重視し、その対象を一定要件に当てはまる弱者に限定した。その結果、被災者の生活再建は、「もっぱら自助努力にゆだねられている」(朝日新聞1996.6.13)ことになった。

高齢被災者にとり、震災前の土地に帰ることには深い意味がある。高齢者の生活は地域に密着しているため、それを奪われることは、近隣のサポートを含めた人間関係を失い、生きることが困難になる。さらに行政は年齢制限という「固定化された規則」に基づき、仮設住宅への入居資格を定めた。老人福祉法の対象外にいる65歳以下の世帯に対しては、わずかな義援金を給付するだけで、生活再建のための対策をほとんど実施しなかった。多くの被災者は、自助努力を求める政府、行政に割り切れぬ思いを持ちながらも、その怒りを訴える知識も情報も持ちあわせず、ただ黙りこむしかなかった。

震災によって経営していた飲食店と借家がつぶれ、仮設住宅で1人暮らしをつづける神戸在住の無職男性(62歳)の言葉は、行き場のない怒りを示している。

　　「今仮設住宅に残っている者はみな死にかけている。わしらのような年寄りばかり残って、音も立てず、物も言わず、ただ死ぬのをまっているんじゃ」「糖尿病で体がしんどく、目も悪い、腰もだるい」「眠れない、イライラして落ち込むことが多く、根気がな

くなった」「材料さえあれば、めしはなんでもつくれるが、食べたくない。食べる気がしない」「ここは墓場じゃ」「誰も動けない、どこにもいけない」「どうしても家にこもってしまう、そしてテレビだけの生活、また落ち込む」「先の見通しがたたない、落ち込むばっかりや」「もう1年ももたん」「もうやけくそや、もう絶望や」(生活問題研究会 1997:87)。

仮設住宅ではアルコール中毒や孤独死にいたるケースが増加した(額田 1999)。孤独死は40〜64歳の独り暮らしの被災者に多く発生した。彼らは、頼りにする家族も友人もいない、職にもつけない、持病をもち、働きたくても働けず、交通費がかかるために病院にもいけない、さらに国からの社会保障も期待できないという貧困者であった。こうしたなかで、他者との関わりがとだえ、自分自身の生活や健康への関心を失ったため、アルコール依存や病気がさらに悪化するという悪循環におちいり、孤独死が発生した。「孤独死」[5]とはマスコミの造語で、「一人暮らしの被災者が仮設住宅内で誰にもみとられずに死亡すること」という意味に使われる。しかし、状況を適切に表現したものではなく、ボランティアも、孤独死の問題をより広く社会的に捉える必要性を感じるようになる。

仮設住宅の孤独死は壮年層に多く発生し、とりわけ老人福祉法の対象にならない40〜64歳までの働き盛りの男性が中心である。しかも慢性疾患を抱え、1人暮らしの無職もしくは低所得者である。孤独死の背景には、「生」を支える唯一のセーフティネットである家族や親族を失うことに加えて、医療機関もない遠隔の地の仮設住宅に暮らすという問題がある(生活問題研究会 1997:83)。つまり孤独死とは、「低所得で、慢性疾患に罹病していて、完全に社会的に孤立した人間が、劣悪な住居もしくは周辺領域で、病気および、自死にいたる時」の死として理解すべきものであった(額田 1999:137)。

ボランティアも自治会と協力し、仮設住民の安否を確認する必要性を

強く感じ始めた。NGOセンターの現代表は、「ちびくろ救援ぐるーぷ」の活動を通じ危機感をつのらせた。そして1995年5月、連絡会議のなかに、新たに第七の分科会、仮設連絡会を設立した。仮設連絡会は、仮設住宅に住む被災者の生活全般支援を目的に、孤独死問題を中心に活動するようになった。

　仮設連絡会はおよそ25の団体で構成され、仮設住宅での生活支援やふれあい訪問、自治会の結成、安否確認などの活動に取りくんだ。しかし仮設住宅には、高齢化に伴う老人介護、生活ケア、自立支援などの問題が山積していた。とりわけ生活再建が困難な高齢者、障害者、外国人などの震災弱者は、継続的な支援を必要としていた。そのため潜在化する被災者のニーズを発見できない多くの自然発生的ボランティアは1995年の4月頃、撤退をよぎなくされた。まさに被災現場は、「ボランティアも被災者」(「じゃり道」第16号1996.4.19)という状態になったのである。

(2) 壁に突きあたったボランティア活動

　ながた支援ネットは、連絡会議の一分科会として、特別擁護老人ホーム施設長のN氏と医師のR氏が設立した団体である。震災直後に神戸市の在宅福祉センター、サルビアを確保し、深刻な状態の高齢者に対する緊急2次避難所とした。そしてボランティアの医師、看護師、介護職員、学生、調理師など多彩な人々が丸2ヶ月、被災者に対する救援活動を行った。その後、被災者の大半は「西部高齢者介護支援センター」に移り、1995年4月、サルビアは再び在宅福祉サービスの場となった。

　1995年5月、N氏とR氏は神戸市西区の大規模仮設住宅を訪れ驚いた。そこで見たのは、砂利道、多くの溝と杭の仮設住宅地を、盲目の老夫婦や義足の人がよたよたと歩く姿であった。それはR氏が「荒野の中に取り残された高齢者の群という印象」というように、高齢者・障害者の生命を尊重した居住環境では決してなかった。

仮設は避難所よりも危険でした。障害者は容易に寝たきりになる。一人暮らしの人は衰弱し、肺炎などを起こして合併症で死ぬだろうと思いました（さいろ社編集部編 1997：169）。

　そこでR氏らは6月、西区の第七仮設住宅で高齢者・障害者を支援することを決め、ながた支援ネットを「阪神高齢者・障害者支援ネットワーク」と名称変更した。そして、看護師のK氏にボランティア活動を依頼した。K氏は、宝塚市の病院の副看護師長や現場スタッフ代表など、看護師を約25年以上勤めてきた。しかし震災を契機に看護師の仕事をやめ、1995年の6月、ボランティアとして現場に入ることを決意した。

　仕事をやめるには勇気はいりましたよ。でもこれまで1人ひとりの患者さんが私を一人前のナースにしてくれた。お返しできるのは、今しかないから大事にしたいんです（さいろ社編集部編 1997：172）。

　K氏は西神第七仮設を中心に1日30軒近くを回り、一人暮らしの高齢者が孤立しないよう安否と安全を確認し、また体調不良の被災者を発見するなど、ニーズに細やかに対応した。しかし9月上旬、その第七仮設で衝撃的な孤独死が発生した。死亡したのは56歳の男性、栄養失調による衰弱死で、足元にはウイスキーの空き瓶が転がり、死後2ヶ月たっていた。ボランティアが何度も訪問し、安否を確認していたにもかかわらず悲劇は生まれた。被災者の孤独死に初めて直面したボランティアは大きな衝撃を受けたという。

　孤独死に対面したとき、私たち、これまで一体何をやっていたのかしら、と無気力感に襲われて、本気でボランティアをやめようかと思いました。ボランティアも孤独死を発見できなかったと

新聞に書かれたことに反発しました(「阪神・支援ネット」副代表K氏ヒアリング)。

　もはやボランティアによる安否確認や訪問カードだけでは、孤独死を防ぐことができず、これまでの支援方法に限界があることは明らかであった。孤独死の問題は、1995年末頃から被災地で深刻になり、ボランティアの存在意義そのものが問い直されることになった。仮設連絡会のボランティアは、次のように述べる。

　　　私たちはここ数ヶ月、活動において壁に突き当たっていると感じる場面が多くみられます。教本のないボランティア活動は、まさに試行錯誤の繰り返しです(「じゃり道」第7号1995.11.24)。

　実際この頃から、避難救援期に大きな役割を果たした慈善や奉仕といったチャリティのボランティア活動が、被災者の自立を妨げ、生活再建の邪魔になるなどのクレームを受けるようになった。

　　　ある時期を過ぎると、ボランティアは活動範囲がなくなってしまった。ボランティアが活動しても、それをビジネスとしてやってる人の足を引っ張ることになる。結局、非日常のなかで通じたものは、日常のなかでは通じないのかもしれない(ボランティアW氏ヒアリング)。

　ボランティアのなかにも肉体的、精神的に燃えつき、自身が健康を損なうなどの問題を抱える例が多くみられた。とりわけ問題となったのが、他人のためだけに行動する「自己犠牲的なボランティア」である。自分の限界をこえ仕事をし、逆に自分自身が健康をこわしてしまう、いわゆる「燃えつき症候群」である(阪神・淡路大震災地元NGO救援連絡会議

1996:6)。また自分の活動方法にこだわり、我が道をいったり、自分の観点からしかニーズを探せない「自己満足的なボランティア」も問題になった(草地 1995:174)。自分のスタイルを他者に押しつけ、自己を絶対視する自己満足的な支援では、被災者のニーズを発見し問題解決することはできない。

つまり自らに配慮できない「自己犠牲的」ボランティアや、他者に配慮できない「自己満足的」ボランティアといった一方的行為が、被災者の自立を妨げ、活動の継続を困難にするという問題が浮かびあがったのである。むしろこの段階で求められたのは、ボランティアが自己と相手の双方に配慮しながら、関係性のなかで被災者の「生」を支えるという支援のあり方であった。それは被災者を助けるチャリティの活動から、日常生活を再建するための自立支援の活動への転換を意味した。

仮設連絡会でも自らの活動を反省し、2つの活動方向を模索するようになった。ひとつは、全国キャラバンを通じ各地に被災地の現状を伝え、後方の支援者を確保するため、被災地内外のボランティア団体の全国的ネットワークを形成することである。もうひとつは仮設連絡会の組織化である。

こうしたなかで1996年3月、仮設連絡会は会則をつくり、会員制を取りいれ、「仮設」NGOとして独立した。組織の再編は、ボランティア自身が活動をたて直し、被災者の生活再建を継続的に支えるためのものであった。つまり被災者の自立支援のためには、まずボランティア自身が自立することが大きな課題となったのである(「じゃり道」第8号 1995.12.7)。

2. 新たな活動の模索

(1)「孤独な生」への注目

震災から1年半、社会システムはほぼ回復し、仮設住宅での非日常の

生活も次第に日常へもどっていった。仮設住宅では、近隣関係のつきあいを広げ、生活基盤を築く被災者がいる一方、日常生活へ移行できず家に閉じこもる被災者も多く残された。さらにこの時期、仮設住宅から災害復興公営住宅への移動が始まると、復興格差はますます広がった。公営住宅も仮設住宅同様、遠隔の郊外地に建設され、元の居住地への復帰やコミュニティづくりは全く配慮されていなかった[6]。そのため、仮設住宅と同じような問題が発生した。にもかかわらず、行政の対応は被災者のケアを最優先にさせたものではなかった。

　1996年7月には、災害復興公営住宅へ移住し仮設住宅を解消するため、家賃低減の総合プログラムが決定された[7]。しかしプログラムは、仮設に入っていない県外避難者が非常に不利になる、たった5年で被災者の自立を促す、また高齢者には手続きがわかりにくいなど、問題が多かったという（「じゃり道」第21号1996.7.4）。そして何よりも被災者に、住む場所の移動、コミュニティの解体と再建という重い負担を再び課すものであった。

　また公営住宅への移動に伴い、将来に対する不安から体調を崩す人が増え、孤独死や自殺も減るどころか増加した。7月末に公営住宅に入れないことを苦にした女性が市役所内で自殺したり、神戸ポートアイランドの仮設住宅で水道を止められた女性が孤独死するなど、状況は悪化した。

　1997年9月に行われた精神健康調査によると、ストレスを感じる被災者が67％、ボランティアが52％と、被災者とボランティアの両者ともにストレスの限界に達していた。とりわけ孤独死を抑止できないボランティアの苦悩といらだちはかなり深刻で、「先がみえない」という極限状態であった。それでもボランティアは自らを奮い立たせ、被災者支援をつづけるための方法を探し求めたという。こうした状況のなかで、阪神・支援ネットの副代表K氏から、孤独死を「孤独な生」として捉える必要性が提起された。

　　　孤独死というのは、私は、孤独な生なのかなというところから

始めていかなければ……中略……で、孤独な生ということは、一人で生きていらっしゃる方に対して、どうするかということをまず原点におくのが、大切なことです（「仮設」支援NGO連絡会全体会議事録 1996.10.9）。

「孤独な生」とは一人でいることではなく、社会保障の制度から除外され、社会とのつながりが断ち切られた結果、社会的に孤立状態になることを意味する（生活問題研究会 1997：82）。社会的に孤立すると、人は他者との関わりを失うだけではなく、自分の生活や生きることへの関心も失っていく。つまり「孤独な生」とは、家族や友人といった親密圏の解体によって、他者との対話だけでなく、自己との内なる対話も失っていく、そうした極限状態を指す言葉であった。典型的なケースを紹介したい。

Oさん（48歳）は、慢性の持病に加え栄養失調気味で、仮設住宅で痩せ衰えて孤独死した。中学卒業後、大阪の町工場に就職し、その後、職を転々としながら1994年、神戸に移った。そして震災により長田の小さなアパートは全壊し、その時、母親も亡くした。仮設住宅へ移動した後、歯止めを失ったように飲酒がつづく毎日を送り、5回も入退院を繰り返した。病院と冷え切った仮設住宅の往復のなかで、先の見えない生活をよぎなくされたOさんは、かたくなに周囲との交流を断つようになった。しかも食事をとらないで、禁止されていた酒をあおり、死を待つようになったという。まさに「生きていくのが面倒になる」という、自己との対話が喪失した状態である。このようにOさんは、不治の病に加えて、独居、極貧、失業とマイナス要因が重なった上に、アルコール依存症という慢性疾患によって自堕落な生活に陥り、生きる意味を見失っていった。そして最後に仮設住宅で、全身がカビに汚染され寝返りも打てないような状態で発見された（額田 1999：168-188）。

(2) 見棄てられた境遇

　孤独死の問題は、震災後、社会から切り離され、自らの存在意義を見いだせなくなった多くの被災者が、仮設住宅で暮らしているという現実を突きつけた。彼らは病もちで、家族や親族と死別し社会から切り離され、他者との関わりを失った弱者である。しかも他者の存在を欠くゆえに、自らの生命や存在に無関心になり、生きる気力を失うという状況に置かれた。このように「他者に見られ、他者に聞かれるという経験」を失い、他者の不在を強いる状況を、H. アレントは「見棄てられた境遇」(verlassenheit) と呼んでいる。

　　　見棄てられているということは……根を絶たれた、余計者的な人間の境遇と密接に関係している。根を絶たれたというのは、他の人々によって認められ、保障された席を世界にもっていないという意味である。余計者ということは、全然世界に属していないことを意味する (Arendt 1968=1974:320)。

　「見棄てられた境遇」とは、「孤独」(loneliness) を意味する。これは「一人でいること」(solitude) とは全く違う。「一人でいること」は、他者との関係から離れ、自分の領域へと引き下がることであり、自らと対話を始める契機となる。ところが「孤独」は、社会との関わりから切り離され、他者との対話を失うだけではなく、自分自身との対話も失っている状態を指す。つまり親密圏の解体によって、他者との関わりから切り離されるだけではなく、自らの生活や生命への関心を失う、といった極限状況を意味する用語である (Arendt 1968=1974:298-299)。仮設住宅で暮らす被災者が漏らす「もう死んでしまいたい」「生きていてもしょうがない、いっそ地震のとき、死んでおけばよかった」という言葉は、まさに生きる気力を失うという、「見棄てられた境遇」から生みだされた

ものだといえる。
　「見棄てられた境遇」が提起する最も深刻な問題は、自分は生きていない方がいいのではないか、生きていてもしょうがないのではないか、と自らの存在意味を疑い始めることにある。これにより存在に対する否定の感情が生みだされ、自分の存在意味を疑うようになる。つまり人間が生きるために最小限必要となる「存在に対する肯定」がゆらぎ始めるのである。
　「見棄てられた境遇」の問題に直面したボランティアは、自らの無力さを実感し、自分の支援方法を反省的に問い直すようになった。生きる気力と希望を失った被災者の「生」を支えるために必要なことは、孤独死を阻止するというよりは、彼らが社会から孤立しないための支援であった。阪神・支援ネット副代表のK氏は次のように述べる（ヒアリング）。

> 被災者一人ひとりの生活に目を向けて、その人のニーズが何かしっかりと理解すること、現実をしっかり把握することが大切……中略……ボランティアって一部一部の応急処理が大切だと思います。つまり長期的なもの、日常化のなかで考えて、人々が普通の生活ができるようにという意味で、生活の基盤を整えること。私たちは生活を共にしているために、さまざまなことが見えてくる。その人の個別のニーズにあったもの、それに対応していくものを準備する、ケース・ワーカーに頼んだ方がいいのか、病院に行った方がいいのか、どう対処した方が良いのか考えるようにすることが重要です。

　次第にボランティアの間で、被災者を集団としてまとめて捉えるのではなく、それぞれの「個人の特徴を把握」し、それぞれの生活に目を向けることの大切さが共通の認識になっていった。それは「たった一人のいのち」を重視し、被災者の「生」の固有性に徹底的にこだわる活動への転

換であった。

3. サブシステンスという根源的関わり

(1) 人間として関わること

　こうした状況のなかで、元医療専門職(看護師)のK氏は、自分がもつ専門知識による支援方法では、被災者の個別ニーズを発見することは難しいと実感した(さいろ社編集部編 1997:164-181)。そして、自らの支援方法や接する態度を大きく問い直すようになったという。つまり、被災者のニーズが見えないなかで、「声にならない声」を聞こうとする時、施設では有効だった専門的知識も大きな限界があった[8]。患者がニーズを抱えて来る施設での支援とは異なり、仮設住宅などの現場で「ニーズは何ですか」「ニーズはありませんか」と被災者に聞いても、答えが返ってくるわけがない。加えて専門家として接することが、さもすれば「してあげている」「上からものを言う」という印象を被災者に与えていたのではないかと、K氏は振り返る。また阪神・支援ネットの代表N氏は、むしろ震災直後、専門知識を持たない一般ボランティアほうが、多様な被災者に対して距離を縮めることができたと指摘している。

　　　現場では、その人を排除しないという態度が、トラブルメーカーとなっていた人々に対して手厚い支援ができた。むしろ専門的技術をもたないで、深く関わった結果、アルコール依存症や精神障害者の人たちを孤立させない状態を作りだすことができた。周辺の人が強引に関与をするより良い方向になったのではないか(阪神・支援ネット代表N氏ヒアリング)。

　むしろこの段階で必要となったのは、専門的知識やルールで規定された自分の行為を見直し、一人の人間として被災者に目くばりし対応する

「人間としての関わり」という行為であった。

> 専門職だからできることに反発したんですよ、大切なのは相手を人間としてどれだけ認めているか、相手にどれだけ寄り添うことができるかということです。人間対人間の関わりとして、その人のそれまでの生き方を尊重すること。同じ目線で接していこうと思った……中略……専門家ではなく、一人のボランティアとして現場に入りました。道具として専門職を使うということ。上から物を言うと、相手との距離が遠くなるので、接触する距離に注意しました(「阪神・支援ネット」副代表K氏ヒアリング)。

「人間として関わる」とは、ボランティアも同じ生活者として、被災者の生活やそれまでの生き方を理解し、相手と同じ目線で向きあうことを意味する。そのためには被災者が抱える病気や傷といった直接的問題を把握するだけでなく、その問題を生みだしている、例えば貧困や失業、持病などの生活上の問題に目を向け、そこに対応することが求められた[9]。

> その人の傷だけをみるのではなく、自分は人間がここで傷をもったということに気をつけた。話をしながら、足を止めながら、他のニーズもみること、人間として足をおいていかなくてはならない。人間として関わるとは、その人の生活までみること。だからボランティアも生活者でなくてはいけないんですよね(阪神・支援ネット副代表K氏ヒアリング)。

仮設住宅の高齢者で、医者から指定された薬を飲んでいない人を例に考えてみたい。K氏のいう「関わり」を持つとは、専門知識に基づき、被災者に「病気に効くから飲みなさい」と言うのではなく、相手の話を聞き、

どうすればよいかをいっしょに考える行為を意味する。「飲まなくてはだめ」といって叱りつけるのは、看護師としての専門職に基づく対応である。それに対して、夜中まで語りあったり、一緒にいたりして、「相手の苦しみを自分の苦しみとして受け止め、苦しみを共有し、痛みをわかちあうこと」によって、そして「一緒に苦しんでくれる人がいること、支えてくれる人がいること」を実践のなかで示す。すると、被災者のなかには薬を飲み始めたり、アルコール中毒症の人がお酒をやめるなどの変化がみられるようになるという。そこでK氏は、「相手（被災者）も自分をみている」ことを強く感じるようになる（「」はK氏の発言の直接引用）。そしてここからK氏の活動が大きく変化するようになった。

　被災者を支えるためには、ボランティア自身が「相手に見られていること」を意識し、「これまで自分が持っていた知識や価値などのこだわりを捨て、自分を放りだすこと」が大きな課題になったという。相手を自分の思いのとおりに動かすのではなく、ボランティアが被災者の状況を理解し、自らを変え、被災者と同じ人間として関わる、こうした過程のなかで、「人間としての関わり」が可能になるという。というのも、自分とは異なる相手を受け入れることは、結局、相手に対してさまざまな気持ちを抱く自分を受け入れ、自分が変わることに他ならないからである。

　　　相手と関わりを持ちながら、自分を立ちとまらせて見つめ直していく。それはその人によって異なると思う。……中略……相手を通して自分を振り返る、反応をみて、ニーズに応えられているのかどうかをみる。自分が変わることで、人を変えることができるということ、これが相手を知ることですね（阪神・支援ネット副代表K氏ヒアリング）。

　ただし被災者と関わる過程で、ボランティアが相手の要求をすべて引

き受けてしまっては、自己満足の行為になる。K氏も最初、なるべく被災者の要求に応えようとしてきた。しかし、仮設住宅でさまざまなことを要求する被災者と接し、ボランティアが「できないことはできないと言わない限り、被災者の自立を阻害する」ことに気づいた。そうならないために、ボランティアが無理をして「何でもやってあげる」のではなく、かといって相手を突き放すのではなく、いわば「関係を切らないで、その人の残された機能を引き出す」ことに努めたという。

　このことは、ボランティアが支援範囲を限定することで、被災者の呼びかけに応答し、人間としての責任を引き受ける範囲を決めることを意味する。「人間としての関わり」の本質は、共に苦しみ、共に喜ぶという共感の対話的行為に基づいて信頼関係を築きあげ、相手の存在を受け止めていくことにある。

　こうした「関わり」が人間の「生」にとって非常に重要な意味を持つのは、被災者が他者（ボランティア）の存在を通して、自分の存在に目を向けるようになるからである。つまり被災者は、自分に関心を向けてくれるボランティアの応答によって、自己存在を再認識するようになるのである。またボランティア自身も、被災者と接する過程において、自分の職業や支援者という立場から離れることで、これまでの自分の考えや態度を変化させるようになる[10]。

　　　人との出会いによって、自分が成熟していく。自分の中で人として何かが動き、感動している。自分が変化していく。そこには相手の声が聞き取れている、自分がそれを受け止めたという相互的なメッセージがある（阪神・支援ネット副代表K氏ヒアリング）。

　ボランティアが苦しみを抱えた他者に目を向け、他者へと自己変容することによって自らの「生」の輪郭を再認識するようになることを、ここでは「出会い」と呼びたい。「出会い」とは、ボランティアと被災者

が応答関係を築き、生きていることを相互に自覚するようになることである。もちろんすべてのボランティアが、誰とでも「出会い」を経験できるわけではない。同時に、ボランティアの行為をすべての被災者が受け入れるわけでは決してない。「出会い」とは、ある特定の他者の苦しみに触れ、その苦しみを「放っておけない」と感じるボランティア[11]との間に生まれる偶然的な出来事であり、臨床の場面でのみ成立するものといえる。

　ボランティアは被災者と偶然的に「出会い」、自己変容しながら、一人の人間として他者存在と向き合うという関係を形成するようになる。しかしこれは、単なる人々の間の相互扶助的な「助けあい」という意味に限定されるものではない。「出会い」によって生まれる関係は、支援者と被支援者という枠組みをこえ、信頼に基づき他者とお互いの存在を受け止めあうような関係、いわゆる人間の「生」の根源的状況に根ざした「支えあい」（K氏ヒアリング）という関係性である。これは、「見棄てられた境遇」におかれた人々が自己との対話を始め、自己の存在意味や「かけがえのなさ」を再確認するきっかけをもたらす。その意味で、人間の実存や生死を支える「根源的状況に根差した概念」（森岡1994：84-85）である。つまり「支えあい」とは、他者とのさまざまな関わりのなかでも、「いのち」の一回性や固有性（かけがえのなさ）に徹底してこだわる関わり、まさに人間の生存維持にとって重要なサブシステンスという根源的関わりだといえる。

　さらに、こうしたサブシステンスの領域に成立するボランタリズムの本質を理解するためには、そこで生みだされる関係の形態だけではなく、その関係を人間の存在論のレベルまで掘り下げ、意味内容を考える必要がある。

(2)「生」のかけがえのなさを支えるボランタリズム

　「人間として関わる」というボランティア活動にみられるのは、苦し

みを抱えた被災者に何か「してあげる」こととは全く異なり、「相手が受け入れないと自分が存在しない」という視点である（阪神・支援ネット副代表K氏ヒアリング）。そこではボランティアが、偶然、苦しみを抱えた被災者を「見てしまった、知ってしまい」、当たり前だと思っていた自分の価値や状態を見つめ直し、他者へ自己を開放しながら、被災者を「1人の人間として認める」「人間として受け入れる」という状況が生まれた。それは、ボランティアが被災者を自己に同化するのではなく、自分とは異なる他者存在を認めながら、関係を取り結ぶという行為であった[12]。

　自分を他者へと開きながら、職業や地位という「何であるか」(what)によって規定されるアイデンティティではなく、一人の人間存在として「誰であるか」(who)という関わりをもつ。そうした行為を「ボランタリズム」と考えると、そこには他者と互いの「かけがえのなさ」(uniqueness)を支えるという重要な意味を見いだすことができる[13]。

　我々は周辺に誰もいないからさびしいのではなく、自分が他者にとって意味があると感じられないとき、生きる気力を失う。そして、自分のことをどうでもよい存在として捉えるようになる。逆に、誰かのなかに何らかの形で意味のある場所を占めていると感じるとき、生きる力がわき、自分が特別な存在であるという「かけがえのなさ」を感じることができる。つまり、自分が「ある他者に対して意味のある場所に立つ」ことができる時、自らの存在のかけがえのなさ（唯一性）が確立される（鷲田1996：157）。それは、私の唯一性が、「かけがえのなさ」を支えてくれる他者との「出会い」によって、初めて現実化されるからである（Laing 1961 second ed. 1969=1975）。

　「人間として関わる」というボランタリズムの行為は、何かしてあげるという行為では決してない。それは、生命の維持を困難にする「見棄てられた境遇」に対して、一人の人間として他者存在を受けとめ、その「生」のかけがえのなさを支えるという重要な意味を持つ。

以上のことから、新たなボランタリズムの成立は、第1に、自分とは異なる他者との偶然的な「出会い」を通して、自分を異質な他者へと開いていくことが必要となる。これは自分を拘束している職業や役割から離れ、相手の「まなざし」により自己が変化することを意味する。つまり自己変容することで、相手と一人の人間として関わることである。第2に、相手の特徴や個別性を理解し、共に悩み、共に喜ぶ対等な人間として存在を認めていく過程を伴う。そのために相手の生活を把握し、固有性を尊重するという信頼関係の形成が必要となる。第3に、相手との関わりを維持しながら支援範囲を限定し、相手の潜在能力を引き出すことが重要となる。

 こうした過程により、一人の人間として相手と対等に関わり、お互いの「生」の固有性、そのかけがえのなさを支えあうというボランタリズムの行為が成立する。つまりボランティアと当事者が相互に自己を振り返り、相互変容することで、お互いの固有性を支えるという関係形成の過程としてたち現われるものだといえよう。

注

1) 草地賢一(1995:179-180)によると、日本のボランティアは、これまで行政の補完として位置づけられ、無償性・自発性・自己犠牲などの「入り口」で理解されてきた。しかし阪神・淡路大震災をきっかけに、組織化や専門性を取りいれ、幅広いボランティア論を構築することが緊急の課題となった。
2) 1995年5月に設立された「仮設支援連絡会」は活動展開に伴う組織化により、96年3月には「阪神・淡路大震災『仮設』支援NGO連絡会」に、さらに98年3月には「被災地NGO協働センター」に名称変更された。
3) 被災地NGO協働センターの展開過程の詳細については、西山(1999)でまとめた。
4) 阪神・淡路大震災で兵庫県に集まった義援金は、最終受入額1,792億円余りと非常に多かった。しかし同時に、自宅が全半壊(焼)した被災者もきわめて多く、1人あたりの配分額は10～30万円とわずかな額になった。

5) 最後の仮設住宅が1999年3月に解消されるまで、兵庫県内の仮設住宅で発生した孤独死は、233人にも上った。
6) 1997年4月に始まった「生活再建支援金」は、公営住宅に移動した高齢世帯や要援護世帯を対象として、月15,000〜20,000円を最長5年間保障するというものであった。
7) このプログラムには5年間、復興公営住宅の家賃を補助する、仮設居住者を優先する、公的支援によって1998年までに仮設住宅が解消されることが明記された。
8) ただし、アルコール依存症の被災者を入院、行政の社会保障へと結びつけるなど、専門家が大きな役割を果たした点にも注意する必要がある。
9) こうした課題に取りくむためには、医療や看護という知識に基づく直接的支援だけでなく、地域社会の中で被災者を支えるという「福祉」の視点が非常に重要な意味を持つようになったという。
10) K氏はボランティアが、「人間としての関わり」を通して人としての幅ができるという「人的成熟」と、福祉の知識が増加するという「知的成熟」を経験したと指摘する。
11) この行為には「自発性」というよりも、もっと人間として「自ずから」という感覚がある（渥美2001:62）。それは他者との相互関係や関心とは別に、人間として他者の苦難に対して無関心ではいられない、という受動的な「傷つきやすさ」（vulnerability）という感覚である（鷲田1999:148-156）。我々は他者の苦しみにふれた時に、それを感じないではいられないし、無関心ではいられない。その苦しみに対する行動を選択する以前に、他者の苦しみにふれ、自ら動揺させられるという感受性をもっている。
12) この「他者を迎え入れる」という行為を、R. シュレール（Scherer 1993=1996）は「ホスピタリティ」（歓待）という視点から議論している。シュレールによるとホスピタリティとは、「客」を迎え入れる者をその同一性から逸脱させること、つまり他者を自己に同一化させるのではなく、自己の他者への生成によって、他者を迎え入れることを意味する。鷲田清一（1999）はこのホスピタリティの議論に依拠しながら、「ある他者の前に身をおくことによって、そのホスピタルな関係のなかで、自分自身もまた変えられるような経験の場面」としての「臨床」に注目し、哲学的議論を展開している。
13) H. アレントに依拠すると、人間の「かけがえのなさ」（uniqueness）は、差異を持った他者との「活動」（action）を通して、初めて明らかにすることができる。「活動」とは人間の複数性を前提として、差異をもった他者と言語を媒介とした相互行為により、個人が「何であるか」ではなく、「誰であるか」と

いう固有性を示すような行為を意味する(Arendt 1958=1994:291-292)。この点については、次章で詳しく検討する。

第6章　共感にもとづく非営利事業

　災害復興公営住宅への移動が進むにつれ、被災者の抱える問題は個別化し、また複雑にもなった。長期の支援を受け続け、自尊心を失った被災者の心のケアをどうするかなど、ボランティアは複雑な問題を抱えることになる。さらに被災地への財政支援が減少し、ボランティア活動をつづけることが難しくなった。むしろこの段階では、被災者への直接的支援だけでなく、生活再建のために必要となる被災者の「自立」と、それを支えるボランティアの組織としての「自立」が大きな課題となったといえる。ボランティアは、ボランタリズムの実践を社会のなかで広げていくために、さまざまな「しくみづくり」を試みるようになる。そこで多くのボランティア団体が取りいれたのが、活動を有償化し、商品販売やサービス供給を担う非営利事業の手法であった。
　第6章では、ボランティアが被災者への継続的な自立支援を目的に取りくむ非営利事業に焦点を当てる。ボランティアが事業化する過程を考察することで、非営利事業のメカニズムとその社会的意義について明らかにしたい。

1．もうひとつの働き方

(1) 生きがいとしての仕事づくり

　1996年の終わり頃から、「仮設」NGOも、支援活動が被災者の自尊心を失わせるなどの問題に直面した。代表者のM氏[1]は、被災者の「孤独死」

に心を痛め、生きる気力を失った被災者が社会との関わりをもつには、就労、仕事の機会を作る必要があると強く感じるようになった（阪神・淡路大震災「仮設」支援NGO連絡会全体会議事録1996.10.9）。

　孤独死はM氏と同じ世代の40〜50代の男性に多く発生していた。そこでM氏は自分にとっての生きがいについて考え始めた。震災以前、神戸市長田区で靴職人として働いていたM氏にとり、生きがいとは働くことであり、働くことが社会と関わるきっかけを作りだしていた。そこで被災者の生きがいも、「働くこと」にあるのではないかと考えるようになったという（M氏ヒアリング）。

　そして1996年10月頃から、被災者の仕事づくりが「仮設」NGOの大きなテーマとなった。しかし、ボランティアにとり賃労働のような仕事を作りだすことはなかなか難しい。また行政は、被災者にわずかな義援金を分配しただけで、生活再建のための雇用機会を与えてくれるわけでもなかった。

　　　仕事の機会をどう作るかというのは、これは、今まで、職安とか行政の仕事だったんですが、広い領域の中で作れるだろうと希望しています。……中略……具体的にモノづくりをケアしていきたいと思っています（阪神・淡路大震災「仮設」支援NGO連絡会全体会議事録1996.10.9）。

　ここでボランティアができることは、モノづくりのような小さな活動を提供することでしかなかった。それは無償、有償にかかわらず、広い意味で被災者が働くきっかけを与えることである。M氏は、「働く」ことの意味について深く考え、利益を生みださない「働き」は価値のないものなのだろうかと自問するようになる。一般的に、「仕事とは生活のためにお金を稼ぐ働き」と理解されている。これに対してボランティア活動などの無償労働は仕事ではなく、非生産的な活動とされてきた。そこでM

氏は、利益を追求するのではなく、生きがいをもつために働くことは、仕事ではないのだろうかと思い悩み、次のように考えたという。

> 普通に働いている人が、お金を稼ぐことは社会にとって必要なこと。また無償で働くボランティアも社会にとって必要なことだ。こういうふうに考えると、社会に対して働くという意味では、有償も無償も同じことだと思った（NGOセンター代表M氏ヒアリング）。

M氏が考えたのは、生産活動に貢献する賃労働だけを仕事と考えるのではなく、社会の役にたつ「働き」を全て意味のある仕事と意味づけていくことであった。かりに無償でも、社会と関わりをもつような「働き」を、生きるために重要な仕事として価値づけ、それを展開しようとしたのである。

> 働くこと、仕事をもつことの意味を価値転換させる必要がある。だから、こういうことをむりやり定義し、位置づけ、押しこんでいく作業をやらなくてはならない。「まけないぞう」という事業体で新しい価値を作りあげていきたい（NGOセンター代表M氏ヒアリング）。

資本主義社会で評価されるのは、資本蓄積に結びつく有償雇用であり、賃金労働である。商品化された労働力だけが市場経済のなかで取引の対象とされてきた。こうした労働は、人が生活するために不可欠な貨幣、ないし資本を生産する生産的労働とされる。これに対し、ボランティア活動や家事労働などは、I. イリイチらによって「シャドウ・ワーク」や「アンペイド・ワーク」として、私的領域のなかに位置づけられてきた。とりわけ無償労働は、有償―無償という資本主義の基準によって区別され、市場経済で有償労働を支える影の領域にある縁辺労働とみなされてき

た。

　しかし、M氏はかりに無償であっても、孤立した被災者にとって働くことは、他者と関わりを持つ大きなきっかけになると考えた。こうした「働き」の重要性を社会的に訴えかけていくために、小規模な仕事づくりに着手することを決断する。ここでの有償化とは、あくまでボランティア精神に基づく「働き」の価値づけを示す指標であり、その価値づけに対して社会的共感をえるためのものであった。

(2) まけないぞう事業の開始

　震災後3年が過ぎた1997年頃から被災地のなかでは、次第に、被災者の生きがいづくりや仕事づくりが中心テーマとなった。4月には「仮設」NGOでも話が具体化し、「ボランティアと被災者という関係から一歩踏み込む」(阪神・淡路大震災「仮設」支援NGO連絡会全体会議事録1997.3.12)という主旨のもとに、「共生・共創センター」が設立された。これは被災者の職づくりである共同作業所、被災者の声を聞き相談に応じるための医療・保健・福祉の相談所、全国からの支援を集めるためのリサイクルショップ、被災者グッズ販売などを行うセンターである。

　この時期のもうひとつの重要な動きとして、被災者の声を代弁し、国や行政の公的保障を求める政策提言(アドボカシー)への取りくみがある。そもそも「仮設」NGOは、1995年秋から被災地の情報を発信し、後方支援のしくみをつくるために全国を行脚する全国キャラバンを展開していた。しかし、ボランティア団体の直接的支援だけでは、被災者の経済的問題や生活再建の困難を解決できないという認識が広がり、被災者の生活を支える制度や政策を変える動きがみられるようになった。

　　　被災者より、被災者を囲む状況が原因である。それを変えなければ、根本的な解決にはなりえない。個々の被災者に対応するだけでは意味がない(阪神・淡路大震災仮設NGO連絡会全体会議事録

1997.4.23)。

　1996年には、「仮設」NGOを中心に、「市民とNGOの『防災』国際フォーラム」で採択された神戸宣言に基づき、被災者に対する公的支援を求める運動が展開された。代表的な運動は市民＝議員立法、「災害被災者等支援法案」の制定に向けての動きである。その目的は、被災者の生活再建のための基盤整備に個人補償を求め、また災害援護資金の貸しつけを可能にすることにあった。「仮設」NGOの参加団体が直接的に運動の中心を担ったわけではない。しかし、市民＝議員立法のための情報交換や勉強会を開くなど、現場と法案制定の橋渡しをしたという。こうした動きが立法制定の大きな世論を巻きおこし、1998年、個人補償を認める「被災者生活再建支援法」が可決された。さらに神戸市と兵庫県、国が策定した震災復興計画への対案として、被災者の生の声を書いたカード1,000枚を分析し、市民の視点に基づく「市民がつくる復興計画」を提起するなど、さまざまな取りくみがあった（市民とNGOの「防災」国際フォーラム実行委員会編1998）。

　こうした動きのなかで「仮設」NGOは、各ボランティア団体をとりまとめるネットワーク組織から、事業を中心としたセンターへと組織がえし、名称も「被災地NGO恊働センター」に変えた。そしてこのNGOセンターのミッションの柱となったのが、まけないぞう事業であった。

　NGOセンターが有償事業に取りくむようになった背景には、被災者の仕事づくりという目的以外に、活動資金の減少により、活動の継続が困難になったことがある。財政的困難を乗り越えるためには、有償スタッフを中心とした事業体を作り、収入確保の道を模索しなくてはならなかった。それは被災者とボランティアという直接的関係を社会へと広げ、後方支援者の参加を取りつけながら、社会のなかで被災者の自立を支援しつづけることを意味した。つまり活動の継続のためには、組織的にも、活動内容という面からも、ボランティアを中心とした活動体から、営利

性を伴う事業体へと転換する必要性が急速に高まったのである。

　ただしボランティアが事業を行うためには、その内容が「社会から評価されるだけのボリュームと質をもつ」こと、つまり「気軽に、どこでも、誰でも」参加することができ、また活動の目的と内容が社会からの共感をえることが必要条件であった。これらの条件を満たすものとして考案されたのが、震災後に集まった多くのタオルを、被災者がゾウの形にして販売するという「まけないぞう事業」である。そもそもこの事業は、仮設連絡会の一本のタオル運動から始まっている。一本のタオル運動とは、全国から被災地に送られてきたタオルを、被災者が雑巾にして販売するという運動であった。最初は、タオルを雑巾にする予定であった。しかし被災者の考案によって、タオルをゾウの形にし、NGOセンターがその販売を引き受けた(村井 1999:6)。

　ゾウタオルは一個400円で販売され、製作者に100円の手間賃、190円がタオル以外の材料費・制作費・輸送費など、残りの110円から郵送料を差し引いた額がセンターの活動財源となった。製作は、主に仮設住宅や災害復興住宅で生活している人や長田区のケミカルシューズの縫製場で働く30代〜70代の女性である。現在は作り手が少なくなったものの、1998年には約100人の作り手が共同作業所や復興公営住宅に集まって作業し、それを男性の被災者がNGOセンターまで運搬していた。事業による収入は多い人で月に10万、平均すれば約3〜5万円ほどになったという。

　しかし商品自体が非常に安いため、これによって被災者が経済的に自立することは難しい。つまりこの事業は、被災者の経済的自立をめざすというよりは、被災者が他者との関わりのなかで生きる希望をもつためのものであったといえる[2]。

2.「支えあい」を生みだす非営利事業

(1) メッセージへの共感

　まけないぞう事業は1997年7月に開始され、わずか2年間で8万個をこえるゾウタオルを販売した(図6-1)。換算すると、年間約1,600万円の平均総事業収入となり、ボランティア事業としての収益は非常に高い[3]。その結果、1998年の好調な売上を背景に、1999年度からまけないぞう事業をNGOセンターの一般会計から独立させ、収益事業としての自立をめざすようになった。

　M氏は、まけないぞう事業が急速に全国へ広がった理由を、商品そのものに付加されている「メッセージ性」に見いだしている。事業内容が単なる雑巾づくりだったらここまで広がらなかったという。まけないぞう

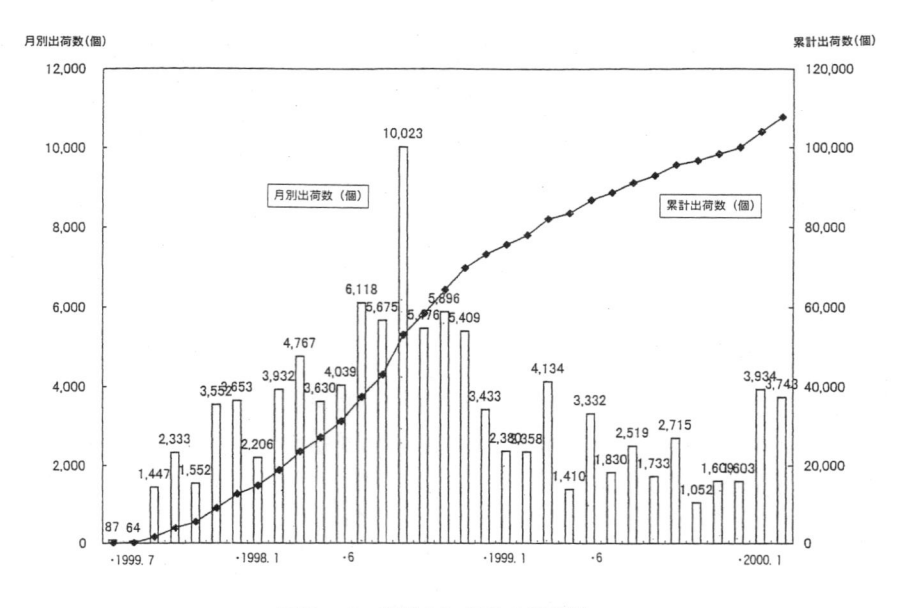

図6-1　まけないぞうの出荷数

出典：NGOセンター資料。

事業を理解するためには、商品に込められたメッセージ性の意味について深く考察する必要があるだろう。

「まけないぞう」はゾウの形をした単なる商品ではない。「私たちは苦しいなかでがんばっています」という被災者の思いが表現された商品である。そのため「まけないぞう」という商品自体が、ゾウを製作している被災者の具体的な姿を伝える媒体となっている。実際に、購入者のなかには、「ゾウをみていると、作っている方の様子などが頭のなかに浮かんでくるようです。たくさんの願い、思いがそのなかに込められているのですね」（「じゃり道」51号 1998.5.22）という者もいる。

一方、「まけないぞう」を知った後方支援者は、「自分達に何が起きるかわからない」「他人ごととは思えない」などの理由から商品を購入する。例えば四国に住む女性は、神戸で被災した友人の姿を想定し、友人を励ますという意味で商品を購入していた。そこでの行為は、被災者と直接に接触するものではないが、具体的な被災者の姿を想像することから始まっている。つまり多くの後方支援者は、震災時に何かしたかったが事情があって行けなかったという人が多く、NGOセンターの活動やメディアを通してこの事業を知り、「自分にもできることがやっと見つかった」といって参加している。

このように後方支援者がゾウタオルを買うのは、彼らが「共感することを欲している」ためではないかとM氏は考える。M氏のいう「共感」（sympathy）[4]とは、人間が誰しも持っている感受性のことで、「見えない人のことを想像し、他者に関わろうとする力」である（ヒアリング）。これは、単に他者と同じ気持ちになることではない。具体的な他者の苦しみに触れ、他者体験の内的意味を聴き取ろうとするという、他者に向けての行為を意味する。つまり他者の苦しみに対する極限的な感受性から生じ、他者理解の基盤を形成するものだと考える。人は共感という感覚を抱いたときに、初めて具体的な他者の苦しみを想像し、それを自分の苦しみとして感じることができる。

まけないぞう事業が全国に広がりをみせたのは、商品がもつメッセージが具体的であり、しかもそれを全国へと発信する全国キャラバン[5]や新聞やマスコミの動きにより、多くの後方支援者の共感を引き起こしたためだといえる。そこではNGOセンターが、被災者のメッセージを多数の人に伝え、共感を生みだすきっかけを作るという媒介の役割を果たしている。

　何よりも重要なのは、まけないぞう事業が、一方的な募金やサービス供給と異なり、他者からの呼びかけを受けとめ、それに応答するという、共感に基づくコミュニケーションを生みだしている点にある。

(2)「支えあい」の関係性

　事業化を始めて3ヶ月経った頃、ゾウを購入した支援者から「勇気や元気をいただいた」という感謝のメッセージが、NGOセンターに送られてくるようになった。

　　　ボランティアの皆様が頑張ってタオルのゾウを作っておられるのをテレビで拝見し感動いたしました。私は痴呆症の母を看ておりますのでお手伝いをと思う気持ちだけで何もできませんが、私自身精神的にまいってしまう時があります。そんな気持ちのときに、テレビでかわいいゾウをみまして、なんだか救われた気持ちがしました。私も頑張るぞーと元気がでました (京都府在住の女性からのメッセージ「ぞう通信」第7号 1998.8.23)。

　震災という辛い経験を乗り越えて必死に生きる被災者の姿が、逆に後方支援者に勇気や励ましを与えていたのである。感謝のメッセージを受けとり、自分の作った商品がどこかの他者を励ましていることを知った被災者は、次のように語っている。

> 震災後、ずっと助けてもらってばかりだったけれど、やっとこうして人の助けに、社会の役に少しでもたったのね(「じゃり道」54号1998.8.23)。

　これは他者の支援を受けつづけ自尊心を失った被災者が、メッセージ交換を通して、自分が誰かの役に立っていると実感したことを示している。ではメッセージ交換とは、どのような意味をもっているのだろうか。
　事業におけるメッセージ交換とは、他者に対して自分の顔を差しだし、またそれに反応する他者の顔を想像する、という相互的な共感を生みだす過程である。ここでいう顔とは対面的な顔ということではなく、他者に対する具体的な「呼びかけ」を意味する。

> 顔の見える関係の理想は、本当に顔の見える関係で何かをやること。だけどまけないぞう事業が、相手のことを想像する媒体となって、相手の顔が見えることがある、それが「心の顔」の意味。そういうつながりを含めて考えている(NGOセンター代表M氏ヒアリング)。

　事業におけるメッセージ交換とは、ゾウタオルという商品を通して他者に「呼びかけ」、また時間―空間を越えて、他者からの「呼びかけ」を受け止めるという行為を指す。重要なのは、他者理解の基盤を形成する共感は、内面的な感情だけで示すことはできず、むしろそれを他者に対する具体的な行動として示すことで初めて現実化されるという点である。
　まけないぞう事業を知った支援者は、被災者のメッセージに共感しただけでなく、ゾウを購入し、さらにはメッセージを返すという行動をとっている。その行動によって初めて被災者は、具体的な他者の応答を感じ、さらには自分が他者の役に立っていると感じることができる。つまり支援者の共感が、商品を買うという行為によって表現されたことで、被災

者は他者の具体的な応答を感じ、逆にその相手に対して共感を抱くようになる。

このように共感の発信が相互的であり、しかもそれが行動として表現された場合に、被災者は初めて、自分が尊ばれていると実感できるという。なかには自分の作ったゾウタオルが売れたことで、「やっと自分の人権が認められた、自分の存在が認められたような気がする」と述べた被災者もいた（まけないぞう事業担当M氏ヒアリング）。

このように被災者の心情に変化が現われるのは、相互的な共感により、支援する側と支援される側という力関係が変化し、支援者と被支援者、弱者と強者、健常者と障害者といった固定的な関係が揺らぎ始めるからだといえる。M氏は送られてくる多くの手紙から、立場の転換をはっきりと認識するようになったという。

> この事業を通じて、被災者を支える側と支えられる側の転換を、10月頃からはっきりと認識するようになった。これは瞬間的に、でも持続的に転換している。……中略……ボランティアをする側とされる側は対等でなくてはならない。このことはお互いの存在を認めあうことだと思う（NGOセンター代表M氏ヒアリング）。

他者と立場の入れ替わりを実感し、「自分が支えられているだけでなく、誰かを支えている」「自分が独りではないこと」を感じるような関係を、M氏は「支えあい」と呼ぶ。この「支えあい」の関係性にみられるのが、他者との対話的行為によって可能となる、存在の「現われ」(appearance)というサブシステンスの過程である。

(3) 存在の「現われ」とサブシステンス

H. アレント（Arendt 1958=1994：320）は、「人々が単に他の生物や無生物のように存在するのではなく、その外形をはっきりと示す空間」を、「現

われの空間」(the space of appearance)と呼ぶ。対面的関係を超え、自分とは異なる複数の他者に目を向けることで、唯一存在者としての自己を知覚するようになる。自らのアイデンティティを公的に開示するところに「現われの空間」が成立するというのである[6]。そして、まけないぞう事業が生みだした「支えあい」という関係にも、この「現われ」という概念によって理解できる一連の過程がみられる。

　まけないぞう事業は、被災者とボランティアとの直接的関わりを生みだすだけでなく、メッセージ交換によって、「ゾウによって励まされています」「元気づけられています」といった、他者の具体的な応答が生みだされていた。苦しいなかで生きる被災者が、他者を励まし、存在を肯定されるという経験をすることは、決定的に重要な意味をもつ。それは自己に応答する他者存在を通して、被災者が自分自身のなかにある孤独や不安と向きあい、その状況を客観的に受け止めことができるようになるからである。

　　　（まけないぞうを）誰が作っても、自分のが一番かわいいと思っている。作った人の顔に似てくるっていうんですよ。きっと自分でものを作るってことは、おそらく自分でストーリーを作ることにつながってるんじゃないかな。買い手が送ってくれるメッセージから、自分で納得できるストーリーを作って、前に進んだりすることができることは重要だと思う。喪失感から脱出するときには、誰でもそうしなくちゃいけない。その時、最初は苦しみを共有するかもしれないけど、生まれたものを発信していくうちに、だんだんと仲間に入れたということで、苦しいっていうマイナス志向ではなく、プラスを共有するようになるんですよね（NGOセンター代表M氏ヒアリング）。

　自己存在が肯定されているという感覚が、自分の苦しみを個人的な不

幸や不運とするのではなく、他者にも通じる「ストーリーをつくる」ことを可能にする。これにより、「なんで自分だけがこんなに苦しいのか」という感覚から、他者へと目を向け、「人間って、苦しいなかで支えあうことが重要なんだ」という感覚へと転換するようになるという。実際に、まけないぞう事業担当者M氏は、生きる希望を失っていた被災者の多くが、事業に参加することで、一人で生きているのではないことに気づき、自分と向き合うようになる変化をみている。「私も負けずにがんばるぞうと、自分の作ったぞうさんに話しかけながらつくっています」「ぞうづくりを通して、自分が一人ではないと思えるようになった」(『ぞう通信』2000.5.25)という言葉は、生きる希望を失った被災者が自己との対話を始めたことを示している。

　別のケースでは、震災後に入退院を繰り返していた被災者[7]が事業に参加し、「ぞうづくりの楽しさが生活を明るくしてくれた」「体調が良くなった」といって元気を取りもどした。また、ゾウづくりを教える講師になるなど、新しいライフスタイルを切りひらく被災者もいた (松本他 1999:32-33)。

　このように他者から支えられているだけでなく、他者を支えているという感覚を抱くことで、自分の苦しみを一般化し、自己の存在意味を再認識するようになる、この過程こそ、存在論のレベルにおける「現われ」の本質である。「現われ」とは、目の前に具体的な他者が現われるという意味に限定されない。それは、自らの「呼びかけ」に応答する他者の具体的応答を感じ、自分の内側に他者が現われることによって、自己を次なる主体者として立て直していく過程を意味する。

　そして、この「現われ」の過程に成立するのが、人間存在を支えあうサブシステンスという根源的関わりである。

　その関わりとは他者との相互的な共感を契機として、具体的行動を起こすことで他者に応答し、その存在を受け止めるというボランタリズムの行為を基盤としている。こうした行為により、他者から支えられ、支

えるという対等な「支えあい」の関係が生み出される。それは自己との対話を開始し、新たなる自己の確立という存在の「現われ」を可能にするサブシステンスの関係だといえよう。つまりサブシステンスとは、他者存在に応答するというボランタリズムの行為により、相互に対等な「支えあい」を生みだし、自己存在の新たな「現われ」を促す過程だといえる。

では次に、サブシステンスと深く関わる「働き」について検討する。

3．非営利事業の「しくみづくり」

(1) 労働・仕事・活動

一般的に経済学で労働というと、賃金の対価をえる働きを意味する。また対価をえる労働と対置されるのは無償の余暇活動である。労働でも余暇でもないような働きをどのように捉えるかという点が、ここで大きなテーマとなる[8]。

この点に関しては、職業労働と非職業労働という二分法ではなく、社会的有用性という視点から「新しい労働」を定義づける秋山憲治(1998)の研究がある。また藤原房子(1986)は、フォーマルな働き(職業労働)とインフォーマルな働き(ボランティア活動など)の間にある「セミ・フォーマル」な働きに注目し、ワーカーズ・コレクティブなどの事例から、社会的貢献を目的とした有償の働き方に注目する。

前述したまけないぞう事業でみられる働きとは、資本蓄積のために労働力を商品化し、賃金の対価をえることではない。同時に、非稼得労働における余暇活動でもない。こうした二項対立では捉えられない働きを基盤に成立している。また、オルタナティブな経済活動をめざしたり、社会的貢献や社会的有用性という指標で捉えられる働きでもない。

ここでの働きとは、「生」の維持が困難になった被災者が、他者と関わりを持つようになる過程であり、他者の具体的応答によって、「支えあい」という対等な関わりを生みだす過程である。これにより被災者が自

尊心を回復し、自己存在を立て直すようになるという意味で、「生」の次元に関わる重要な行為だといえる。こうした働きに極めて近い概念を提起しているのが、H. アレントの「活動」(action)概念である(Arendt 1958=1994:133-402)。

アレントは人間の活動力を、「労働」(labor)「仕事」(work)「活動」(action)という三類型に分類する(表6-1)。

「労働」とは、他者の存在を必要とせず、「人間の肉体の生物学的過程に対応する活動力」を意味する。その特徴は、生命に必然に拘束され、無限に同じことを繰り返し、苦痛に満ちた仕事という点で「活動」とは異なる。また生命の必要を満たす行為であり、その生産物が耐久性を欠いているという意味で、人間の「活動力」のなかでも最も低い価値に位置づけられている。

これに対して「仕事」は、「人間存在の非自然性に対応する活動力」である。人間が自然に対して行使する活動力という点では「労働」と共通して

表6-1 アレントの労働・仕事・活動に関する分類

	定義	主体	対象	生産物	特徴
労働 (labor)	人間の肉体の生物学的過程に対応する活動力。労働の人間の条件は生命それ自体である	労働する人間(自然と地球の召使)	人間 対 物 (自然)	生産過程そのものに必要とされるもの、つまり消費財	生命に必然的に拘束され、無限に閉じたことを繰り返す、人間に特有なものではない
仕事 (work)	人間存在の非自然性に対応する活動力。仕事の人間の条件は、世界性である	工作人(地球の支配者)	人間 対 物 (自然)	永続性・耐久性	自己確立と満足を与えてくれる
活動 (action)	物や物質の介入なしに、直接、人と人の間で行われる唯一の活動力であり、複数性という人間の条件=地球上に住むのが複数の人間であるという事実に対応	複数の人間	人間 対 人間	自らの唯一性の発露	唯一性の発露 予期せぬ人間の能力と結びつく 言論と不可分の関係にある 公的性格(公開性と共通世界)をもつ

いる。しかし、苦痛の多い「労働」とは異なり、「仕事」は自己確証と満足を与えてくれる。またその生産物は、自然の過程を離脱した永続性と耐久性をもつ。また「労働」が私的領域に閉じ込められているのに対し、「仕事」は、公的世界を創造する可能性をもつ点でも異なる。

　非営利事業における「働き」を考える際に重要となるのが、他者の存在を絶対条件として、複数の人々との関係になりたつ「活動」である。「活動」とは、物あるいは事柄の介入なしに直接人と人との間で行われる唯一の活動力を意味する。それは「地球上に生き世界に住むのが一人の人間ではなく、多数の人間である」という人間の条件、いわゆる「複数性」(plurality)と呼ばれるものに対応している。

　「活動」の中心にある「複数性」は、人間が、相互に等しい人間として理解するという「平等」(equality)と、相互に異なる人間として活動を行う「差異」(distinction)という二重の性格を含んでいる。もし人間が互いに等しいものでなければ相互理解は不可能であり、また差異がなければ活動は不必要である。つまり、人間は差異性をもつがゆえに自分と他者を区別でき、また人間だけが差異を自覚することができる。そして差異を自覚することこそが、人間としての唯一存在につながるというのである。

　重要なのは、「複数性」を特徴づける「差異」が、「言論」(lexis)によって表現されて初めて、人間は個性的な自己の「唯一性」(uniqueness)の表出が可能になる点である(Arendt 1958=1994:286-287)。「活動」は「言論」を伴う場合のみ、人間は自らの意思や考えていることを他者に対して伝え、自分が何(what)ではなく誰(who)であるかを現すことができる。つまり他でもない唯一存在性として、人格的アイデンティティを明らかにする「現われ」が可能になるというのである。

　非営利事業における「働き」は、アレントのいう「活動」概念と深く重なりをもっている。というのも、「活動」概念には、自分とは異なる他者存在を絶対条件として、人間の唯一存在性に徹底的にこだわり、その固有性を支える、というボランタリズムの行為原理がみられるからである。

非営利事業における「働き」とは、貨幣や商品によって可能となる「言論」（メッセージ）の交換を通して、他者の具体的な応答を生みだす人間の実践（praxis）であり、人間存在の唯一性を尊重し、存在の「現われ」を可能にする行為に他ならない。自分と異なる他者との対話的な行為を通して、「生」のかけがえのなさを尊重しあうという、関係形成のプロセスにおいて理解できるものだといえる。

(3) 「支えあい」という価値の共有

　以上のように、人間の「もうひとつの働き」を提唱する非営利事業は、時間―空間を超えて多様な人々の参加を可能にするものである。そこで蓄積されるのは利潤や利益ではなく、人間のエンパワーメントを促す「支えあい」というサブシステンスの価値である。次にこの点について考える。

　我々は生活再建から取り残され、苦しみを抱えた被災者の存在を知っても、無関心でいることもある。しかし直接会ったことのない被災者の姿に共感し、具体的な存在へとまなざしを向けるようになるのは、「いのち」のかけがえのなさを尊重する重要性に気づき、ある価値規範を共有するようになるからだと思われる。

　まけないぞう事業では、被災者の働きに共感した支援者がタオルを送り、商品を購入してメッセージを送り返すという行為が生みだされていた。人々が、被災者への共感を具体的行為として表現するのは、「人間は一人では生きて行けない」ことを実感し、「苦しいなかで人間は支えあわなくてはならない」という重要性を再認識するからである（「じゃりみち」第47号1998.1.29）。

　ここで共有されるのが、多様性を認めあいながら、人間存在の固有性を尊重する「支えあい」という価値規範である。NGOセンターの代表M氏は次のように述べる。

第Ⅱ部　阪神・淡路大震災が生みだした市民活動　149

　　震災直後、自然にみんなが大変だったなーということを気づかった。そこであったのは思いやりや目配り、これがルールだったのかな。多様性があることで、多様な被災者に対応ができた。多数決できめるのではなく、誰かがたった一人にまで目配りができた。多様な被災者に目配りができた。だけどこれはレスキューや災害の出来事に限定されて、日常のなかでは、道路が建設されたりすることで画一的な価値観にもどってしまった。……中略……でも「なんでもあり」のなかからもルール、合意形成ができてた。「なんでもありや」のなかにも、<u>人間についての共感について共有できるものが何かあったのではないかと思う。共有できる価値を見いだしていたのだと思う</u>……中略……多様性を生かすことは、大事なことで、30年も前から言ってきた、だけどほったらかしになっていたり、どうにもならなかった。「なんでもありや」は乱暴だよというよりは、「なんでもありや」を繰り返すことがはるかに現実的で大事な人の命を救うケースにつながることがある（下線は筆者の強調、NGOセンター代表M氏ヒアリング）。

　震災直後の非日常時においては、健常者が障害者を助け、障害者が健常者を助ける「みんなが障害者」という状態が成立した。そこには多様な「いのち」へのめくばりや配慮が暗黙に存在していたという。しかしこうした価値は、復興に伴って、日常の生活ではほとんど意識されなくなったことも事実である。行政や市場など既存の権力システムが回復するにつれ、社会は再び能力主義や効率主義という既存価値によって支配されるようになった。
　これに対してボランティアが行ったのは、非営利事業などの「しくみづくり」によって、日常時においても個々の「生」にこだわる価値を市民の間で共有し、広げていくことであった。NGOセンターによるまけないぞう事業も、一定期間ではあるが、震災で再発見した「支えあい」とい

う価値を、社会に発信する「しくみづくり」として機能を果たしてきた。そこでボランティアがめざしたのは、「市場経済に対抗的なシステムやオルタナティブな経済システムを形成する」というよりむしろ、「支えあい」の価値を人々に共通テーマとして広げていくことであった。

　　　震災直後の非日常のなかではみんなが支えあってやってきた。その潜在的にもっていた支えあいをベースにした事業で、ライフスタイルを見直し、新しい価値を作りだして生きたい。震災のなかで重要性に気づいた「いっとき」の支えあいを普遍化させるという意味で、個別性にこだわって、メッセージを発信していくことが大切。だから<u>市場との対抗的な意味じゃなく</u>、<u>価値観を商売にしている</u>（下線は筆者の強調、NGOセンター代表M氏ヒアリング）。

　まけないぞう事業が「支えあい」という価値を広げていることは、タオルを購入した支援者達が、自分たちの地域社会で新たな行動をおこしていることからも理解できる。タオル運動を通して全国に多くの人のつながりができ、甲府や千葉のボランティア・センターでは、自分達でネットワークを形成しながら、「まけないぞう」の半分の大きさでゾウタオルをつくる「パオの会」を1999年4月に結成している。また他の地域でも、人間の「支えあい」の重要性に気づいた人々が具体的な行動をおこし、新しいネットワークを形成した。
　そして非営利事業により、「支えあい」というサブシステンスの価値を人々が共有するようになる過程に、人間の相互変容を促す「エンパワーメント」（empowerment）の新たな位相が現われている。通常、エンパワーメントとは、力を奪われた弱者が生きる力を獲得し、力をもつようになるという、個人の主体変容を意味する。これに対して久木田純（1998：20-22）は、エンパワーメントの過程を、特定の「価値」の共有に根ざし、個人をとりまく周囲環境との相互作用のなかで実現される「社会正義の達

成と、権利の保護などの価値の達成をめざすプロセス」と考える。特定の「価値」とは、「すべての人間の潜在能力を信じ、その潜在能力の発揮を可能にするような人間尊重の平等で公正な社会を実現しようとする価値」だという。

　まけないぞう事業では、「生」の維持が困難になった被災者が生きる力を取りもどすだけではなかった。後方支援者も「支えあい」の重要性に気づき、それを新たな価値として選択し具体的な行動をおこしていた。そこに、生きることの意味や「支えあい」というサブシステンスの価値を再確認し、その実現のために行動するという、相互的なエンパワーメントの側面がみられる。それは、「支えあい」という価値に気づき、その価値を実践するための相互変容のプロセスだといえる。つまりボランティアが行う非営利事業という「しくみづくり」の実践は、既存の価値や社会のあり方に疑問を投げかけ、新たな価値を生みだしているのである。

注

1) M氏は高校卒業後、神戸市長田区の靴職人として働く一方で、熊本水俣病患者の闘いを支援し、また、スパイ容疑で韓国の獄中につながれた在日韓国人の救援活動をするなど、運動家として活躍してきた人物である。仮設連絡会からNGOセンターにいたるまで、組織のリーダーとして中心的役割を果たしている。
2) ゾウづくりのために被災者が共に作業する過程で、被災者同士、ボランティアとの交流が生まれたことは重要である。震災以前から持病があり、仮設住宅で独り暮らしをしていた被災者(65歳)の女性は、「家(仮設住宅)に独りでいても近隣所は空き家で寂しい。でもセンターに来れば人がいて、ぞうさんが作れるから、やりがいもあるし、楽しい」と言って、「まけないぞうを作る会」に参加している。
3) NGOセンター代表M氏は、まけないぞう事業をコミュニティ・ビジネス的要素を持つ活動として位置づけている(村井1998)。
4) これはA. スミス(Smith)のいう「同感」(sympathy)概念に非常に近い。「同感」についてスミスは、「我々は、他の人が感じることについて、直接の経験をもたないのだから、彼らがどのような感受作用を受けるかについては、我々

自身が同様な境遇において何かを感じるはずであるか考える他に観念を形成することはできない。……中略……我々が彼の諸感動がどうであるかについて、何らかの観念を形成しうるのは、想像力だけであり、……中略……このことについて我々を助けうるのは、もし我々が彼の立場におかれたならば、我々自身の諸感動はどうであろうかを、われわれに提示するほかのどのような方法によってでもない」と述べている (Smith 1759=1973:5-7)。

5) 実際に、NGOセンターの全国キャラバンによって、沖縄県を除いたすべての都道府県からタオルが集まり、またゾウ購入者も個人だけでなく、福祉の店、生協、リサイクルショップ、婦人会や小学校など、さまざまな団体や業種が参加している。

6) アレントによると、そもそも人間はその誕生において新しい「始まり」を経験し、その「始まり」によって何か新しい「活動」(action)を始めるようになる。しかし単なる存在においては自己の唯一存在性を示すことができず、他者と言論を交わす「活動」によって、初めて自己のアイデンティティを他者に対して示すことができる。それは「活動」によって、行為者の特質、能力、属性などの位相に関わる「何」(what)ではなく、唯一存在者としての「誰」(who)として、人間世界に「現われる」(appear)からである (Arendt 1958=1994: 286-294)。

7) Aさん(65歳)は肺感染症とリュウマチを患っており、神戸市内の仮設住宅に一人暮らしをしていた女性である。普段は携帯ボンベを持ち歩き、主治医からは安静にするようにと言われてきた。ボランティアがAさんに声をかけたことで、仮設住宅内のふれあいセンターで行うまけないぞうの講習会に顔をだすようになる。初めはボランティアがぞうづくりを薦めても、「私にはできない」と言って見ているだけであった。しかし試しに一つ作ってみると、商品にすることができるくらい上手に完成させ、「こんな体でもできた。こんな私でも人のお役に立てるなんて」と喜びを表した。さらにゾウの購入者から送られてきた「勇気づけられた、元気づけられた」などのメッセージによって、ますます張りきって参加するようになった。この頃から明らかにAさんに変化がみられるようになったという。30年間も医者に支えられ、震災後もボランティアに支えられつづけてきたAさんがゾウをつくり、支援者からメッセージを受けとることで、自分も負けてはいられないと思うようになり、入院回数が非常に減るようになった（まけないぞう事業担当M氏へのヒアリング）。

8) C.ボルザガ(Borzaga)とJ.デフォニ(Defourny)は、現代社会における経済の形態を、第1に、財やサービスの循環によって市場が機能する領域に成

立する「市場経済」(market economy)、第2に、市場が十分に機能しない領域で、主に公共セクターが担う「非市場経済」(non-market economy)、第3に、財やサービスが互恵的・互酬的関係のなかで循環する「非貨幣経済」(non-monetary economy)に分類している(Borzaga & Defourny eds. 2001:325-326)。近年注目されている非営利事業や「コミュニティ・ビジネス」(community business)は、この「市場経済」「非市場経済」「非貨幣経済」という3要素を複合的に含んだところに成立し、その複合性は「働き方」と密接に結びついている(加藤 2002:19)。

第7章　地域社会に根づくコミュニティ事業

　復興段階から社会再生段階へと移るにつれ、生活再建を支えてきたボランティア活動はコミュニティづくりへと転換し、被災者の暮らしと生活全体を支えるようになった。それは、緊急救援から始まったボランティア活動が、地域社会における市民活動として定着していく過程であったといえる。
　団体のなかには、非営利事業を取りいれ活動の継続をめざすものもみられた。例えば前章でみたように、被災者が製作した商品をメッセージとして発信し、「支えあい」というサブシステンスの関係を全国に広げていく団体があった。その一方、地域社会から孤立する障害者や高齢者の固有な能力を引きだしながら事業化し、地域内市場を形成する活動もあった。それは「コミュニティ事業」(community enterprise)[1]と呼ばれ、地域社会に新たな「支えあい」の関係を形成するきっかけを作りだしている。
　第7章では、神戸市東灘区で活動するコミュニティ・サポートセンター神戸(CS神戸)を取りあげ、コミュニティ事業によって、地域社会に潜在化するさまざまな資源を引きだし、問題解決に取りくむ市民活動の実践の過程を考察する(表7-1)。

1．生命と生活を支援するコミュニティ事業

　神戸市東灘区を中心に活動する市民活動団体、CS神戸は、震災後の

表7-1　コミュニティ・サポートセンター神戸の活動変遷

第1期　緊急救援・避難救援期：緊急ニーズへの対応と救援活動の展開

時期	1995年1月～3月
特徴1	**「東灘・助け合いネットワーク」の設立** ①地元ボランティアは、避難所以外での救援活動に限定②生活支援活動を中心として、水汲み110番・洗濯110番③外部からの物資調達
特徴2	**失われたものを補填する活動** ①被害を受けた被災者に対して不足するものを埋めていく活動が中心

第2期　復旧・復興期：生活支援への転換とボランティア活動の限界

時期	1995年4月～11月
特徴1	**緊急支援から生活支援への転換** ①生活情報の提供②心のいやしを中心としたサービスへ（ふれあいセンター、さわやかテント、ふれあいサロン）③仮設住宅でのニーズの発見④外部からの資金調達、組織化ネットワーク化し、活動拠点の拡大を図る
特徴2	**ボランティア活動の様々な問題発生** ①ボランティア活動に対するクレーム、要望が増加②全国から集まった物資やお金、ボランティアのサービス供給が過剰になる③被災者の依存傾向が強まる

第3期　生活再建期：CS神戸の立ち上げと自立支援活動への転換

時期	1996年～1997年（震災2～3年目）
特徴1	**ボランティア活動の転換** ①外部支援型ボランティアから住民参加・互助型ボランティアへ②活動資金（助成金・寄付金）の減少、財政危機③孤独死の発生と男性被災者の孤立問題の深刻化④被災者の自立・エンパワーメントを目指す活動へ
特徴2	**コミュニティ・サポートセンター神戸の立ち上げ** ①個別な被災者への注目と有償性の導入②支援事業によるＮＰＯ起業支援③復興住宅での支援と地元団体との交流深める③行政からの受託事業への注目

第4期　まちづくり・社会のしくみづくり期：コミュニティ・サポート組織への展開と行政との関係形成

時期	1998年～2000年
特徴1	**個人的支援からコミュニティ・サポートへの転換＝社会における「しくみづくり」の開始** ①地域社会における中間支援組織としての方向性を明確に打ちだす②地域社会の見えないニーズをつかんでいく：かたむき隊、くるくるバス等③復興住宅自治会と交流事業を積極的に行う
特徴2	**ＮＰＯ法人格取得と受託事業の急増** ①オアシスプランによるバリアフリーマップ、ＮＰＯ調査②ふれあい工房③ミニデイサービス④魚崎若葉サロンの管理事業受託⑤生きがい仕事サポートセンター

第5期　新たな市民社会の形成期：公共サービスの変革と既存団体との競争

時期	2001年～現在（震災6年目以降～）
特徴1	**公共サービスの問い直しと自主事業の見直し（組織改革）** ①公共サービスへ食いこむことで、市民によりよりサービスへと転換させていく②自主事業により組織が体力をつけることが目標となる③自己評価、事業評価、組織評価の手法の導入
特徴2	**地縁系団体との競争、行政の下請け圧力との闘い** ①地縁系ＮＰＯとの資源獲得の競争が激化②受託事業に伴うさまざまな問題発生③行政との協働関係を模索

表7-2　CS神戸の事業収入の推移

(単位:千円)

項目	1997年度[注1] 決算額	割合%	1998年度[注2] 決算額	割合%	1999年度[注3] 決算額	割合%	2000年度 決算額	割合%	2001年度 決算額	割合%	2002年度 決算額	割合%
助成金	28,446	84	18,720	26	5,639	7	7,953	8	15,191	10	12,726	13
寄付金・会費	1,977	6	1,757	2	2,920	4	2,068	2	2,069	1	2,933	3
自主事業	3,428	10	15,425	21	24,300	29	8,404	8	25,628	17	20,334	21
受託事業	0	0	36,145	50	48,496	58	82,299	79	109,956	72	57,077	59
その他	0	0	0	0	2,002	2	3,369	3	0	0	4,000	4
合計	33,851	100	72,047	100	83,357	100	104,093	100	152,844	100	97,070	100

注1) 1996年11月から1997年10月までの期間。
注2) 1997年11月から1998年10月までの期間。
注3) 1999年度以降は、法人化したため、4月から翌年3月までを決算期としている。
出典:CS神戸「市民フロンティア」第20号、第25号より作成。

1996年に「東灘ネット」を母体として設立され、1999年にNPO法人格を取得した。CS神戸のミッション(mission)は、職をえることができず、社会参加の困難な人々が社会から孤立することなく働き、生きがいを持ちつづけるためのコミュニティ事業により、「自立と共生」を実現することである。

　CS神戸の事業規模は1億円をこえ、他の団体と比べて大きい。組織が設立された当初の1996年は3,000万円の年間予算でスタートし、2001年度には1億5,280万円まで拡大している(**表7-2**)。収入増はおもに受託事業によるもので、この受託事業が急増した背景にはNPO法人化したことがある(**図7-1**)。一方、自主事業は1998年度、前年度のほぼ3倍の事業収入をえたが2000年度は急減し、安定しているとはいえない。つまりNPO法人化を契機に、CS神戸の財政規模は格段に大きくなり、同時に、行政の委託事業に依存するようになったということである。

　2003年時点で男性54人女性56人、合計110人(有償スタッフ25人:常勤4名、有償ボランティア47名、無償ボランティア38名)が働いており、60歳以上が男性14人、女性10人と全体の約2割を占めている。活動の中心は直

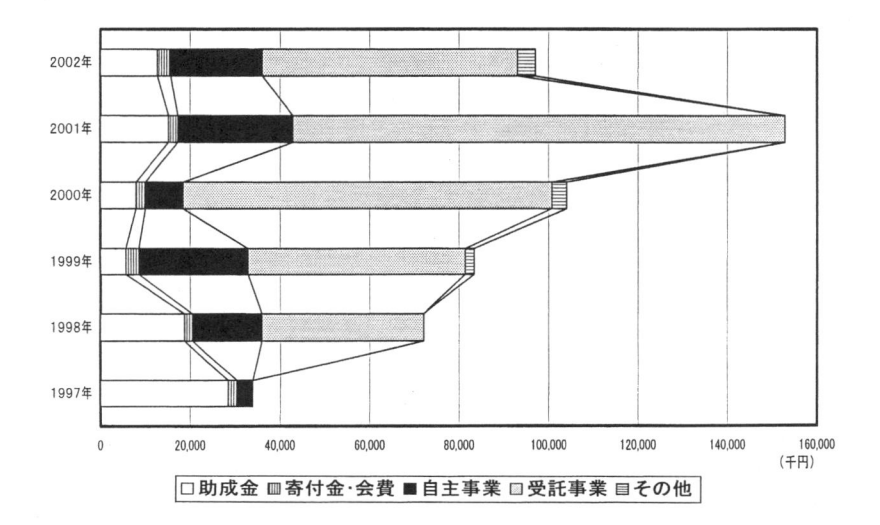

図7-1　CS神戸の事業収入の推移

※1999年、CS神戸はNPO法人格を取得した。

轄事業と支援事業である。直轄事業は研修・講座事業や自主事業、行政からの受託事業などを含み、主な収入源となっている。支援事業では、地域ニーズを事業化する小規模NPOの活動を支援している。以下、CS神戸が、地域社会で孤立しがちな人々を支え、社会のなかで彼らの「自立」を促している支援事業の過程に注目したい。

(1) 緊急支援団体「東灘ネット」の立ち上げ

CS神戸は多様なスタッフ[2]によって支えられている。なかでも、設立時からのリーダーで現理事長のN氏の存在は大きい[3]。N氏は広告代理店と商社での経験をへて、1980年代から「神戸ライフケア協会」(KLC)の理事として活躍してきた人物である。そこでN氏のライフストーリーを

中心に、震災後の活動の特徴を明らかにする(表7-3)。

KLCは、福祉サービスを提供する「住民参加型在宅福祉サービス団体」[4]の先駆的な存在で、1982年に設立され、N氏は創設期から参加している。その特徴は第1に、約4,500名の高齢者を、500〜600名ほどのケアワーカーが支えるという「会員制」にある。サービス受益者はおよそ60％が高齢女性で、担い手の97％が40〜70歳の主婦(うち専業主婦が90％)

表7-3 神戸ライフ・ケア協会とCS神戸の比較

	神戸ライフ・ケア協会（KLC）	コミュニティ・サポートセンター神戸（CS神戸）
設立	1982年 有償制を採用した「住民参加型在宅福祉サービス団体」の先駆	1996年 「東灘助け合いネットワーク」から独立
法人格	1999年にNPO法人格を取得	1999年にNPO法人格を取得
目的	在宅高齢者の介護・ケア活動 介護保険に伴うサービス提供	地域に関わるさまざま様々な課題に取りくむための市民活動・市民事業支援と住み良い環境による市民社会の実現
設立背景	急速な高齢化	阪神・淡路大震災
特色	①会員制 　4500名程の高齢者を500〜600名ほどのケアワーカーが支える ②互酬性 　助けあいにもとづくケア活動 ③有償制 　600円／1時間、時間預託制度をとる。現在は800円／1時間、時間預託サービスなし	① 地域全体の問題を対象 　福祉領域だけではなく、地域生活に関わる様々な分野の問題を扱う ② エンパワーメント 　女性、高齢者、障害者、失業者、中途退職者など、社会の主流に属していない人々が社会と関わり、参加することを可能にする ③ 事業化 　地域に潜在化する多様な能力を発見し、それを事業化へ結びつけていく
担い手	ワーカーの97％以上が女性。その内90％が主婦	ボランティア(110名)にくるのは若干女性が多いが、男女半々に近づいている
支援対象	一定要件をもった高齢者・障害者	問題を抱え社会から孤立した者、またその予備軍
内容	①高齢者の家事支援 ②高齢者の介護支援 　高齢者に対する在宅サービス提供	①直轄事業＝受託事業や自主事業 ②支援事業＝弱者の自立を支援 　弱者の自立を支援するための事業
ネットワーク	活動の場（在宅）が中心 サービス対象者とボランティアとの関係	間接的関わりにより、活動者を結びつけ、自立を促すよう支援する＝ゆるやかで動的なネットワーク 活動者の自立により撤退
理念	共生（他者と共に助け合って生きる）	自立と共生（自らの「弱さ」を他者と埋めあいながら「自立」をめざす）

という、女性を中心とした助けあい活動を特徴としている。第2の特徴は、助けあいにもとづくケア活動という互酬性をとっている点である。つまり時間を越えて、メンバーが助けあうという相互扶助のしくみをつくりあげている。第3の特徴は、サービスの受け手が600円／1時間の利用料を払い、サービス供給者が420円を受け取るという「有償制」、さらにサービス供給者がそのうち120円を預託する「時間預託制度」という新たな制度を採用していることである。そのため、担い手の多くは、経済的、時間的にも余裕のある主婦が圧倒的に多かった。

　　　豊かな主婦がほとんどで、シングル女性が働いているという場合もあったけど、お金のためにくるのは困るという雰囲気が強かった。自分の自己実現のためにやってあげるという、助けあい事業が圧倒的に多かったですよ（CS神戸理事長N氏ヒアリング）。

　KLCは事務所運営や専任スタッフの人件費を自ら捻出する必要はある。しかし、その他のスタッフやボランティアは、KLCからの収入で生計を立てているわけではない。つまり在宅福祉サービス活動は、メンバーによる相互扶助の活動という性格が強く[5]、行政が対応できない領域で、ある一定要件に当てはまる高齢者や障害者を対象に直接的なサービスを提供することを目的としている。

　KLCの理事、そしてコーディネーターとして活躍するようになったN氏はKLCで13年間働き、NPOに関する経験と専門的知識を積んだ。ところが1988年には、事務局長が選挙にでたため活動を選挙と切り離すことを主張するメンバーとの間で対立が生じた。政治に関わるアドボカシーを必要と感じていたN氏は、サービス供給の増加にだけ活動を集中させるKLCに限界を感じるようになったという。

　そこで発生したのが1995年の大震災であった。KLCは、日常時のサービス提供を中心としていたために、震災直後の緊急事態に対応すること

ができず、また有償スタッフであったN氏も、組織のメンバーとして自由に動くことができなかった。お年寄りの家事や援助、通院の介助を中心にした主婦中心のボランティアでは、緊急時に発生する新しいニーズに対応するには限界があった（本間・出口 1996:156）。自宅の被害が比較的少なく、家族も無事だったN氏は次のように語る。

> このために私は、生まれてきたようなものだと思った。今までこつこつこつこつ高齢者のお世話をしてきて、一大事のときに無事であった自分が何かしないと、今までが嘘になってしまう。ある種の啓示にも似た思いであった（CS神戸 2003:8）。

そして1995年2月2日、N氏は友人3名と被災者の救援活動を目的とした東灘ネットを立ちあげた。これまでの高齢者の日常生活支援から大きく転換し、ニーズを自ら発見し、その対応方法を決定していくという緊急支援活動の始まりであった。

(2) 自尊心を傷つけた活動

神戸市東灘区は地震の被害が大きく、神戸市の全死亡者の約20％がこの地区に集中していた（神戸市 1996:46）。東灘ネットは、主にライフラインが復旧していない地域での水くみを中心として、洗濯、食料の無料配布などを行い、被災者の緊急救援に大きな役割を果たした。特に、支援対象を避難所以外の被災者に限定し、避難所にいけない人たちの生活復興に力を入れた。

当初、東灘ネットは幼稚園の庭園を中心に活動した。その後の2ヶ月間は個人病院の納屋で、さらに3月、東灘区役所の中庭に事務所を移し、行政の協力をえながら、仮設住宅での活動に本格的に取りくんだ。東灘ネットのボランティアは、東灘区20ヶ所、2,500戸の仮設住宅のうち大規模な10カ所に入り、仮設住宅でのニーズの聞き取りや移動集会所さわ

やかテントや、常設集会所ふれあいセンターの運営、地域の高齢者の拠点づくり、安否確認・見守りのための友愛訪問（ひとり暮らし老人友愛訪問）などを行った。こうした活動も1995年の夏には、生活情報の提供など、被災者の生活再建を中心にしたコミュニティ支援へと変化するようになる（市民活動地域支援システム研究会 1998:14-22）。

しかし1996年に、東灘ネットが行ってきた活動に関してさまざまな問題が発生し、活動は大きな危機に直面した。ボランティアからサービスを受け取りすぎることが被災者の自立を妨げ、依存体質を生むなど仮設住宅でのボランティア活動に対する不満が高まった。さらに仮設住宅では、中年の男性の孤独死やアルコール依存症が急増し、「生」の問題が深刻化した。

問題が複雑となるなか、震災直後に有効であった活動方法では、被災者のニーズに対応することが難しくなる。実際に東灘ネットが行う催し物に、40〜50代男性の参加者は全くみられなかったという。元スタッフのEさんは不思議に思い、その理由を聞いたところ、次のような返事が返ってきたという。

　　　あんた、わかれへんのか、毎日すみません、ありがとうございます、言うてみぃ。1ヶ月で嫌になるで。半年たったら自己嫌悪や。1年もたったら、自殺したくなるで、ホンマ（CS神戸 2000:3）。

Eさんは、自分のできる限りのことを「してあげていた」つもりだった。しかし、自分の行為が被災者の自尊心を傷つけ、逆にストレスを与えていたことを知り、非常に「ショックを受けた」という。長期にわたるボランティアの支援が、被災者の自尊心を傷つけ、精神的に追いこんでいたという現実を目の当たりにしたのである。

むしろ、東灘区にあった20カ所の仮設住宅から聞こえてきたのは、仕事がない「失業者の悲鳴」「被災者のため息」であった（理事長N氏ヒアリン

グ)。被災者の多くは、老人福祉法の枠外に置かれた40〜65歳の男性で、働き盛りだが仕事がなく、仮設住宅に閉じこもりがちであった。彼らは、もともと何らかの障害や慢性疾患を患っている場合が多く、仮設住宅でアルコール依存症や精神的な問題を悪化させる者もいた。しかし、被災者は自助努力を求められ、病院か自宅かという選択肢しかなく、仕事がないことでまた酒を飲み、病気を再発させるという悪循環に陥っていた。それだけではなく、ボランティアから長期間、支援されたことで、自尊心を失う被災者も多くみられた。それはまさに、他者との関わりや周辺との日常的な交流から切り離された結果、自分自身に対する関心を失うという社会的孤立の問題であった。

　被災者が切に望んでいたのは、長期にわたって支援されることではなく、仕事をもつことによって地域とつながり、社会貢献することであった。リーダーのN氏は多くの被災者の声を聞き、仕事づくりの必要性を強く感じたという(理事長N氏ヒアリング)。しかし病気がちで、障害を持つ被災者が、いきなり会社で働くことは難しく、彼らを支える「社会の受け皿」が必要であった。これまで社会的孤立といった「生」の困難は、個人の不運とみなされ、自分自身も不運と思いこんできた。つまり「生」の問題は、個人の自助努力で解決すべき個人的問題として扱われてきたのである。

　しかし震災後１年ほど経つと、当事者の抱える生きにくさや苦難が、実は個人の不運によるものではなく、社会のなかから生みだされているのではないか、という考えがボランティアらの間で共有されるようになった[6]。

　　　個人が抱えるハンディキャップは個人の問題ではなく、地域の問題であり、相互に助けあうことで解決されることだという認識が神戸のなかで定着しつつある(市民活動地域支援システム研究会 1998:23)。

こうしたこともあり東灘ネットでも、被災者を支える「しくみづくり」が、次第に大きな課題となる。

> 1995年から96年に、精神障害だとか、自閉症などのケアが必要な人がボランティアにきた。地域には、会社で働けなかったり、会社を退職して行き場を失ったり、制度のすきまにこぼれ落ちている人がたくさんいる。こうした人たちが普段はどこにいるんだろうって考えたときに、家しかないし、社会に受け皿がなくって、行くところがないんだと思った。これはボランティアが何かするだけでなくて、社会を変えなくちゃいけない、CS神戸もそう思ったんですよ。だけど、こうした社会のボーダーにいる人たちを支えていくトレーニングの場が社会にない、受け皿が社会にない。だからCS神戸は、受け皿となる「しくみ」をたくさんつくっていこうと思った（CS神戸元スタッフE氏ヒアリング）。

2．無償ボランティアから有償事業へ

（1）活動の有償化とその意義

　1996年頃から被災地への支援は大きく変わり、物的、人的、財政的さらには情報的な援助も大きく減った。東灘ネットの設立者の1人であったN氏は復興過程の変化に対応するため、非営利の事業を導入し、被災者のエンパワーメントを目的に団体の設立を考えるようになる。そこで東灘ネットから譲り受けた500万円の資金に加え、阪神・淡路コミュニティ基金からの助成金などをえて設立したのが、「コミュニティ・サポートセンター神戸」（CS神戸）であった。1996年10月のことである。

　最初の1年間、CS神戸は活動拠点の場所がなく、区所有の魚崎財産

区[7]を借り活動した。東灘ネットが震災で失ったものを補填し、被災者への「いやし」をテーマとした。これに対しCS神戸は、残された能力を引きだし、「自立と共生」に向けたエンパワーメントを中心テーマにした（理事長N氏ヒアリング）。つまり小規模なボランティア・グループを地域社会に数多くつくり、支える人と支えられる人の垣根をこえ、お互いに支えあうような「しくみづくり」をめざしたのである

　まずN氏が考案したのが「サービス受益者からお金をもらう」、そして「サービス受益者であった高齢者、障害者、仮設住民、被災者、マイノリティの人に働いてもらう」という新しい試みであった。事業の対象としたのは、高齢者や障害者といった、ある一定要件で規定される「弱者」にとどまらない。例えばアルコール依存症の人や、障害者手帳をもっていない障害者、また軽い自閉症や引きこもりなど、いわゆる「生産活動から取り残された失業者」（理事長N氏ヒアリング）や「社会のボーダーにおかれた人々」（元スタッフE氏ヒアリング）も含まれていた。

　長期にわたって支援を受けてきた被災者の多くは、自尊心と生きる希望を失い、自宅と病院の往復により、病気を再発させていた。そこで、有償事業によって社会的弱者と呼ばれる人々がサービス提供を担い、自尊心を回復していく、そういう「しくみづくり」を考えついたのである。ただし市場経済の枠外におかれた人々が「働く」ためには、効率性を重視するのではなく、彼らが抱えるハンディや個性を認識したうえで、潜在的能力を引きだす事業にする必要があった。

　そこで軽度の精神障害者やアルコール依存症の被災者、高齢者や障害者を中心に「できること」と「したいこと」、そして「して欲しいこと」「困っていること」などを聞き、それを組みあわせて有償化するという、支援事業を考案した。それは個人がもつ固有な能力を重視し、他者との関わりや尊厳に結びつくようなボランティアという「働き」を事業化するというものであった。CS神戸が有償化にこだわった理由は大きく4点ある。

　第1に、有償化によって、サービス受益者と提供者の間の「対等な関

係性」が確保できる点である。ボランティアとは「与えること」により、貨幣には換算できない何かを「与えられる」という議論が多々あるが、これは支援する側の論理である。長期にわたる無償のサービスが被災者のストレスになり、自尊心を失わせ、逆に「してもらって当たり前」という発想が生まれることが多い。受益者の立場からすると、無償に対する遠慮やストレスは避けられない。ある程度、費用を負担してもらうことで、受益者が自尊心を失うことなく、自分の意見を主張しながらサービスを受けることができるようになる。もちろん貨幣を媒介させることで、機能的な関係が入りこむことは避けられない。しかしそのことで、「やってあげる人」と「やってもらう人」という関係が見なおされ、相互に対等な関係が形成されるようになる。

　第2は、活動に対する「社会的評価」の存在である。有償事業において、貨幣を支払う受益者は活動を評価し、その価格の妥当性について厳しい判断をくだす。つまり受益者がお金を支払わなければ活動がなりたたないという意味で、活動の成否は受益者の満足に全面的に依存している。無償の活動は、相手のニーズというより、ボランティア側の満足や自己実現が中心になるのに対し、有償化では自分の能力を発揮しながらも、受益者のニーズに基づくサービスを提供しなくてはならない。つまり有償化によって、ボランティア活動の内容は貨幣を介して社会から評価をえるようになるのである。

　第3は、「多様な人々の参加」である。自己負担の多い無償のボランティアは、比較的生活の安定した主婦や学生などが多い。これに対して、有償活動には、無償活動に参加できなかった病気や障害を抱えた人々の参加が可能になる。つまり有償事業は、制度のすきまに放置された弱者が自己の「弱さ」をテコにしながら、サービス提供者として、地域社会で働くことを可能にするのである。

　第4は、有償化による団体の「活動資金の確保」である。被災地への助成金と寄付金が大幅に減るなかで、事業を安定的に継続するには、事業

を有償化することで財源を確保する必要性が高まったことがある。

　しかしボランティア活動の有償化に対しては、反対は想像以上に厳しく、被災者、行政、企業のいずれからも批判された。とりわけボランティアは「ただでやるもの」と考える行政や社会福祉協議会に、有償化の意義を理解してもらうことは非常に難しかったという。「金儲けを始めたのか」「ボランティアがお金をとるとは何事だ」と、あからさまに批判され、ボランティア団体とは認めがたい、社会福祉協議会には入会できない、ボランティア保険も対象から外す、会議にも参加できない、などの攻撃を受けた。そこでCS神戸は有償化への理解をえるため、およそ3年もの間、行政や社会福祉協議会と粘り強く交渉したという。これらの動きは、日本でボランティア活動が無償の非経済的・非政治的活動である場合にのみ、社会的評価を受けてきたことを明確に示している。つまり有償化はボランティアの根本原則を大きく変え、その社会的位置づけにも変更をせまるものであったといえよう。

(2) 個別な「生」へのこだわり

　ではCS神戸はどのような方法で、社会から孤立しがちな人々の固有な能力を引きだし、「自立と共生」というミッションを実行しているのであろうか（CS神戸 2000：4-9）。

　CS神戸が支援事業を開始した第1段階では、被災者を「仮設の人という集団でみるのではなく、まず個にばらすこと、個体化して特徴をつかむ」ことに努めたという。そこには、「仮設の人」という見方をしたことで、被災者のニーズが見えなくなったことへの反省がある。

　　　　同じバックグランドでも異なる能力をもつ人がいる。その人の生活を把握して、弱みと強みを分析しながら、組みあわせていくんですよ。固定概念で考えている集合体を一度なるべく小さくして、他のカテゴリーで社会化していく。ネガティブな面じゃ、可

能性は低いんだけど、個人と個人で弱みと強みを組みあわせると、つながりがみえてくるんですよね(CS神戸元スタッフE氏)。

　何か、あることは「できる」が、相手の困ることが想像できない人、計算ができない人、会話ができない人、といった「できない」ことを把握し、何かしたい、「できる」という人と組みあわせていく。個人が何かしたいという思いと、それをして欲しいという個人を結びつけ、それを裁縫や園芸、移送といった具体的な活動に分ける。これが個人の持つ特徴に徹底的にこだわり、それを組みあわせていくという作業である。

　次に第2段階として、グループ化に必要な役割分担について話しあい、現実的な活動へと移していく。「最初は毎日でもいいけど、長くつづけようと思ったら本当に毎日でも大丈夫かな」「長くつづけようと思ったら、やっぱり週1回くらいが妥当かな」などのやりとりによって、活動方法が決定される。スタッフがなるべく当事者と多く接触することで、「相談を人間の体温で受け止め」、その人がもつ固有性を引きだしながら、「人数ではなく誰がやるのか固有名詞で明確にする」ことをめざすのだという(中村・森・清原2004:45)。それは社会から「役に立たない」とされてきた人の「やる気を、やり取りを繰り返しながら形づくり」「その人の熱い思いを熱いうちに受け止める」という行為によって実行されている。これは、まさに事務局長K氏が「生きた支援」と呼ぶ過程だといえよう。

　このようにスタッフが支援しながら活動の役割分担を決め、小さな義務や責任を分担することで、参加者は、ボランティア活動とは「好きな時に、好きなことを、好きなだけやれば良い」のではないことに気づくという。こうして自分達の行動に、責任の感覚が生まれていく。

　さらに第3段階には、組織化を図るために、会計の問題や助成金の申請書類の作成を進め、代表や役職を決める。これによってグループの内部だけでなく、対外的な責任が生まれるようになる。こうした事業化の過程で仕事をまかされることにより、自尊心を失っていた人々が、次第

に自信や責任感を取りもどすようになるという。

　このようにCS神戸は、活動内容の調整から会計や書類作成、組織マネージメント、資金提供にいたるまで、それぞれの人の個性を引きだしながら責任を分担させている。そして最終的には、当事者が自分達で活動できるように支援している。現在までに支援事業と直轄事業、あわせて54以上のプロジェクトを実行し、そのうち9団体以上が独立しさまざまな活動を自主展開している。

　例えば支援事業には、約15名の男性高齢者が、仮設住宅に住む人を対象とした中古自転車や中古家具の補修、整備、販売を行う事業への支援がある。この活動はその後、公営住宅での大工仕事や各種施設の車椅子のメンテナンスや清掃作業などを行う「サポートネット・てん」へと発展した。さらに平均年齢60〜70歳代の高齢主婦が、地域の高齢者・障害者を対象とした給食サービスを行う「あたふた・クッキング」の事業、また障害者やアルコール依存症の人が、障害者や高齢者用の衣類をリフォームし、袋物を作り、障害者用のウエディング・ドレスをつくる「布ネット春」などを支援している。

　こうした作業の過程でスタッフがこだわる点は、すべてを「やってあげる」のではなく、当事者が問題に直面した時点で一緒に考え、あとは当事者にまかせることである。

> 　支援する人の個人的な思いが優先されるようではいけない、きちんと本人の人格を認めて、その人ができることをみつける。役割を渡して、責任を感じてもらう。社会へコミットしてもらいます（理事長N氏ヒアリング）。

　たとえ助言が必要だと思っても、相手が必要性を感じていなければ無理にアドバイスしたり、関わることはしない。つまり相手のできること、できないことを通して相手を理解し、これ以上は関わらないという境界

を設けながら、当事者が必要とする範囲内で関係を結ぶ。相手が必要としないのに助言すると、それは「おせっかい」にしかならない。CS神戸のスタッフは、多くの失敗を経験しながら、相手と必要以上に関わらないこと、相手がどんな失敗をしても決してあきらめず、なるべく多くの機会を与え関係を続ける大切さを発見していった。

　　　震災後にいろんな人がボランティアにきたんですよ。みんなどこかに所属したい、役に立ちたいと思って来る。そこには相手の困ることが想像できない人だとか、意思疎通が全くできない人もいて、同じ失敗を繰り返したりするけど、あきらめないで関係を続けること、どんな人に対しても用事をお願いするようにしている。結局、関係のなかでしか人間は成長できないし、関係性をつくりながら、学んでいくんだと思う(CS神戸元スタッフE氏ヒアリング)。

　たとえ、スタッフが依頼したことを相手ができなかったり、失敗したりしても、あきらめないで、もう1度チャンスを与える。自分とは異なる相手の行動をすべて理解することは不可能だが、最後まで関係を切らず、お互いの成長に深く関わることが重要であると、E氏は強調する。つまり必要以上に相手と関わらないと同時に、相手を自分の価値で判断して、関係を切らないようにすることで、お互いの存在を尊重することができるというのである。
　こうした支援によってある程度の力がつくと、CS神戸は、財団や基金などからえた助成金の上限50万円まで各グループに提供し、自主的な事業運営に向かわせる。あるいは可能な範囲内で行政や企業から獲得した仕事[8]を紹介する。これらの仕事は小規模だが、社会から孤立しがちな人々が自分の能力を発揮しながら、地域社会へ主体的に参加する機会を生みだしている。

3．「弱さ」の論理

(1)弱さが生み出す関係性

　CS神戸の支援事業によって生みだされるのは、老いや障害、病気によって「……できない」こと、つまりE氏の言葉でいうと、「弱さ[9]」(マイナス)を他者の「強さ」(プラス)によって「埋めあわせる」と同時に、他者との関わりのなかで当事者の「プラス」を引きだすような相互関係である。

　　　100％自立してる人っていなくて、弱さを埋めにボランティアに来ることが多い。ボランティアすることで、ほっとしたり、私も大変だけど、あの人も大変だって思えるようになる。だから、CS神戸は、マイナスを出せる場所になってるんじゃないですかね。だけどその弱さをわがままとして出すんじゃなく、弱さを認めあう、マイナスを受け入れている、それは相手を必要とするから受け入れるんですけどね(CS神戸元スタッフE氏ヒアリング)。

　一般に効率主義が優先される社会では、「……できない」ということは「能力が劣ること」であり、「弱さ」とみなされる。そのため社会的弱者と呼ばれる人々は、なるべく「弱さ」を隠しながら生きることをよぎなくされてきた。しかしCS神戸のコミュニティ事業は、「弱さを隠さなくてもよい場所」を生みだしているという(元スタッフE氏ヒアリング)。それは、コミュニティ事業において、自分の「弱さ」をさらけ出しながら、それを他者の「強さ」でカバーするような関係が形成されるからである。つまり事業によって、その人の「弱さ」を受け入れながら、その人しか持っていない固有の「強さ」を引きだす関係が形成されるのである。

　こうした関係が成立するのは、事業において、個人の「できること」と「できないこと」が、個人的属性として把握されるのではなく、他者や周

辺の環境との相互的関係のなかで固有性として把握されているためだと思われる。つまり、個人の能力が社会的関係において「共同的なもの」として把握されるため、他者と関わりのなかで発揮される「できること」によって判断されるのである。

　個人の固有な能力を、他者との関わりのなかで承認するような関係を、竹内章郎は「能力の共同性」と表現する（竹内1993：150-162）。竹内によると、能力を個人にそなわった属性とみなすと、障害などは能力不全とみなされてしまう。しかし、能力とは実は社会的関係がつくりだしたものであり、その意味で個人の存在から分離している。能力は、働きかけを受ける力という当人の身体性＝「自然性」と、それに働きかける他者との「相互関係自体」によって規定される。そして、「社会的諸関係のまさに結節点として能力を捉える」ところに現われるのが、「能力の共同性」という関係である。

　この関係においては能力の同質性ではなく、他者と異なるという能力の固有性が、関係形成のきっかけをもたらしている。そこではボランティアが、相手の「弱さ」を受け止め、固有の「強さ」を引きだすために支援範囲を限定し（ボランティアの自己変容）、必要とする範囲内で関わりつづけていくという行為がみられた。それが他者の「生」の固有性を尊重するという行為、まさにボランタリズムの行為だといえる。こうした行為により他者を同質化するのではなく、その固有性や多様性を尊重しながら、互いの違いを尊重しあう「共生」という関係が切りひらかれる。

　ここで重要なのは、コミュニティ事業が生みだす「共生」という関係が、弱者の「生」に非常に大きな影響を与える点である。CS神戸ではコミュニティ事業への参加を通して、社会から孤立する人々が、コミュニティにおける生活主体として立ちあがる変容過程がみられる（榎本2001：35）。例えば、自閉症のために他者との関わりを拒んできた男性が、コミュニティ事業に参加するにつれ、積極的に仕事のことを自慢するようになり、病院にいく回数が減るなどの変化がみられた。それは、人間であれば誰

もがもつ基本的ニーズ、いわゆる心理学者A. H. マズロー(Maslow)のいう「帰属の欲求」や「他者からの承認」が満たされるからである。

> 例えば、障害者手帳がないため作業所で働けない軽度の障害を持った人たちって、元気だけど社会に属していないから不安に思っている。そうした人たちが、事業へ参加することで、収入というより、自分を受け入れてくれる仲間や集団がある、そういった団体に所属しているという帰属の欲求が満たされるんですよ(CS神戸元スタッフE氏ヒアリング)。

いつもケアされる立場におかれ、ともすれば社会から孤立してきた人々が、コミュニティ事業に参加することで、自分が他者の役に立っていると感じ、自分を受け入れてくれる仲間や集団があることを知る。そこで自分は「生きててもいいんだ」と感じ、社会に存在する意味を見いだし始めるようになる。

> 半自立だとか、ケアの必要な人が地域社会にたくさんいて、そうした人たちが(CS神戸の)活動に参加するのは、集団に属したいだとか、社会に属したいっていう理由と、自分が生きててもいいんだ、社会に存在する意味があるんだってことを実感したいという理由が強いと思います(CS神戸元スタッフE氏ヒアリング)。

このようにコミュニティ事業の特徴は、第1に、他者の個別な「生」に徹底的にこだわり、そのかけがえのなさを支えるというボランタリズムの行為を基盤に成立している。それは、ボランティアが時間をかけて、誰がやる事業なのかを固有名詞で明確にして、当事者がもつ能力を引きだすことで可能になるものだといえる。

第2に、参加者が自分の「弱さ」を自覚しさらけだすことで、他者から

支えられ、他者を支える関係が生みだされている。それは、お互いの「弱さ」を認めあいながら、それぞれの「強さ」でカバーしあうという「共生」の関係だといえる。ただし関係を形成するためには、お互いが関わる範囲を限定しながら、部分的な関係を維持することが重要となる。

　第3に、そうした「共生」の関係は、「生」の維持が困難になった人が、自分の存在意味を見つけ自己存在を新たに立て直すことを可能にする。つまり、自分が社会の役に立つと実感することで自己の存在を再認識し、自己との対話を始めるという、存在の「現われ」が可能になるのである。

　このようにコミュニティ事業によって生みだされる「共生」という関係こそが、人間の「生」を支え、存在の新たな「現われ」を促す根源的関わり（サブシステンス）である。そこでの有償化は、市場や貨幣を利用しながら、資本主義社会の「強さ」の論理を否定し、各個人が抱える「弱さ」を社会的に受け止めていくという過程を意味する。そして市場システムという現象が、メンバーの共有する価値観の実践として現われている（Sachs eds. 1992=1996：118）。その価値とは、多様な「生」のあり方を認め、その固有性を「支えあう」というサブシステンスの価値だといえよう。

（2）自立とは支えあうこと

　コミュニティ事業により、社会から孤立していた人々が自らの「弱さ」をさらけ出し、他者と新たな関係を取り結ぶようになる。こうした過程をCS神戸では、「社会的自立」と呼ぶ。ここには人間が単独で精神的・経済的に自立するという、従来の自立観とは全く異なる、共生と深く結びついた自立の新たな意味が立ち現われている。

　近代市民社会で求められてきたのは、自助と自律を中心とした個人の経済的・身体的自立である。そのため他者の支援を必要とする障害者・高齢者・貧困層・マイノリティなど、弱者と呼ばれる人々は、社会が求める自立的人間像から著しく逸脱した存在としてみなされてきた（岩崎晋也

2002:74-75)。こうした近代的自立観に見直しを迫ったのが、1960年代後半にアメリカで起きた自立生活運動(IL運動)である。IL運動は、身辺自立や経済的自活に関わりなく自立生活はなりたつという、新たな「自立」観を提起した。この中心には、障害者が支援をえながら、自らの人生の主役として生きることを選択する「自己決定」という観念がある（定藤1993:8-9）。日本でもこの自立観に影響を受け、他者の支援に依存しながらも自立を実現する「依存的自立」（古川孝順）が社会福祉の領域で提起されている。

　コミュニティ事業における「自立」も、生きることが困難になった弱者が、自らの「生」と向きあいライフスタイルを切りひらくという、自己決定の意味内容を含んでいる。しかしそこには、他者との関係のなかで規定される、「自立」のもうひとつの側面が存在しているように思われる[10]。

　　　自分がひとりで生きているのではなく、支えられていることに気づいたとき、この時に、初めて人は自立の段階に入るのだと思う。これは自分の弱さを自覚するということ。弱さをさらけだすことが、他人と関係を結ぶことになる。だから他人と互いに支えあえる関係を結べるようになる時点で、自立が達成されるのだと思う（CS神戸元スタッフE氏ヒアリング）。

「自立」とは自らが自立していないという「弱さ」を自覚し、それをさらけだすこと、それによって他者存在を受け入れ、支えあいの関係へと開いていく、そうした「共生」の過程を意味する。そこには、当事者の自己決定が保障されるだけでなく、他者とお互いの固有性を認めあい、存在を承認しあう過程がみられる。その意味で「自立」とは、他者と違いを認め合うことで成立する「支えあい」の過程であることがわかる。

　このように考えると、ボランティアの行うコミュニティ事業とは、人々が他者と支えあいながら、「生」の存続にとって必要となる自分の「拠り

所」(reference point)[11]を発見することと深く結びついているように思われる。「拠り所」とは、人々が「日常生活の中で最も意義深い経験」をする場であると同時に、「人々が深く感情的かつ心理的に結びついている人間存在の根源」となるような場を意味する(Relph 1976=1991:234)。それは日常生活を構成し、自己のアイデンティティを与えてくれるような「配慮とかかわり」の場であり、人間生活に不可欠な親密的空間が形成される場だといえる。

　こうした場は生活を営む物質的・空間的意味での「空間性」だけではなく、社会関係を取り結びアイデンティティを確立する「社会性」というふたつの側面をもっている。そして、コミュニティ事業は社会から切り離された人々の「生」のニーズを満たす空間的な場を提供するだけではなく、自尊心を保つための精神的な拠り所となる社会的な場を提供している。つまり地域社会に他者と支えあう「拠り所」を確保することによって、「生」の固有性を認め合うような「自立」を可能にしているのである。

注

1) 「コミュニティ事業」(community enterprise)とは、①社会的目的、②地域経済の拡大や再生、③共通善、④コミュニティ(利益集団の場合もある)による所有と運営、⑤民主的制度をとるという特徴を持つ。コミュニティ事業には3つのタイプの事業があり、外部から運営費をほとんど獲得せず、事業収益のみで経営がなりたち、主にコミュニティ・メンバーへの仕事提供を目的とした「コミュニティ・ビジネス」(community business)、ボランティアだけ、あるいはボランティアや専従のスタッフとの混合によって経営され、低価格のサービス供給を行う「ボランタリー事業」(voluntary enterprise)、コミュニティ・ビジネスとボランタリー事業の間にあり、通常の企業と同じように人々を雇用しサービス供給を行う「社会的企業」(social enterprise)に分類できる(Pearce 1994:84-85)。

2) CS神戸のスタッフには、NPO研修で自らの生き方を見なおし、サラリーマンを退職して活動に参加したり、震災を契機に外部から神戸に入り、支援活動を継続している人など、多様な人材がそろっている。有償スタッフはCS神戸の活動で生計を立てており、給料は男性で月額5万円から18万円、

女性で5万円から20万円が支給されている。
3) Nさんは、1947年兵庫県に生まれ、1981年に現在居住の東灘地域に移り住んできた女性である。団塊の世代にみられる学生運動や市民運動の経験があったわけではなく、会社勤めをし、たまたま子育てが一段落したところで、広報を通してKLCに出会ったという。
4) 1980年代、超高齢社会の進展と福祉施策の質的・量的不足を背景として、移送サービス、給食サービスや在宅福祉サービスを行う「住民参加型在宅福祉サービス団体」が地域社会で増加した。これはサービス利用者の日常生活を支えるためにボランティア活動に有償制や専門性を取り入れながら、公的福祉では対応できない領域のニーズを、住民相互の「助けあい」によって充足する活動である。詳しくは第3章を参照。
5) 江上渉(1994)は在宅福祉サービス活動が、相互扶助的処理を特徴とする地域共同体型ではなく、高度専門処理に相互扶助がビルト・インされたコミュニティ型に基づく活動であることを指摘している。
6) これは、個人の抱える問題を自助努力や家族の親密圏に押しとどめるのではなく、公共的な対応を要する問題として捉える「不正義」(injustice)の感覚に近いと思われる(大川1999)。
7) 1950年に武庫郡魚崎町が神戸市に合併された時に、町有財産を神戸市に譲渡しないで、独自に管理することを決定した。その際、設立された組織が魚崎財産区である。財産区は特別地方公共団体として位置づけられ、公職選挙法に基づき選出された議員が財産管理を担っている(CS神戸2003:22)。
8) CS神戸は、1997年頃から地縁団体である自治会や商店会と関わりを積極的にもったり、行政との関係形成に努めてきた。行政や地域社会から厚い信頼をえながら市場の開拓を行い、これまでに第三セクターの高齢者向けの給食サービス、企業・NPOの介護用品の注文、自治体のホームページ作成やパソコン教室開催などのほか多種多様な仕事を作りだしている。
9) ここでいう「弱さ」とは、人間が本質的に抱える「傷つきやすさ」(vulnerability)というより、競争社会でマイナスとみなされる肉体的・精神的ハンディキャップなど個人の属性を示すものを指す。つまり一般的に「能力のなさ」といわれるもの全般を示す概念として使用する(竹内1994)。CS神戸は、100％なんでもできる人はおらず、すべての人間が、必ず「弱さ」をもつと考えている。
10) 小佐野彰(1998:80)は障害者問題から、自立の2つの側面を指摘する。自立とはまず、その人がどうしたいか、ということが実現され、保障されているという側面であり、他方、周囲の人々との関係のなかで、そこに存在

している意味を認めあえるようになるという側面をもつという。
11)「拠り所」とは、三本松政之のいう「居場所」と非常に近い意味をもっている。「居場所」とは、「生活を営む上での意味付与と関わる『場』(社会的空間)」を意味する(三本松 2001：3-4)。

第8章　市民活動団体による「資源獲得の戦略」

　震災後、市民活動団体は自らの使命を果たすため、活動上の困難や資金的な危機を乗りこえてきた。しかし、多くの支援資金が集まった時期も終わり、「震災経験が風化しつつ」ある現在、ほとんどの団体が資金的にも、活動的にも、非常に厳しい状況におかれている（日本経済新聞 2003.1.16）。CS神戸も例外ではなく1997年頃から活動資源が減少した。そこで「自立と共生」を実現するため、地域社会のさまざまな資源（seeds）を利用しながら、行政との協働（partnership）を模索するようになる。

　市民活動団体が公共サービスの領域に参入し、自らのミッション（使命感）を遂行するためには、行政と一定の緊張関係を維持しながら政治的交渉を進め、資源獲得をめぐる独自の戦略が必要となる。そこで第8章では、行政との協働をめぐる動向を捉えた上で、公共サービスの担い手として立ち現われている市民活動団体の動きが、地域社会に与えるインパクトと問題点、それを乗り越えるための「資源獲得の戦略」（strategy for seeds）の内実について論じる。

1. 行政と市民活動団体の協働関係

　NPOが多様な公共サービスの実現に対して責任を持ち、役割を担うためには行政との関係を無視することはできない。であるならば行政とどのような関係形成を目指し、役割分担していくのか具体的に明らかにする必要がある。そこで大きなキーワードとなるのが「協働」という概念で

ある。様々なルールや手法がようやく確立されつつあり、その中身について議論がなされるようになった。一般的に協働とは、「相互の特性を尊重」した「対等な関係」に基づき共同活動を行い、「共通目標を達成させる」ための活動として理解されている。非効率や財政悪化という問題を抱える行政にとり、NPOは多様なサービス供給主体であり、また行政機能の外部委託のためにもNPOとの協働が不可欠になっている。また逆にNPO側も行政との協働が不可欠であることをサラモン(Salamon, L. M.)は「ボランタリーの失敗」から説明する(Salamon 1995)。「ボランタリーの失敗」の議論では、力量不足やフィランソロピーのアマチュア性などのNPOの欠点を補完するのが政府で、あくまで政府は非営利組織に目標を実行させるための「第3者(にまかせる)政府」であるという。そこに協働の目的を見出している。

現在、行政と市民活動団体の役割分担により、様々な協働の形態がある(山岡1999:131)。

図8—1にあるように、Aは行政とは無関係に市民団体あるいは民間だけでやる領域、またEは行政が責任をもってやる領域である。Dのタイプは、行政が事業内容・方法マニュアルを決めて民間団体に委託・委任したり、用途をきめて補助金・助成金を出すというもので、最も多くみられるタイプである[1]。行政からの委託事業には、施設運営に関する委託、研修や情報提供などサービス提供に関する委託、調査に関する委託などがある。「活動資金が増える」「団体活動の信用度が上がる」というメリットがある一方で、「精神的・物質的に組織内部のリソースが過度に疲

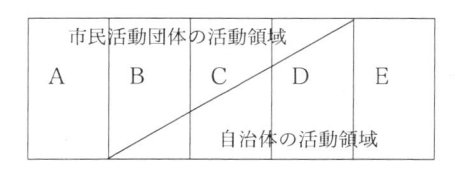

市民活動団体の活動領域				
A	B	C	D	E
			自治体の活動領域	

図8—1 市民活動団体と自治体の役割分担

出典:山岡(1999:131)を修正の上で引用。

弊・消耗する」「自主事業運営がおろそかになる」というマイナス面がある（市民フォーラム21・NPOセンター2003）。最近では、行政主導型、NPO主導型の他、市民が逆に行政に企画提案し、行政が事業実施団体や内容を決定するという「提案型委託事業」（大阪府）や、「かながわボランタリー推進基金21」により行政が負担金を、NPOが自己資金を提供するという「協働事業負担金」（神奈川県）など、新しい試みもみられる。

　現在、最も注目されているのがBとCのタイプである。Bは、民間の団体が中心になって行う事業を、行政が補助金や助成金でサポートするタイプである。市民団体が力をつけるようになると、行政と共同でイベントや事業を行ったり、行政施設を管理運営する可能性が広がる。例えば、公設民営のNPOサポートセンター運営（鎌倉市民活動センターや仙台市市民活動サポートセンターなど）や市民活動団体の企画提案に対して行政が助成を行う「パートナーシップ活動助成」（神戸市）など、行政が場を提供したり、ある程度の経費を負担し、市民が主体的に事業運営に関わるというタイプで、協働の1つのタイプに入るものである。

　行政と民間が対等な関係を取り結んで事業を行う協働のタイプがCである。協働を推進する様々なしくみがあるが、例えば「条例づくり」の場合、市民活動団体への支援策を制度化した支援条例（公益活動に対する支援措置）だけでなく、行政サービスに対する参入機会の提供という協働事業を想定する協働条例がある。住民と行政の協働を制度化するために「市民参加条例」(1997)や「まちづくり理念条例」(1998)を制定し、市民委員の公募制、議会公開、住民投票に対するルールづくりを定めた箕面市、横須賀市の「市民協働推進条例」(2001)、ニセコ町の「まちづくり基本条例」(2001)などはその代表である。また「ワークショップ方式」や「懇談会」など非制度化手法も注目されており、三鷹市の「みたか市民プラン21作成に関するパートナーシップ協定」などがある。

　市民活動団体と行政の関係を決定する要因は、行政側の意識変革のみならず、市民活動団体の運営形態の発展段階と深く結びついている。そ

れは活動資金を会費や補助金に依存し、安定的・継続的な活動が難しい「発足段階」、場所の確保や外部からの資金集めが活発化し、行政からの委託事業や他団体との協力関係により新しい事業展開を行う「成長段階」、企業や行政と対等な協働関係を形成し、安定的活動の領域を広げていく「自立段階」と分けることができる(牛山2002:222-223)。日本では、多くの市民活動団体が「発足」「成長」の段階にあり、「自立」段階への移行が大きな課題となっている。

そこで協働を理念型として位置づけた上で、CS神戸の具体的事例から、成長過程の市民活動団体が公共サービスの領域に参入する際に重要となる資源獲得をめぐる「戦略」を、地域社会の構造や地域諸団体との関係から検討し、公共サービスをめぐるせめぎあいの現状と課題を明らかにする。

2．ミッションを支える「もうひとつの事業」

前章で取りあげたように、CS神戸は支援事業により、生きにくさを感じる人々が「働く」ための仕事づくりを支援している。この過程でこだわっているのは、信頼関係に基づく「人とのつながり」を築くことであった。

> ＣＳの活動の核心的なところは、人と人のつながりである。人と人のつながりをほったらかしにして、ビジネスにはしるのは絶対にちがう。社会にどれだけ影響を与えて、人が社会から孤立しないようにするか、その活動を維持するためにあくまで事業がある(CS神戸理事長N氏ヒアリング)。

CS神戸は、支援事業を通じて地域社会に多くの「つながり」を生みだすことで、「ケアされてきた人」や「地域のお荷物」とされてきた弱者を、「地域に能力を提供する人」「地域の財産」と位置づけている。この過程で共に行動する意欲や、支えあえる関係が、社会の大きな「資源」(seeds)になると

いう。これはJ. S. コールマン (Coleman) やR. D. パトナム (Putnum 1993=2001) が「社会関係資本」(social capital) と呼ぶ、関係に基づく資源ということができる[1]。こうした資源を生かすことで、「劣っている」「役に立たない」といった否定的アイデンティティで捉えられてきた人々が、「弱さ」をさらけ出し、自らの存在意味を見いだすことができるというのである。

　しかし、CS神戸がこうした活動を安定的に展開しようとすると、組織の「自立」に向けた再編が必要となった。そこで、支援事業を支える基盤を整備するため、CS神戸が考案したもうひとつの事業が直轄事業である。直轄事業は研修・講座事業や自主事業、行政からの受託事業などを含み、スタッフの人件費を捻出したり、支援事業を実施する情報や人材を獲得するための大きな役割を果たしている。つまりミッションを支える基盤事業と位置づけられる (CS神戸　2000:39)。

　直轄事業では、第1に、NPO・ボランティア活動のかかえる日常的な課題を解決するための研修としてバージョンアップ講座や地域推進員講座、全国のボランティア団体の研修会など、人材育成に関わる事業がある。

　第2に、住民グループを生みだすための調査研究事業がある。例えば市民参加型福祉日英交流プログラムによって、NPOのマネージメントを担当する人材育成やインタミディアリ・マニュアルの作成、さらに英国の地域調査手法を活用し、人工島である六甲アイランドでの復興住宅の調査などを実施している。

　第3に、拠点に関する事業も行っている。例えば、高齢者を対象にしたグループハウス「ココライフ魚崎」の研究開発、建設を実現している。これは震災で家を失い、身寄りも少ない75歳から91歳の単身高齢者が資金を出しあい、みんなで暮らしたいという願いを実現させるプロジェクトである。公的建設にしか適用されなかった兵庫県と神戸市が出資する「阪神・淡路大震災復興基金」の制度を、民間グループハウスへ適用させ、1999年には建物を完成させた。

　第4は、通貨に関するもので、エコマネー(地域通貨)を行う共同シール

研究事業がある[2]。その他にも、震災によって大きな被害を受けた商店街の活性化と、小規模NPOの活動拠点の確保という課題を組みあわせた「NPO市民工房」や「甲南NPOワークセンター」などのさまざまな試みがある。

とりわけCS神戸の大きな収入源となっているのが、行政からの受託事業である。CS神戸が行政との関係づくりに踏みだした背景には、「活動資金の不足」と「公共領域への参入」という大きな理由があった。1997年頃から震災に対する寄付金や支援金が激減し、財政状況が厳しくなると予測された。そこでCS神戸は安定的な財源を確保し、小規模団体への支援活動を続けるため、自主的な事業の展開にも力を入れるようになる。また同時に、採算性の低い支援事業を安定的につづけるためには、行政に偏った市民サービスを取りもどし、本当に自分たちが必要だと思うサービスへと形を変えていく重要性を感じるようになったという。

3. 神戸市の都市経営と委託事業

CS神戸は1996年、「東灘ネット」からの資金500万円によって独立した。当初の活動予算は3,000万円で、そのうち半分は阪神・淡路コミュニティ基金からの助成金、残りは事業委託、研究事業などの自主事業で調達する必要があった。しかし、財政基盤の弱い市民活動団体が1,500万円の自主事業を立ちあげることは非常に難しい。しかもその後、震災復興のための寄付や助成金が減少することは明らかであった。つまりミッションに基づく活動を継続するためには、何らかの方法で外部から活動資源を獲得する必要性があった。

しかし神戸市の現状をみると、多くの公共サービスを外郭団体や地縁系団体がすでに受託し、市民活動団体の入りこめるすきまは小さく、活動領域は非常に限定されていた。

> とにかく神戸市には市民サービスのすきまがない、外郭団体が50以上あって、市民サービスを行政が取り込んでいっている。だ

から行政と外郭団体の見なおしを行う必要がある。……中略……こっちが有償でやろうと思っても、無料が多いので、有償がはやらない（CS神戸理事長N氏ヒアリング）。

　この背景には神戸市独特の「都市経営」がある。つまり、職員の労働組合を初め、婦人団体協議会や消費者団体などを市政協力団体として取りこみ地域政治を形成するという、「神戸型コーポラティズム」の存在である（池田1997：203-229）。これは、効率的・合理的な企業的経営方式で行政運営を進めるというもので、「最小の経費で最大の市民福祉」というイデオロギーを掲げている。そして商工会議所や労働組合、自治会連合会や婦人有権者連合、老人クラブ連合などの地域団体を行政運営のなかに巻きこみながら、市民生活の生産・再生産に関わる公共サービスを供給してきた。
　さらに特徴的なのは、神戸市が財政難となるのに伴い、1970年代の後半から医療団体、福祉団体などさまざまな外郭団体を含む政策受益団体や市民活動団体が、神戸型コーポラティズムを促進させる、「下からの」コーポレイト集団として大きな役割を果たした点である（似田貝1991：106-107）。神戸市はこれらの団体に対し、施設管理への委託費、公共活動に参加する報酬費という個別業務の契約型・委託方式をとり、活動資金を提供した（高寄1992：291-298）。つまり神戸型コーポラティズムとは、制度化された政治とは別に、コーポレイト集団の「サブ政治」(Beck)を形成し、それを市政協力体制のなかに包摂する過程であったといえる。
　なかでも神戸市婦人団体協議会[3]は地域社会において大きな影響力をもつ。市民団体、婦人会を初めとした地縁組織は、行政によって集票装置の一環に位置づけられてきた。同時に、婦人団体協議会を母体として設立された神戸市消費者協会が、行政、住民、企業の間の「三者合意システム」の中心となり、消費者問題における市政参加の重要な役割を果たすなど、単なる行政協力団体という機能をこえた強い影響力をみせている（蓮見・似田貝・矢澤編1990：155-174）。そのため神戸市のコミュニティ

行政は、「開かれた市政」のもとでのまちづくりや環境、福祉条例の先進事例として評価されてきた(蓮見・似田貝・矢澤1990, 宮本1999)。しかし一方、港湾開発を中心とする公共デベロッパー型の開発主義を支える「草の根保守層」の政治が、市民参加を取りつけながら実現されてきたという評価もある(広原編2001:93, 高寄1993b:471-476)。

　こうした神戸市の地域的特性のなかで、CS神戸が独自の活動領域を切りひらくためには、神戸型コーポラティズムの枠組みに食いこみ、公共サービスの新たな担い手としての存在を確立するしか方法はなかった。そこで考えたのが、行政との共同事業や既存団体とは異なる委託事業を提案しながら、行政の担ってきた公共サービスを獲得するという戦略である。理事長N氏は、次のように述べる。

　　私たちがいろんな団体を支援してきたなかに、あるいはCS神戸が単体のNPOとして自立していくために、やはり、この委託事業に対しては、行政からの委託事業費がなければ、自立ははっきりと無理だというふうに思っています。外郭団体系が行ってしまっているんですね。そこの部分を取りもどすというんでしょうか、市民サービスの向上につなげるというのが、今、委託事業という形で、多くのNPOにきています(下線は筆者の強調、CS神戸理事長N氏ヒアリング)。

　つまり、CS神戸が自らのミッションを実現するためには、行政の下請けとして組みこまれる危険性にさらされながらも、あえて公共サービスの領域に食いこみ、行政との関係を取り結ぶ必要がでてきたのである。

4．事業受託への展開

(1)行政との「渡りあい」

　CS神戸は1997年頃から、弱者の自立支援の基盤を整備するため、行

政からの事業受託を模索し始めた。とりわけ、震災後に失業した被災者の社会的孤立が深刻化するなかで、彼らの生きがいを創りだすための「仕事づくり」を、行政と協働して実現したいと考えた。そして、偶然にも理事長N氏は兵庫県の「被災地しごと開発事業」という、500億円もの巨額な予算のついた事業をみつけた。当時、法人格を持たない任意団体に、行政が委託することは考えられないことであった。しかしCS神戸は、他の被災者復興支援会議やNPO、NGOなど他の組織、団体の力を借りて、新しい働き方を探る事業として行政に提案し、任意団体でも受託できるよう、兵庫県の生活文化部や労働部などにねばり強く働きかけた。

　その結果、県の単独事業の他、NPO提案の事業があってもよいということになり、CS神戸が3つ提案した内のひとつが、大幅に修正され、年間予算3,500万円の「さわやかまちかど再生事業・ごみの点検調査事業」として認められた[4]。この事業は形式的には(財)兵庫県勤労福祉協会からの孫請けという形をとっている。しかし、その内容は単なるごみ拾いではなく、地域の人々から感謝されるような工夫がなされている[5]。

　この事業が行政のサービスと最も異なる点は、事業の「評価の指標」であるという(元スタッフE氏ヒアリング)。行政はサービスを拾ったごみの数や結果(量)によって評価し、行為者に目を向けず、内容や過程を評価しないことが多い。これに対してCS神戸は、あくまで当事者にこだわり、彼らが他者と関わりのなかで責任を自覚し、「自立と共生」を実現する過程(質)に、高い評価基準をおいている。最も重視するのは、孤立しがちな失業者や主婦が他者と関わりながら自尊心を回復し、お金に対する管理能力や就職への意欲を高め、社会へ参加しているという意識をもつようになることである。こうした多様な評価軸を明確にし、税金の使われ方や縦割り行政を批判していくという考え方である。

　さらにCS神戸は1999年にNPO法人格を取得すると公共サービスとして必要と思われる事業を行政に提案し、事業受託者として活動を始めるようになる。注目すべきは、生きがい対応型ミニデイサービス、「オア

シスプラン」である。この事業は、介護保険のもとで、自立と判定された高齢者の孤立を防ぐことを目的としている。CS神戸は、西宮市から神戸市一帯の17から18の小規模NPOをまとめ、これらが2年間で2,000億円の予算という国の緊急雇用対策事業のもとで、介護保険の枠外サービスを行うことができるような企画を立てて、1999年8月末、神戸市に提案した。しかしミニデイについては、一般事業として社会福祉協議会がすでに実施し、緊急雇用対策事業では予算が使えないとの回答であった。そこで自主的に地域の他団体とネットワークを形成し、介護保険枠外のミニデイサービス、「オアシスプラン」を独自に実施した。そして保健福祉局の事業である障害者や高齢者のための「神戸バリアフリー・マップ」作成のための「バリアフリーまちづくり現況調査」と「ボランティア団体などの高齢者介護活動に対する実態調査」を公募審査で受託し、委託事業の実績を着実に積みあげていった。

　さらにCS神戸はミニデイの実施に向けて行政と粘り強い交渉を重ねた。

　　　事業をとりながら提案していく、非常に高等技で、私たちは行政と渡りあうというというふうな、そういう段階にきている（CS神戸理事長N氏ヒアリング）。

　そして介護保険がスタートした2000年、介護保険の枠外サービスの「介護予防支援事業」に対して1億円の補助金がついたことで、CS神戸をめぐる状況は大きく変化した。この時、行政のなかから、社会福祉法人に委託していた仕事を、NPO法人に委託してはどうかという話が持ちあがったのである（神戸市保健福祉局ヒアリング）。そこで公募審査を行った結果、以前からミニデイを行政に提案し、委託事業に実績があるという理由から、CS神戸を中心とした「オアシスプラン・ネットワーク」が契約をえた。またほぼ同時に、婦人会系NPOが事業契約を結んだ点も注目される。

　ミニデイサービスの領域で市民活動団体が事業を受託することは、非

常に難しい。というのも、これまでサービスの多くは、措置制度のもとで社会福祉協議会が実施しており、NPOが委託を受けることは前例がないためである。CS神戸の受託は、政令都市で川崎市に次いで2番目という（神戸新聞2000.8.2.）。

(2) ミッションを実現する戦略

　CS神戸が行う資源獲得の戦略は、「自立と共生」のミッションに基づき、行政から委託事業を獲得すること、それによって公共サービスの質を変化させる、という過程を含むものである。N氏は、次のように言う。

> 　NPOの企画をもちこめる枠を行政の方で作ってもらおうとしてるんですけどね。提案するNPOが少ないことも問題だと思う。だけどこれからは、<u>NPOも政治的なところをしっかりとやっていかないと</u>、生き残っていけないでしょう。仕事をもらってきっちりやっていかなくなくちゃいけない。（下線は筆者の強調、理事長N氏ヒアリング）。

　「政治的なところ」というのは、行政を敵対視するのではなく、自分たちの目的を実現するために、行政と関係を取り結びながら「渡りあって」事業を獲得すること、それを自分たちのミッションに結びつけていくことを意味しており、この点が「戦略」の争点となる。つまりNPO法人として制度の枠内に入り事業受託し、形式的には下請けの形式をとりながらも、NPO独自の事業評価基準を作りあげ、行政と「渡りあい」ながら、自らのミッションの実現をめざすというものである。行政との交渉をねばり強く続け、公共サービスを潜在的なニーズの充足へつなげる点がCS神戸の「こだわり」であり、これがないと自分たちの存在意義がなくなるとN氏は強調する。

> 　行政からいわれたことをもくもくとやるだけだと、まさに下請

けでしょ。それはいやだ、CS神戸はそうじゃない。確かに形式的には受託が多いけど、ちゃんとコミュニティに必要だと思うことを行政に提案しつづけている。良くないと思ったら文句を言えるのがNPOなんですよ。一つひとつの事業に提案していく。それがNPOのよいところだからこだわっていく。そこにこだわっていかないとCS神戸の生きる道がない（CS神戸理事長N氏ヒアリング）。

　日本のボランタリーな活動が、無償で非政治的な社会活動である限りにおいて歓迎されてきたことは、すでに第3章でみた。そのため、市民活動団体が地域社会の資源配分を問題にしたり、公権力を批判するといった政治的活動は、特定領域の活動を除いてほとんど評価されてこなかったのである。これに対しCS神戸の戦略は、団体のミッション遂行のために、公共サービスの領域に食いこむという意味で、行政が独占してきた公共性のあり方を「市民側にとって、よりよいサービスへと変化させていく」ための運動だといえよう。

5. 委託事業の可能性と問題点

(1) 活動継続の基盤づくり

　CS神戸が受託したミニデイ事業は、行政がすべて内容・方法を決める施設管理などの委託事業とは違い、「生きがいづくりや介護予防を目的とする、健康体操などの日常動作訓練・給食・趣味活動などで、送迎、入浴はなし」という大枠が決まっているだけである。そのため、各団体は地域に密着したサービス内容を決定できるというメリットがある[6]。

　オアシス・プランでは16のNPOが協働してミニデイ事業を実施している。そこには社会福祉法人など他団体が行うミニデイサービスと異なるいくつかの独自性がみられる。例えば、行政の定める回数（週1回）ではなく週3回以上の受け入れ、1日6時間以上の開所、そして何よりも介

護保険の自立認定者だけでなく、仮設住宅にいた孤立しがちな単身者、アルコール依存症などの問題を抱えた人々を積極的に受け入れている点である。

　垂水区で活動する「たるみ・とものの家」[7]をみると、週3回、すべて手作りの食事をとりながら、ゲームをし歌を歌い、ボランティアが利用者1人1人に話しかけ、冗談を言いあい、笑いが絶えない雰囲気である。小規模であること、会話から活動まで事前に決めるのではなく、本人の意思を尊重することで、地域社会の「もうひとつの家、もうひとつの家族」をめざしている。利用者のTさん（83歳）は、「家に閉じこもっていると気分がめいることが多かった。だれも相手になってくれない。だけどここにくるとみんな家族のように接してくれる、前日の昼から、ここに来ることを考えると楽しみでしょうがない」と語る。要介護利用者のなかには痴呆症の人もいるが、活動に参加している間は、その症状はほとんどみられないという。またボランティアからは、「自分の居場所をみつけることができた、生きがいになっている」という声も聞かれた。NPOが目指す「もうひとつの家、もうひとつの家族」とは、きめ細かな対応を受けることで、自分が無条件に受けいれられているという安心感を生みだす「拠り所」だといえる（西山 2002b）。

　行政や社会福祉協議会の提供するサービスの多くが、大人数を対象にしたもので、「何か強制的にやらされている、大人数であるために会話もほとんどない」ことがあるという（「たるみ・とものの家」利用者ヒアリング）。これに対し「たるみ・とものの家」では、きめ細かなサービスにより「自分が大切にされている」という感覚を利用者がもつだけでなく、ボランティアの側でも自分が必要とされているという感覚をもっている点に特徴がある。

　　社会福祉協議会など大型施設のサービスは、提供する人とされる人の垣根があるけど、NPOのサービスは心地よい環境で生活を

支える。なんでもやってあげるのではなく、積極的に参加してもらう。だからサービスの内容は相当違う。……中略……それぞれのリーダーが個性をだしながら、特色のあることをやっている。だからNPOの場合、仮設支援から関わっている人で、もともとの仲間が来ることが多い。利用者はリーダーをみて動いていくから、リーダーは市民の共感をえることをつねに意識してるんですよ（CS神戸理事長N氏ヒアリング）。

　デイサービスの大きなメリットは、参加者１人あたり2700円の委託事業費が事業者に出るため、CS神戸から独立した小規模団体でも安定的に運営できる点にある。しかしその一方、CS神戸の事務局経費がほとんど認められないという問題も抱えている。そこでオアシス・プランに参加する約12のNPOが委託料の15％を出して、事務費、交渉費に加え、行政委託金の立替払い（行政からの委託金は後払いのため）を担う事務局（CS神戸）を支えるというネットワークを形成している。それは形式的には委託事業でありながらも、ネットワークを形成し、ミッションに基づく事業を展開するという。公益活動を担うNPOの新たな動きといえよう。
　このように、NPO法人格をもつCS神戸がネットワークの要の役割を果たし、小規模NPOに安定的な活動を提供することで、地域に密着した活動を可能にしていることがわかる。事業受託により、財政基盤の弱い草の根NPOが活動する資源を確保し、「自立と共生」のミッションを実現しているのである。それだけでなく、CS神戸の専従スタッフを雇用し、組織の安定的な運営を可能にしている。

(2) 活動を阻む壁
　しかしCS神戸が公共サービスの領域に参入するのに伴い、さまざまな問題が発生した。そのひとつは、事業受託をする過程で安価な下請けとして利用しようとする行政側の強い圧力に巻きこまれ、振りまわされ

るようになったことである。

　委託事業の問題点については、すでに2001年頃から指摘されていた。活動が大きな方向転換を迫られたのは、2000年に公募で獲得した兵庫県の受託事業「生きがい仕事サポートセンター・ワラビー」が2002年に急に打ち切られたことである[8]。前章の図7-1をみてもわかるように、2001年度に受託収入が1億1,000万円あったものが、2002年度には5,700万円と半減している。1998年度から2001年度まで着実に事業を受託し、事業の実績を積み上げ、それらを前提に事業計画をたててきたことが、一挙にくつがえることになった。

　ミッション遂行のためには、支援の継続が重要であるにも関わらず、明白な理由もないまま、行政側の都合により事業が打ちきられ、事業の継続は難しくなった。これにより、行政の委託事業への認識が大きく変化したという（事務局長K氏ヒアリング）。さらに行政の都合により、施設管理費の5％カットが一方的に決定されるなど、行政側の「NPOを安価な労働力として利用しようとする姿勢」は目にあまるものになっていた。

　CS神戸の直面した第2の問題は、事業受託によってスタッフが増えるにつれ、スタッフの訓練もままならないうちに、さらなる事業を受託しなければならないという循環、いわば自転車操業の状態に追いこまれた点がある。受託は時限事業であるために、雇用するスタッフの人材育成のための時間が足りず、ミッションと事業のかい離が起きた。しかも事業に伴う単年度契約、評価基準の不透明性、委託経費の安さなど、多くの問題が無視できないものとなった。そこで事業受託に依存することが結局、「自分達の首をしめる」ことを実感したCS神戸では、現在、事業規模の約7割を占める受託事業のあり方を見なおし、自主事業の割合を高めるための組織改革に取りくんでいる（朝日新聞2003.4.2）。

(3) 地域社会へのインパクト

　しかしその一方で、CS神戸が公共サービスの領域に参入することに

よって、既存の秩序体制にインパクトを与えた点はきわめて重要である。それは、地域社会で活動してきた婦人会や自治会、社会福祉法人との役割分担をめぐるせめぎあいの発生である。震災後のボランティア活動の高まりを目の当たりにした多くの地縁組織は、自らの体質を変える必要を感じたという（神戸新聞2003.1.10）。さらに、既得権として公共サービス供給を担ってきた領域に、NPOが競争相手として現われるようになると、地縁組織はその存立基盤の危機を感じ、そしてさまざまな取りくみを試みるようになった。

実際に婦人団体協議会では、2000年頃からNPO法人格を取得する方針を打ち出し、各地域でのNPOの設立準備から活動支援までを行う「NPO輝支援センター神戸」を設立している。この支援センターは、これまでのつながりをもとに、企業や個人から多くの資金を集め、地域婦人会がNPO法人格を取得できるよう、財政支援や情報提供などを行っている。その結果、2003年には、神戸市全体のNPO法人152団体のうち30団体を、婦人会系NPOの「輝」（かがやき）グループが占めるまでになった。婦人会が伝統的な活動に限界を感じ、NPO法人化により、新たな活動へ展開するようになった背景には、婦人会の本体自体の存続に対する危機感がある。とりわけ市民活動系NPOが1998〜1999年に積極的に法人格を取得し、新しい動きをみせたことへの警戒心は強い。

> NPOへの変更の背景には、本体がつぶれてしまう危機があった。大木もくちるときがある、だからNPOという若木を継ぎたしていくという意味がある（神戸市婦人団体協議会専務理事ヒアリング）。

既にみたようにCS神戸と同時期の2001年1月、NPO法人「輝」グループも行政からミニデイ事業を受託している[9]。つまり市民活動系NPOの展開を目の当たりにした婦人会や自治会などの地縁系団体が、組織の生き残りをかけ法人化し、新規NPOと「なわばり争い」を行うようになって

いるのである[10]。その結果、ミニデイサービスでは、「一校区一グループ」が原則でありながら、300メートルと離れていない同じ校区内で、市民活動系NPOと婦人会系NPOが競合している地域もあるという（神戸新聞 2003.1.10）。このように婦人会系NPOも、商店街の空き店舗を利用してデイサービスを実施し、また在宅の高齢者に給食サービスを行うなど、市民活動系NPOと似た事業を展開するようになっている[11]。これは市民活動系NPOが、公共サービスの領域へと参入するのに伴い、「神戸型コーポラティズム」を支えてきた外郭団体や地縁系団体が生き残りをかけて再編に向かっていることを意味する。

　以上、「神戸型コーポラティズム」という地域構造の中で、CS神戸が公共サービスの担い手になるためには、行政と何度も渡りあいながら事業受託を提案し、かつ地域諸団体との競争を乗り越えながら、地域資源を獲得するという政治的活動に関わらざるを得ない。そこでは独自の事業評価指標を打ち出したり、他団体とコンソーシアムを形成するなど、ミッションにつなげるための様々な工夫がみられた。それは、あくまで行政に事業主体としての役割を認めさせ、社会システムの機能の一部を担いながら、制度内部から公共サービスを質的に変化させていく、市民活動団体のしたたかな「戦略」だといえる。

注

1) 通常、社会資本とは社会的インフラストラクチュアを意味する。これに対してパトナムは、社会的関係資本を「調整された諸活動を活発することによって、社会の効率性を改善できる、信頼、規範、ネットワークといった社会組織の特徴」を意味するものとして提起している（Putnum 1993=2001）。
2) ポスト震災ボランティアの支援方法として提案されているもので、住民同士が生活を助け合い、通貨を通してネットワークを形成するという活動である。例えば山の手・鴨子ヶ原では、住民26名が地域通貨の活動に参加する「かもんずの会」を実践している。
3) 神戸市婦人団体協議会は、町内会と同じように地域住民組織として「自治」

の機能を果たすものとして設立されたが、行政の末端組織として利用されることになる。1942年に大政翼賛会に組みいれられ、1943年には市政町村制の改正により、町内会と同様に行政末端組織として戦争体制を支える機能を果たした。これに対する反省もあり、戦後、町内会、婦人会は解散させられた。しかし、婦人会の解散により、行政運営上支障をきたすと考えた神戸市は、GHQのアドバイスにより、1947年に婦人会を再結成する。その後、行政行事への協力、行政広報の配布、委託業務などの役割を担うようになり、行政に対する協力団体として育成する傾向を強めていった（神戸都市問題研究所1980：6-8）。実際に神戸市各課の課長・係長を対象にした調査によると、市政一般に大きな影響力を与える団体として「婦人団体」（94.6％）「自治会・町内会」（65.4％）「商工団体」（53％）「労働団体」（41.1％）があがっている（蓮見・似田貝・矢澤編 1990：155）。

4) しかし、この時期には法人格を持たなかったため毎月、会計報告が求められるなど、行政からの不当な介入が続いたという。

5) 事業の対象になったのは、震災で自宅を失った40～65歳の中高年の人々で、10日／月あまりの労働で、月5万円の収入をえることができた。CS神戸では、参加者をグループ毎にわけ、事務所に集合して、おそろいの作業着を着て話しあいを重ね、みんなで決めたリーダーの主導のもとに活動を行うことで、仕事に対する責任感を育て、報酬を月単位で銀行に振りこみ、金銭感覚をつけることなどをめざしてきた。

6) CS神戸が神戸市と合意した事項は、①神戸市内の適当と認められるNPO法人に委託する、②おおむね65歳以上の独り暮らしの高齢者で、閉じこもり防止の観点からデイサービスが必要な者を対象とする（要支援、要介護者の利用も可能）、③おおむね1日5時間以上で、日常の動作訓練や給食、趣味活動を1箇所に集まってする、④利用者負担は基本料金300円と食費450円程度とする、⑤市は、この事業者に対して委託金として1人2,700円（週1回を上限とする）を支払うというものであった（CS神戸 2003：56）。

7) オアシス・プラン参加団体であった「たるみ・ともの家」は、2004年にNPO法人格を取得し、独立した。2004年度現在、週3回のデイサービスには要介護利用者平均5名、介護保険枠外利用者平均7名、ボランティア平均8名の合計15～20名が参加している。1回利用料は、活動費と食費を含めて1,000円である。

8) CS神戸が公募で兵庫県から受託した事業「生きがい仕事サポートセンター・ワラビー」は、公益的な仕事をしたい人と、公益的な仕事をしている団体の需要と供給をマッチングさせ、失業中の人や生きがいを求める人をNPO

に就職させるための事業である。2000年10月から初年度は1,200万円、次年度1,800万円の予算で1年半行った事業で、単なる仕事斡旋というよりは、何でも相談できる「心が癒される場を提供する」という機能を果たしていた（CS神戸『市民フロンティア』第24号）。再び、2004年に兵庫県から委託を受け、事業を拡大している。
9) 婦人会系NPOは数も多いため、ミニデイの予算配分も市民活動系NPOの430万円に対して、地縁系NPOはその2倍近くの760万円を獲得している（2000年度）。
10) ただし各ミニデイサービスを利用する人々の層は明確に分かれており、以前から婦人会活動に参加していたり、婦人会をやめた人々が婦人会系NPOに参加する傾向が非常に強いという（東灘区婦人会会長ヒアリング）。
11) 実際に、市民活動団体がミニデイを行っているのは、婦人会があまり強くない地域に限定されるという傾向がある。

第III部

市民活動の国際比較研究

第9章　ボランタリー組織から社会的企業へ
──イギリスの事例から──

　現在、被災地で誕生した多くのボランティア団体はNPOへと展開し、社会の中で様々な「しくみづくり」に取り組んでいる。彼らが活動を継続するためには、安定した組織基盤とそれを支える収入源が必要となる。そのためにNPO法人格を取得したり、行政から委託事業を引き受けるなどの努力を重ねている。しかしその過程で組織本体のミッションとの乖離や行政からの下請け圧力など、多くの困難に直面していることは前章で述べたとおりである。

　市民活動団体が継続的に「しくみづくり」に取り組むためには、制度変革や新たな価値の提起を目指す「運動性」と、活動の持続性を担保する「事業性」を両立させていくことが重要テーマとなる。その一つの方向性として注目するのが、欧州を中心に広がりをみせている「社会的企業」(Social Enterprise)である (Borzaga, C. & Defourny, J. eds., 2001=2004)。社会的企業とは、明確な社会的使命と旺盛な企業家精神を混在させた市民事業体で、近年、日本でもその存在が非常に注目されている(塚本2003、中川2005)。

　とりわけイギリスでは、1990年代以降、近隣コミュニティを重視する都市政策が展開され、公的セクターや市場的セクターだけでなく、ボランタリー・セクターとのパートナーシップ[1] (協働partnership) による草の根レベルでの都市再生が推進されている。その担い手として大きな期待がよせられているのが「まちづくりトラスト」(Development Trust)と呼ばれる

社会的企業である。ブレア政権も、草の根レベルで地域ニーズを解決するまちづくりトラストの活躍に注目している(DTI 2002)。

第9章では、イギリスの都市政策[2]を通してみえるパートナーシップの変容過程から、社会的企業が広がりをみせるようになった背景とその動向を考察する[3]。

1. パートナーシップ政策の変遷と社会的企業の台頭

(1) 福祉国家の再編とボランタリー・セクターの変容

イギリスにおけるボランタリー・セクターの発展は、福祉国家の成立・再編や政治状況の変化と深く関連しているといわれる(Kendall & Knapp 1996)。18～19世紀を通じイギリスでは、多くの慈善家やチャリティ団体、セツルメント運動などが貧困問題や社会サービス関連の活動を広く担っていた。戦後、「大きな政府」を掲げる福祉国家が成立した後、政府が基本的な社会サービスを供給し、児童福祉や障害者福祉など、公的

表9-1 都市政策におけるパートナーシップの変容

	中央政府の都市再生政策	パートナーシップの意味内容	ボランタリー・セクターの特徴
I 期 1960～70年代	都市プログラム スラムクリアランス	中央政府と自治体	チャリティ文化 特徴：調整・適応的
II 期 1980年代	民間主導・規制緩和	中央政府と民間企業	協調文化 特徴：予見的
III 期 1990年代	パートナーシップの推進 コミュニティの再評価	中央政府と地域諸主体(自治体中心で民間セクター・ボランタリー・セクターを含む)との連携	契約文化 特徴：発展的・多様的
IV 期 2000年代	地域限定的プログラム実施 近隣地域再生の国家戦略	中央政府と地域諸主体(自治体・民間セクター・ボランタリー・セクター)との連携	パートナーシップ文化 特徴：革新的・変革的

サービスの不足領域をボランタリー組織が補うという体制が確立されていった。この時、ボランタリー組織の性質はチャリティ活動からコミュニティに根ざしたサービス活動へと変化した。しかしその位置づけは、あくまで公的サービスの補完であったといえる。

　しかし1960年代末から都心部での人口減少、失業や住宅の老朽化、移民問題など、福祉国家の限界が様々な「インナーシティ問題」として現われ、その解決主体として雇用や福祉サービスなどの領域でボランタリー・セクターの役割が急速に拡大するようになる。深刻化するインナーシティ問題に対し、当時のウィルソン労働党内閣は「都市プログラム[4]」(Urban Programme)を開始し、中央政府と地方自治体とのパートナーシップによって上からの問題解決をめざそうとした。

　一方、福祉の領域では1970年代以降、肥大化する官僚制の弊害が批判され、「小さな政府」への流れのなかで、ボランタリー組織の役割が再評価されるようになった。とりわけ1978年のウォルフェンデン(Wolfenden, L.)報告では、公的セクターの重要性を認めながらも、多様なセクターが多元的にサービス供給を担う「福祉多元主義[5]」(Welfare Mix)を打ちだし、ボランタリー組織が雇用政策とコミュニティ政策における重要なサービス供給主体と位置づけられた(Johnson 1987＝1993)。とりわけ社会福祉やコミュニティ・ケアの領域では、公的サービスの隙間を埋める補完的なボランタリー組織が拡大した。

　こうした動きをさらに推し進めたのが、1979年に成立したサッチャー保守党政権であった。サッチャー政権では、①社会サービスの民営化を強力に推し進め(福祉における市場原理の導入)、さらに、②労働党自治体との抗争が激化する中で、地方財政改革を推し進め、③公共投資を削減し、補助金と地方税の統制など、自治体の財政的権限を奪い、中央集権を強化していった。その結果、自治体が担ってきた住宅や医療、職業訓練などの公共サービス供給は民間部門に移され、とくに社会サービスやコミュニティ・ケアなどの領域でボランタリー組織への財政支援が強化

されていった。1990年の「国民保健サービスおよびコミュニティ・ケア法案」で、地方自治体の役割は公共サービスの「提供者(provider)」から、民間団体が競争できるための環境整備や監視役割を担う「権限付与・調整者(enabler)」へと転換し、政府とボランタリー組織との間にはサービス供給の契約に基づく「契約文化」(contract culture)と呼ばれる関係が形成された。これによりボランタリー組織の多くは、自治体が担わなくなった社会サービス供給主体として位置づけられただけでなく、サービス供給をめぐる国家資金の競争状況の中に置かれていったといえる。

またサッチャー保守党政権は、労働党政権時に開始された「都市プログラム」を受けつぎ、官民連携(Public Private Partnership)を軸にすえ、民間企業活用によるエンタープライズゾーン(EZ)や都市開発公社(UDC)などの手法[6]により、民間主導の再開発を中央集権的に推し進めていった。その代表的事例がドックランズ開発である。これにより中央政府の責任と管理によって提供されてきた公共サービスに代わり、民間企業や「クアンゴ」(quango)と呼ばれる準政府組織などが協力・連携するパートナーシップ型の統治モデルが確立された。しかしハード整備中心、トップダウン式の都市開発は、地域住民の利益やインナーシティ問題の解決にはつながらず、激しい住民運動により頓挫するようになる。

そのため次のメジャー保守党政権では、中央政府の指導力を保ちながらも、それまで排除されていた地方自治体や地域組織の参加を重視するパートナーシップ形成へと大きく政策を転換するようになる。衰退地域再生のための大規模な政府資金である「シティ・チャレンジ[7]」(City Challenge)や1994年に5つの省(環境省、内務省、教育相、貿易産業省、雇用省)の20のプロジェクトを統合し柔軟な資金提供を可能にした「包括的都市再生予算[8]」(Single Regeneration Budget、通称SRB)では、重要な審査基準として、地域の諸組織が企画段階から参加することがあげられ、競争的なパートナーシップのなかで資金を獲得する方法がこの時期から導入された。しかし、多くの政府事業は1～7年間の時限つきであり、事業完

了の後、いかに荒廃地域再生や雇用創出などの事業を継続するかが、大きな課題となった。そこでまちづくりの領域で、中央政府のパートナーシップ事業の受け皿組織として注目されたのが、非営利事業体の「まちづくりトラスト[9]」であった。

(2) 社会的企業の台頭

　パートナーシップを築き、地域組織を重視する傾向は、1997年に成立したブレア労働党政権で一段と強化された。ブレア政権の方針は、基本的にサッチャー政権の財政的中央集権を引きつぎながらも、さらに「自治体の近代化」を推進するため、自治体や地域諸組織にパートナーシップの主導権を与え（官民協働）、かつ住民参加のルートを拡大することで、公共サービスを再編・再統合しようとするものであった。とりわけパートナーシップに住民意見を反映させるため、ボランタリー組織の役割を重視し、政府とボランタリー・セクターとの関係は、「契約文化からパートナーシップ文化」へと大きく方向転換した。1998年にはイングランドにおける政府とボランタリー・セクター及びコミュニティ・セクターとの関係について「コンパクト」(Compact)という協約が結ばれた。これは法的拘束力はないが、ボランタリー・セクターやコミュニティ・セクターの役割と意義を認め、政府がその発展を財政的・制度的に支援することを明記したという意味で、大きな影響力をもつものだといえる。

　こうしたなかで、社会的企業と呼ばれる組織体が急速に広がるようになる。通商産業省(DTI)によると、社会的企業とは「社会的目的を持ち、株主の利潤を最大化させるというよりは、原則的にその事業かコミュニティに再投資し、社会変革を目指す事業」を指す概念である (DTI 2002)。

　その組織形態は、「協同組合」(co-operative)や、「クレジット・ユニオン」(credit union)、「コミュニティ・ビジネス」(community business)など多様であり、「まちづくりトラスト」(Development Trust)もその一形態に含まれている。社会的企業が広がった背景には、第1に、社会的排除や地域再生

市場セクター	社会的責任企業	社会的企業	チャリティ＆ボランタリーセクター	政府
企業・売上からの収入			補助金＆寄付金	税金
私的目的	社会的目的		政治的目的	
私的所有	社会的所有		公的所有	

図9-1　広義の社会的企業

出典：SEL (2001: 3)。

など、政府の最優先課題にパートナーシップ戦略が導入されたこと、第2に、政府のパートナーシップ戦略の一主体として、ボランタリー組織が位置づけられたこと、第3に、時限つき事業が完了した後、事業を継続するために、ボランタリー組織の自立的運営が重要課題となったこと、第4に、1990年代に社会的企業を支援する中間支援組織のネットワーク、例えば、「まちづくりトラスト協会」(Development Trust Association, DTA)や「キャン」(Community Action Network, CAN)などが形成されたこと、などがある。さらに2001年には通商産業省に「社会的企業担当部」(social enterprise unit)が設置され、翌年、『社会的企業：成功のための戦略』が公表されるなど、社会的企業が中央政府の政策の中にも位置づけられるようになった。

そこで次に社会的企業の一形態である「まちづくりトラスト」を事例として取り上げ、ボランタリー組織として設立された団体が自立的運営のために社会的企業へと展開していく諸条件を分析する。

2. まちづくりトラストとは何か？

(1) まちづくりトラストの始まり

まちづくりトラストの活動は、1960年代末、都市のインナーシティ問

題を放置し、民間開発業者を中心に急速な都市再開発を進める中央政府や行政への異議申し立ての運動、いわゆる都市社会運動として開始された。その後、福祉国家の財政危機により、各セクター間のパートナーシップ政策へと転換する過程で、まちづくりトラストは、その社会的位置づけを大きく変化させるようになる。

　トラスト(信託組織)という組織形態は、チャリティ登録の申請を受けつけ、認定を行うチャリティ委員会で「チャリティ」[8]として認められる団体の一つであり、資産を公益目的のために受託者が所有し、管理運営するシステムである(NIRA1994:112-119)。まちづくりトラストは、2006年現在、イングランド全土で約400弱団体あり、一般的に次のように定義される(Wilcox 1998)。第1に、特定地域・コミュニティで、環境的、社会的改善に取り組み、財政的に「自立した運営」をめざす非営利組織である。第2に、公的セクター、市場セクター、ボランタリー・セクターが相互に協力関係を取りむすび、組織や個人などの広い範囲から支援を得ている。第3に、地域の人々が運営に参加し、ある程度の収益を生みだしながら、それを社会的目的のために再投資する団体である。まちづくりトラストは、その広い活動範囲や活動スタイル、活動の準拠枠などから、最近ではコミュニティ事業や社会的企業の一形態として理解されることが多い(SEL 2001)。そこでまちづくりトラストの事例としてを次の3つの先進事例に注目する。

　最初の事例は、1971年に設立されたロンドン西部の最貧困地区ノースケンジントンで活動する「ウエストウェイまちづくりトラスト」(Westway Development Trust)(設立当初の名称North Kensington Amenity Trust)である(以下、ウエストウェイ・トラストと略す)。ヨーロッパ最大の高速道路建設への反対運動を行っていた地域住民や区議会議員らが中心となり、トラストを設立したのが活動の始まりである。トラストが高速道路の高架下の土地を自治体から借り、商店、工場、倉庫などの運営で収益をあげ、地元NPOへの低廉な場所貸しや、地域福祉サービスの拠点づくりなどの

非収益活動や、スポーツ施設の運営など収益・非収益を混合させた活動を行い、完全な自立的運営をとげている。

次にあげる事例は、テムズ川南岸のサウスバンクで投機的な都市再開発を拒否し、低所得者層の居住権を守るための住民運動を基盤に開始された、「コインストリート・コミュニティ・ビルダーズ」(Coin Street Community Builders)の活動である(以下、コインストリートと略す)。コインストリートは、大ロンドン議会(GLC)からテムズ川周辺の荒廃した埠頭や工場跡地一帯を低価格で取得し、コーポラティブ住宅や公園などを整備したり、また商業施設の賃貸や駐車場の運営などで収益をあげながら低賃金労働者の生活・就労の場を確保している。その背景には、都市計画制度の変更により、土地の利用権を持つ住民が土地利用についての協議に参加し、開発事業に対する異議申し立てが可能になったことがある。

さらに1979年には、ウエストウェイ・トラストの元理事が、ロンドン東部の深刻なインナーシティ問題と貧困問題を抱えるイースト・エンド地区(East End)の再生に取り組むために「環境トラスト」(The Environmental Trust)を設立した。環境トラストは、主にタワーハムレッツ区(London Borough of Tower Hamlets)を中心に、自治体が所有している公園や空き地を長期賃貸で借り、管理・運営を行い、そこであげた収益で子供への環境教育や再生エネルギーの調査研究、環境住宅の建設などを進めている。これら3つの事例は、現在のまちづくりトラストの中でも社会的企業の先進モデルとなっている。

(2) 財政危機の深刻化とまちづくりトラストの組織的自立

1979年に誕生したサッチャー保守党政権は、労働党支配の自治体と対立し、大ロンドン議会(GLC)を廃止した。そして福祉やコミュニティ・ケアを担うボランタリー組織への補助金を増やす一方、コミュニティ開発を担う組織等への補助金を大幅に削減した。そのため、草の根的活動を担うまちづくりトラストの多くは財政的に窮地に追い込まれていっ

た。そしてこの時、不安定な公的資金に依存する危険性を感じたトラストの指導者たちは、「自助のエートス」(self-help ethos)を目指し、自立的な活動方法を模索するようになる。

　実際に1980年代、サッチャー政権のもとで、ボランタリー組織は自治体による公共サービス供給の代替物とみなされ、とりわけ福祉やコミュニティ・ケアを担う組織は、政府から多くの財政的支援を受け、下請け・補完化されていった。これによりボランタリー組織の草の根的な性格や自立性が奪われ、政府や地方自治体の補助金（後に委託金が急増）に依存する体質が形成されていったといえる。この時、まちづくりトラストのメンバーにとっても、財政上の問題が、単なる組織の維持だけでなく、活動のミッションを左右する重要問題として立ちはだかった。

　そこで多くのまちづくりトラストが財政的な自立を目指すために導入したのが、自主事業を展開し、そこで得られた収益を、活動のミッションに沿って再投資する「事業内費用移転」(Cross-subsidization)と呼ばれる手法であった。事業内費用移転は、ミッションを追求する非営利事業体の本体が、外づけの営利事業部門(trading-arm)と呼ばれる事業体を外部に設立し、そこで生じる利益を、寄付という形で本体の非営利事業を展開するために充当するという手法である。事業ミックスともいわれるこの手法は、現在、財政的自立をめざす多くのまちづくりトラストが取り入れている。

　例えば環境トラストは、1983年、外づけ営利事業部門として、建築と造園の専門家からなる「コミュニティ土地利用会社」[9]（Community Land Use Ltd.）と、計画設計コンサルタントの「環境トラスト提携会社」（Environmental Trust Associates Ltd.）という二つの営利会社を設立した。外づけ営利事業部門の収益は、トラスト本体に寄付され（ボランタリー組織に寄付した場合、税制上の優遇措置がある）、環境教育や再生可能なエネルギーに関する調査研究、市民活動の啓蒙・調整などの非収益事業などを支える重要な財源になっている。外づけ営利事業部門の主な役割は、ト

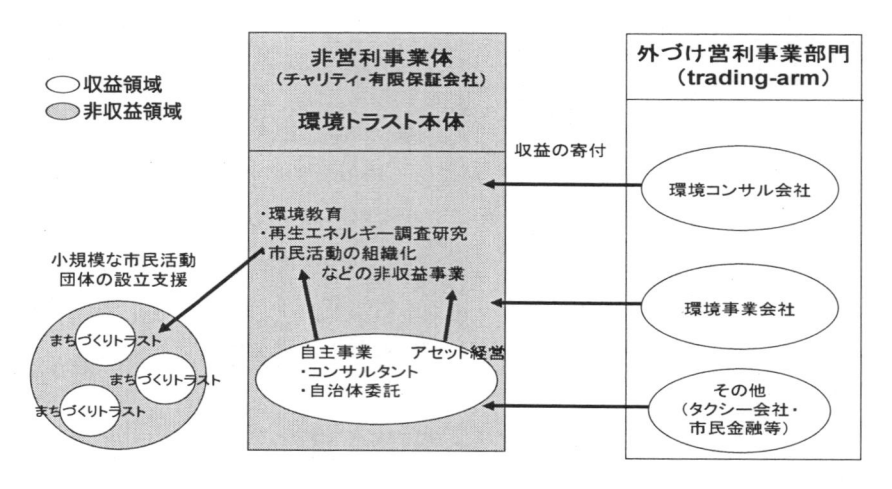

図9−2　環境トラストにみられる「事業内費用移転」

ラスト本体のスタッフの給与や社会的事業を展開するための費用を捻出する点にある。つまり本来の非営利事業を安定的に継続し、活動を支えるために収益事業が存在し、収益を本体に寄付するという点が、民間企業とは大きく異なる。

3．まちづくりトラスト自立のためのアセット運営

(1)アセット運営の手法

　またこの時期、先進的なトラストでは「自助のエートス」を、「アセット」（資産asset）の運営という具体的な形で展開するようになる。一般的にアセットとは、土地や建物・施設、働く場のことを指すが、最近では、人的ネットワークや自治体からの委託事業なども含めて理解されている[10]。多くのまちづくりトラストでは、政府や自治体、さらには民間企業からの贈与や、補助金によって取得した土地や建物をアセットとして運営し、

安定的な財政基盤を形成している。そこでウエストウェイトラストやコインストリートなどの先進的試みを取り上げ、①どのようなアセットを、②どのような手法で取得し、③どのように運営し、④利益をどのように配分しているのか、という4点にしぼり組織的自立の過程を明らかにする。

事例①福祉・文化のテーマ型まちづくり（ウエストウェイまちづくりトラスト[11]のアセット運営）

ロンドン西部の最貧困地区ノースケンジントン地区で活動するウエストウェイ・トラストは、大ロンドン議会（GLC）が所有していた高速道路高架下の土地を長期的に借り、アセット運営による利益を、貧困地域への文化活動や福祉サービスとして還元する「テーマ型まちづくり」の事例である。

活動の始まりは、1960年代にヨーロッパ最大級の都市高速道路を労働者住宅地域に建設することへの住民反対運動であった。そもそもこの地域は貧困な北部と豊かな南部という地域間格差があり、高速道路の建設は地域をさらに分断し、住宅の取り壊し、生活環境破壊など周辺住民に深刻な問題をもたらすことが予測された。そこで住民は、公園や駐車場を別の地域に作るという行政案へのオルタナティブとして、道路高架下に子供の遊び場や保育園などを建設する独自の計画案を提案し、区議会とともに激しい反対運動を繰り広げた。そして1971年に貧困地区への公共投資に反対する区議会議員らが中心となり、まちづくり組織（North Kensington Amenity Trust、2002年にウエストウェイまちづくりトラストに名称変更）を設立した。

組織の設立当初は地域の政治的対立や事務局体制の混乱などがあり、様々な困難が立ちはだかった。そこでトラストは、安定した活動資金を得るために、区議会との6年間の交渉の末、1974年、高速道路建設のために大ロンドン議会が強制収用し、未利用になっていた土地（9.1ha）を

年間賃借料16,000ポンド(当時1£＝700円計算で1,120万円)、120年間で借りるという契約(sublease)を結んだ。この借地権に基づく土地確保がウエストウェイ・トラストの事業の出発点となっている。これを契機に、トラストは政府資金を獲得しながら保育所や託児所などの施設を建設していった。

とはいえ、ウエストウェイ・トラストのケースも、活動初期の施設建設や運営資金は自治体からの資金援助に頼らざるをえなかった。しかし活動初期から財政的自立の重要性を感じていたリーダーの主導により、収益系の土地利用を設定するというアセット運営を積極的に進め、自主事業の割合を高めていった。現在では、商店や工場、工房など市場価格で貸す収益系土地(20％)と、社会福祉サービスの提供を行う非収益系土地(80％)という割合を設定し、営利と非営利のバランスをとる工夫をしている。そこでは「収益部門」として、高架下のスペースを商店、工場、倉庫など事業収益を上げるテナントへの賃貸を行い、「非収益部門」として地元NPOへの低廉な場所貸し、地域福祉サービスの拠点づくり(コミュニティ施設)を行い、さらに収益・非収益の「中間部門」としてスポーツ施設の運営(サッカー場、トレーニングジム、乗馬場)、という3部門を混在させながら事業運営している。その結果、2003年には自主事業の収益額が約11億円(1£＝200円換算)になるなど、財政的自立の成功事例として注目されている。とりわけスポーツ施設は、貧困地域に暮らす若者が低価格でスポーツを楽しみ、友人を作る場であると同時に、事業収入の50％近く(約4億8千万円)の収益を占める成功した事業になっている。つまりスポーツ施設運営と、土地建物の賃料をあわせると、収益の約85％を占めており、これが組織の財政基盤を安定的にしている。この財政基盤の上に、行政サービスの枠を越えた独自のサービス供給を可能にしているのである。

ウエストウェイ・トラストの基本的アセットは、公的セクターから賃借している高速道路高架下の土地であり、建物や施設をつくってアセッ

トを増やし、賃貸料とスポーツ施設の運営で利益を得る事業を展開していることがわかる。そして公的サービスの対象にならない文化的サービスや福祉サービスを供給している。

事例②職住近接の総合的まちづくり（コインストリート[12]のアセット運営）

　テムズ川南岸サウスバンクで活動するコインストリート・コミュニティ・ビルダーズは、1984年に設立され、住民運動によって得た土地を「総合的まちづくり」として展開している事例である。

　そもそもの活動は、民間開発業者によりオフィスビル建設が計画され、もともとの地域住民が立ち退きを迫られるという危機の中から生み出された。貧困労働者に立ち退きを迫る民間業者の再開発計画に反対する複数のコミュニティグループが立ち上がり、低所得者向きの安価で良質な賃貸住宅の供給、地域住民の働ける職場提供など、地域ニーズに基づいた再開発計画案を作成する動きを生み出した。それはコインストリート地区の再開発計画案が民間業者と住民組織によってそれぞれ提案された。その後、経済状態の悪化により、事業から撤退することを余儀なくされた民間業者が、2.7haの土地を大ロンドン議会に売却した。これを契機に、住民組織は自らの計画案を実現するため、非営利の会社「コインストリート・コミュニティ・ビルダーズ」を1984年に設立した。そして大ロンドン議会からの融資や議会が設立した投資育成会社などの融資を受けて、民間業者からの土地と大ロンドン議会所有の土地あわせた5.2haを、75万ポンド（1£＝240円換算で1.8億円）で購入した。これは土地利用を限定したことにより認められる価格で、市場価格よりもはるかに安価であった。このように土地移譲が可能になった背景には、1972年の地方自治法で公有地を売却する権限が地方自治体に認められたこと、大ロンドン議会が廃止される直前のタイミングであったことなどがあげられる。

　コインストリートは、銀行や公的セクターからの融資を受け、新たに設立した住宅協同組合に労働者向けの住宅コープを建設させた。そして

市場価格のほぼ5分の1という家賃で低所得層に貸している。また倒壊寸前の工場を再生させたオクソ・タワーでは、最上階を高級レストランに市場価格で賃貸し、下の階をコープ住宅にするなど、市場原理と非市場原理を組み合わせながら財政的自立を実現している。2002年には、年間収益約360万ポンド（£＝200円換算で約7億2000万円）の収益を上げており、その中身は仮設店舗などからの賃貸料が54％、駐車場からの収益が22％、レストランからの収益が12％である。こうした収益を利用して住宅や公園整備の他、最近では、保育園などの「家族と子供のためのセンター」や地域ニーズにこたえる「学習・起業支援センター」の運営、またスポーツセンターの運営など、さらなる事業拡大を目指している。

コインストリートの基本的アセットは、自らが所有するサウスバンクの土地であり、住宅や建物を建て賃貸することでアセットを増やしている。市場価格で得た収益は、都心部から排除されがちな低所得層向けの住宅開発や公園管理、近隣センターの建設などに使用し、様々な社会サービスを地域コミュニティに還元している。つまり旺盛な企業家精神でアセットを取得し運営することで、民間開発から排除されがちな低賃金労働者の働く場を創出し、住む場所を提供するという、事業本来のミッションに基づく総合的なまちづくりを実現している事例だといえる。

事例③拠点開発の環境まちづくり（環境トラスト[13]のアセット運営）

1979年に設立された環境トラストは、ロンドン東部の最貧困地域イースト・エンドで地域住民の環境教育や荒廃地域の環境改善活動に取り組む年間予算（2005年度）規模約75万ポンド（1£＝200円換算で約1億5,000万円）の社会的企業である。活動初期には、環境教育や行政からの委託事業による公園整備を中心に、荒廃地の緑化活動等に取り組んでいた。しかしサッチャー保守党政権による自治体への補助金削減は、委託事業に依存してきた環境トラストの活動を危機的状況に追い込んだ。そこで環境トラストは、前述したように環境コンサルタント会社などの活動で上げた

利益を、調査研究や市民活動団体の支援などの非収益活動にまわす「事業内費用移転」の手法を導入するようになる。

　さらに不安定な補助金に依存せず、財政的自立を実現するために、1980年代頃から公共的建物や土地を取得、あるいは長期に借り、その運営で収益をあげる「アセット管理・運営」に取り組んだ。その一つが、環境トラストの現事務所がある「ピンチン・ストリート」(Pinchin St.)のアセット運営である。1980年代半ば、自らが企画運営したブリック・レーン祭りの成功で、周辺地価が上がり、家賃が急騰し事務所を移転せざるをえなくなった。そこで環境トラストは、民営化により設立されたネットワーク鉄道会社の所有する、廃線鉄道敷の高架下土地と放棄された倉庫を、年間賃借料75,000ポンド（£1＝200円換算で1,500万円）、125年の長期賃

環境トラスト所有のアセット（筆者撮影）

貸で借りるように交渉し、そこを政府の都市プログラムの資金とタワー・ハムレッツ区の助成金を利用し再開発した。そして2000年、環境トラスト本体の事務所を移し、余ったスペースを3年契約で、中小企業およびチャリティ団体（地下は会議室、1階は工房、2階は慈善団体、3階女性環境ネットワーク、4階トラストの事務所）に貸し、安定した家賃収入をえている。

しかし環境トラストの財政は1991年ごろまで非常に苦しかった。こうした状況は1990年代に入り、政府の包括的な都市再生資金が投入されることで大きく変化するようになる。中央政府の「シティ・チャレンジ」や「包括都市再生予算」(SRB)などの大規模資金により、1995年に大規模公園整備事業である「マイル・エンド・パーク事業」(Mile End Park)が動きだした。これは環境トラストが仕掛けてSRBを獲得し、計画立案した事業である。テームズ川近くの運河沿いにあるマイル・エンド・パークは、戦後都市計画のなかで公園指定され、土地は国立運動場協会(National Fields Play Association)が保有し、別のトラストが譲り受け、タワー・ハムレッツ区指導のもとで管理・運営していた。しかし区は公園整備への投資余力がなく、放置され荒廃地になっていた。そこで2002年から開始された中央政府の「ミレニアム事業」[14]（Millennium Project）の一環として、環境トラストが整備計画を提案し、地元タワー・ハムレッツ区役所と環境トラストが「イースト・ロンドン・パートナーシップ」(East London Partnership)を結び、事業実施主体となった。総事業費約2,400万ポンド（£1＝200円換算で約48億円）のうち、ホンコン・シャンハイ銀行（HSBC）が4億円、EUファンドが4億円、ミレニアム委員会が24億円負担し、残り16億円がSRBからの資金であった。誘発された周辺の民間開発を含めると総額94億円という大規模事業になっている。

これは単なる公園開発ではなく、計画立案のプロセスで、環境トラストが地域住民組織と話しあいを重ね、子供の遊び場、低所得者用住宅の確保、環境公園やロッククライミング、芸術、アドベンチャー、スポー

ツ、電気自動車の競技場など、住民ニーズを反映させた提案構想をまとめている。環境トラストが、放棄、荒廃した公園の計画立案・経営戦略を担う実質的リーダーとなり、周辺住民のニーズを反映させた公共空間へと転換させた事例だといえよう。

以上のように、まちづくりトラストが財政的に自立するためには、収益を生み出す土地・建物などのアセットを取得し運営する社会的企業への展開が重要であった。アセット運営という手法は、財政基盤の弱いボランタリー組織にとり、「自足的(self-sufficiency)、自立的(independence)、持続可能な(sustainability)経営」の基盤づくりに他ならず、社会的企業への転換を促す必須要素となっている(Ward & Watson 1997)。もちろんビジネス領域で活動することは、いくら非営利セクターとはいえ、リスクが全くないわけではない。実際、ウエストウェイ・トラストは1990年代初頭の不景気のときに、収益の低減という問題に直面し、また政府からの補助金が大幅に削減された。しかしこのときアセットを所有していることが、逆に政治的動きや市場の動きに左右されない強固さを示したといえる。またブレア政権が2000年に示した「ベスト・バリュー」(Best Value)理念の導入により、地方自治体が所有していたアセットの処分がさらに容易になり、アセット運営にますます注目が集まっている。

(2) 組織の広がりとネットワーク化

1990年代初頭、中央政府の都市再生政策が、それまでの民間企業中心から自治体やコミュニティ組織の参加によるパートナーシップ型へと転換したことは既に述べた。政府のパートナーシップ政策を引き継ぎ、実施する受け皿として注目されたのが、「自助のエートス」を目指し、草の根レベルで地域住民と共に活動を続けていたまちづくりトラストであった。実際に、まちづくりトラストの数も1990年を境に大きく増加している。

中央政府の都市政策が大きく変化する中、ウエストウェイ・トラスト

まちづくりトラストの数

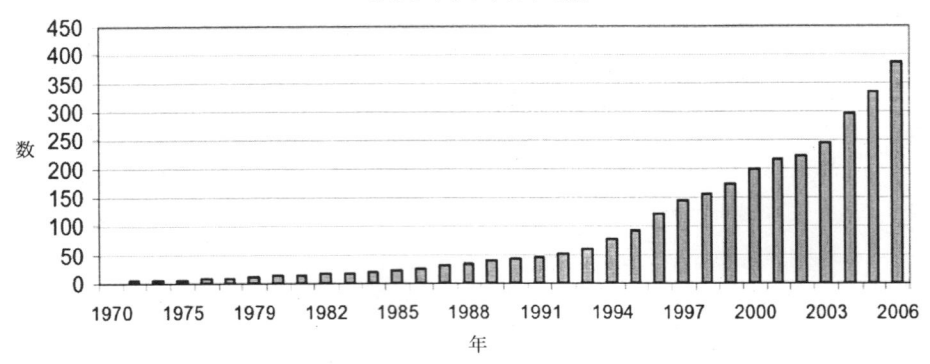

図9-3 まちづくりトラストの数量変化
出典：DTA member survey 2006

やコインストリート、環境トラストの代表者らが集まり、財政的基盤を強化するためのアセット運営の手法を共有し、草の根活動を支援するアンブレラ的組織の結成を話しあった。そして都市再生の方法を模索していた環境省(当時)が、活動の萌芽を育てるために、約40,000ポンド(約800万円)の資金提供を行ったことが追い風となり、1993年、ネットワーク型中間支援組織、「まちづくりトラスト協会」(Development Trust Association)が設立された。まちづくりトラスト協会では、不安定な補助金に頼るのではなく、財政的安定を目指すアセット運営を強く勧めている。そのための情報交換、組織間の相互協力、助言、スタッフの訓練の他、新たなトラスト設立への資金融資などを行っており、現在では協会に参加している約80％のトラストがアセット運営に取り組んでいる。つまり弱小のボランタリー組織に対し、ネットワーク組織であるまちづくりトラスト協会が資金から情報提供まで、様々な支援を行い、アセット運営を実現させることで財政的基盤の安定した社会的企業への道筋を切り開いているといえよう。

4．ボランタリー組織から社会的企業へ

　地域社会でボランタリー組織が、行政や企業と対等なパートナーシップを結ぶためには、財政的にも、組織的にも自立することが求められる。とくに財政基盤が脆弱であると行政の下請けになったり、営利性の追求によりミッションとの乖離が起きるなどのジレンマは、日本でも多くの**NPO**が抱えている問題であった。そこでイギリス・まちづくりトラストの事例から、ボランタリー組織が社会的企業へと展開するための諸条件とその可能性について考察した。

　社会的企業への転換は、ボランタリー組織が自立性や持続性を担保し、営利と非営利のバランスの中でミッションを追求するための手法として理解できるものであった。そこでは、第1にボランタリー組織が、公共の土地や建物、人的ネットワークの運営など、地域に埋もれている様々な資源（人的・物的）を「アセット」として発見し、運営することで、「収入源を混合化」(Income mix)していた。ボランタリー組織の設立初期は、自治体からの委託事業や補助金に依存することは避けられない。しかしそれは同時に、活動が本来のミッションから離れ、下請け化する危険性が高まることでもある。まちづくりトラストのケースでは、ミッションに基づく非営利事業を継続するため、外づけ営利事業部門の収益を非営利事業体へ内部移転させ、さらにアセット運営への展開により、「収入源の混合化」を図っていた。もちろんウエストウェイ・トラストやコインストリートのように完全に財政的自立をとげるまでには、相当の時間と労力がかかる。しかしボランタリー組織にとり自主財源比を高め、収入を混在化させていく過程は、社会的企業として独自の活動を拡大し、地歩を築く過程に他ならない。

　第2に、中央政府がボランタリー組織の活動を政策レベルで支援し、自治体とのパートナーシップ形成を促すための様々な施策を打ちだす必

要がある。ボランタリー組織がコミュニティの計画策定・運営に積極的に取り組むためには、主体性や自立性を身につけながら地方自治体とパートナーシップを形成することが重要となる。それを可能にするのは、ボランタリー組織が力をつけるだけでなく、中央政府や地方自治体がボランタリー組織をパートナーシップの一主体として認め、意思決定や財源上の権限を委譲することが不可欠である。実際に、イギリスの場合も、1990年代からのパートナーシップ政策の中にボランタリー組織が位置づけられ、大規模な政府資金が投入されたことで社会的企業が急速に広がっていった。こうした政策レベルでの支援が、日本でも早急に求められている。

　第3に、社会的企業の可能性は、単なる行政サービスの肩代わりを果たすことではない。それは地域住民のニーズを反映させながら、新しい価値を加えた斬新なサービスを提供することや、地域社会の構造的改革をリードする点にある。自治体が放棄していた土地・建物を、地域住民の参加により再整備・経営したり、自主事業であげた利益により社会サービスを提供する社会的企業の活動は、公共領域の再編と深く関わっている。しかしその内容は、単なる行政サービスの補完・代替ではない。住民のエンパワーを重視し、既存の公共空間や公共サービスに新しい価値を付加することを目指しており、地域社会から排除され、孤立した人々や放棄された土地・建物を、地域の重要な地域資産、さらには社会資産として再価値化していくことだといえる。

　官民のパートナーシップを主軸にすえ、アセット運営を手段に、組織を安定的に運営し、確たる市民セクターを構築したイギリスにおける社会的企業の活動は、日本の市民活動のさらなる展開にとり、いくつかの重要な政策・戦略を示唆しているといえよう。

注

　1）イギリスのパートナーシップ政策の変容についてはDavis, J. S. (2001)、白

石(2005)、中島(2005)など参照。
2) イギリス都市政策に関しては、Hill. D. M. (2000)、髙寄(1996)、辻(2001)など参照。
3) 都市プログラムとは、地方自治体が実施する社会・地域事業に対して、中央政府がその75％を補助金として提供する制度で、1969年に深刻化するインナーシティ問題への対応策として創設され、1992年まで継続された。
4) 福祉多元主義とは、福祉社会への移行により、サービス供給が公的セクターだけでなく、インフォーマル・セクターやボランタリー・セクターなどを含めた主体へと多元化することを主張した議論で、A. エヴァース (Evers 1995) やV. A. ペストフ (Pestoff 1998=2000) などが代表である。
5) Enterprise Zoneとは、開発の規制緩和や迅速化と投資に対する減税という特例措置を、地区を指定して実施する制度である。都市開発公社は中央政府が設立し、特定地区を対象に都市計画・土地取得・施設整備などを一元的に実施する権限を与えられた第3セクターの計画・事業体である（イギリス都市拠点事業研究会 1997）。
6) シティ・チャレンジは、自治体が民間セクターやボランタリー・セクター、コミュニティとパートナーシップを形成し、環境省（当時）にアイデアをだして競争入札と契約によって資金獲得するもので、使途が限定されていない包括的補助金である点に大きな特徴がある。
7) SRBの目的は、雇用の見直し、教育、技能の向上、社会的排除への対処と弱者の機会拡大、環境・インフラの保全・改善、コミュニティの安全性の向上や、衰退が激しい地域でのコミュニティにおける総合的対策などである。インナーシティに限定されない点など、シティ・チャレンジよりも広範囲に適用されており、また重要な審査基準として、地域の諸主体が企画段階から参加することが明記されている。これにより自治体ではなく、多様な主体によるパートナーシップが競争的に資金獲得する方法が導入された。
8) チャリティとして認められた場合、税制上の特典として所得税や法人税などが非課税となり、さらに多くの助成を受けることができる。さらに資産運用によって有給スタッフを雇用し、収益活動を行うためには、法人格を得ることが必要となる。そこでまちづくりトラストは、株主がおらず全ての収益を社会活動、つまり公益活動に再投資する「有限保証会社（a company limited by guarantee）」の形態をとっていることが多い。
9) コミュニティ・ランド・ユースは1983年、大ロンドン庁からの環境改善事業補助金によって設立された。その目的は、「コミュニティ・グループに技術的支援と資金・資材を提供すること、コミュニティ・コントロールのもと環

境改善を進めること」とされ、参加型の環境改善を前面に打ち出した。メンバーは3名の建築家、2名の造園家(1985年)で、当時のコミュニティ・アーキテクトなどの動きと連動したワーカーズ・コレクティブであった。
10) アセット運営の手法は、まちづくりトラスト協会が出版したHart (1997, 2005)の中で、明確に提示されている。
11) ウエストウェイトラスト・トラストの活動展開については、加藤(2004)、西山(2004)、及び事務局長へのヒアリングデーターを参照。
12) コインストリートの活動展開については、西山八重子(2002)、及び事務局長へのヒアリングデーターを参照。
13) 環境トラストの活動展開については西山(2006)、及び事務局長及び計画主任スタッフへのヒアリングデーターを参照。筆者は1993年からまちづくりトラストへの調査を開始し、これまでイギリスで社会的企業についてのヒアリング調査を継続している。
14) ミレニアム事業とは、国連事務総長(United Nations Secretary-General)の主導により、貧困、飢えや病気の撲滅、衰退地域を再開発するために開始された事業である。約250の領域の専門家を中心に、10つのテーマ別活動に対して、各地域で具体的行動を起こしている。

第IV部

市民活動研究の理論的課題

第10章　市民活動のアドボカシー機能・再考

　被災地では、行政に対して公的保障を求めるだけでなく、多様なニーズに対して責任を引き受け、被災者の「生」のニーズを社会で充足するための市民活動が展開されている。これは大震災で苦しみを被った被災者への責任を引き受けない国や自治体に対し、真の意味で責任（responsibility）を受け止める市民が誕生したことを意味する。

　第10章では、こうした市民活動の展開を「アドボカシー」（advocacy）概念によって捉え、その内実について検討する。市民活動の重要機能の1つとしてあげられるアドボカシーは、専門家による代弁や権利擁護として理解されてきた。既存のアドボカシー概念に加え、サブシステンスという次元に現れる新たなアドボカシーについて論じ、その理論的課題を明らかにする。

1．アドボカシー機能への注目

(1) アドボカシーとは何か

　アドボカシーとは、一般的に自ら権利主張できない人を助ける活動として、代弁、弁護や政策提言、さらに最近では当事者の人権を守るという意味での権利擁護として理解されている[1]。日本で市民活動のアドボカシー機能が論じられることはきわめて少なく、わずかに、国家権力に問題提起するアクション型の市民活動研究の分野で指摘されるに留まっ

ていた (右田 1974＝1986, 牧里・早瀬 1981, 小倉 1967)。

　一方、ボランティア活動が盛んな欧米ではアドボカシーを、「先駆性」(pioneering)「ボランタリズムの促進」(promotion of volunteerism)「サービス供給」(service provider) と並ぶ、ボランタリー組織の4機能[2]のひとつとして明確に位置づけている (Kramer 1981 : 173-255)。つまり、ボランタリー組織の果たす役割としてのアドボカシーとの位置づけである[3]。

　社会福祉の領域で発展してきたアドボカシーは、個人レベルや社会レベルの権利という概念と深く関わってきた。個人を対象にするアドボカシー概念は、立場の弱い個人のために、国家システムが保障すべき最低限の権利擁護を、ソーシャルワーカーや医者・看護婦、ボランティアなどが代弁する活動として捉えられている。他方、社会的なアドボカシー概念は、障害者など弱い立場におかれた個人が市民と同様の生活を享受できるよう、既存の社会構造や体制を変革することをめざす活動である。とりわけ国家に対し保障されていない権利を要求し、法律や制度を変える提言活動が中心となる。

　ここでの大きな争点のひとつは、法律により最低限に保障される権利、つまり国家や行政が保障する実定法上の権利がどのようなニーズを保障するものかという点である。つまり、日常生活でみられる多様なニーズは権利として主張することが可能か、という問題であり、アドボカシー概念を検討するためには、まずニーズと権利との関連を明らかにする必要がある。

(2) 政策提言・代弁としてのアドボカシー機能

　人間の基本的生存の欲求を生存権、社会保障の権利という形で、国家が保障するようになったのは、福祉国家によってである[4]。福祉国家は、すべての人に最低限必要となる基本的人権に関わるニーズを基本的ニーズとし、その充足に対し責任を負うことを明確にした。これらの基本的ニーズは、「共約可能なニーズ」ということができ、J.ロールズが「社会

的基本財」(primary social goods)と呼ぶものである。つまり、「合理的人間」であれば誰でも欲するニーズのうち、国家によって平等に分配される財である。具体的には、自由、機会、所得と富、自尊の基礎に関わるニーズなどであり、国家に対してその実現を権利として要求することが妥当だと考えられている。もちろん国家がどの範囲までその課題を引き受けるかは、それ自体が政治的問題であり社会的合意と深く関わる。

　国家が保障すべきニーズについて、市民の側から新たに要求しようとするとき、政策提言や法案改正などのアドボカシー活動が必要となる。阪神・淡路大震災後の市民活動にも、国家や行政に対する政策提言や権利擁護を中心としたアドボカシー活動がみられた。そこで3つのアドボカシー活動に注目する。

①「被災者生活再建支援法」の制定

　「被災者生活再建支援法」は、被災者の生活再建を公的な責任として認めさせた法律である。国の見解では、被災者の生活再建を個人的問題であり、個人の資産形成を支援することは公的責任ではないと捉えていた。これに対し、小田実氏を中心とする市民グループが、家を失った人や、病気になった人を金銭的に支援する「市民救援基金」を立ち上げ、一般市民から資金2,000万円を集めた。そして、「公的支援運動は、生存権運動だ」という意識のもとに運動を展開した（市民＝議員立法実現推進本部・山村 1999：447）。災害で破壊された被災者の生活基盤の回復は、国の責任で行うべきという考えに基づいており、被災者個人への補償として生活基盤回復支援金を支給し、災害援護資金の貸しつけを可能にする「災害被災者等支援法案」（市民立法案）が提案された[5]。

　こうして1996年頃から、公的援助金を求める法案が市民＝議員立法として提案されるようになった。ここにいたるまでには、自民党議員らが個人補償に難色を示すなど多くの困難があった。しかし被災地の60以上の市民団体がネットワークを発足させ、積極的にアドボカシー活動を行った結果、全国の世論、さらには国会をも動かし法案の実現へ一歩進

めた。
　そして1998年5月、自民党案の「被災者生活再建支援法」が可決された（神戸新聞社編1999：329）。内容は、①最高支給額を100万円にする。額は年収、世帯、年齢で決める、②阪神・淡路大震災にさかのぼっては適用しないが、同様の措置を講じる、③財源は、都道府県の拠出金運用益と国の補助金とする、④生活に必要な物品購入などの経費にあてる、などであった。しかしこの法律は、「市民立法案」が最高500万円を支給するとしていた内容とは全く異なり、補償金額の低さや適用範囲の狭さなどさまざまな問題を抱えていた。その意味で、市民要求がすべて実現されたというわけではなく、むしろ不備と矛盾を抱えるものであった。とはいえ、自然災害の被災者に対する個人補償を認めた点では画期的な法律であり、その後発生した災害に適用されている点は評価すべきである。つまり限定的ではあるが、災害史上で初めて国が個人の公的支援に踏み切った点で、社会に与えたインパクトは大きかった。

②「特定非営利活動促進法」（NPO法）の制定

　「特定非営利活動促進法」（NPO法）は、震災におけるボランティア活動の高まりを背景にして、市民活動団体が法人格を取得し、社会的認知をえるための法制度の基盤整備を目的として制定された[6]。すでに1980年代に、市民活動を支援する法律制定が議論されていたが、法律制定の動きを加速させたのは、阪神・淡路大震災の影響が大きい。1995年には、自民党、社民党、さきがけの与党三党が与党NPOプロジェクトチームを結成し、また旧新進党はNPOパートナーズという委員会を結成し、法案を議員立法で行うための検討を始めた。そして旧新進党が「市民公益活動を行う団体に対する法人格付与等に関する法律案」を国会に提出したことをきっかけに、法人格取得の手続き、税制上の優遇措置など、与野党間で激論が交わされた。しかし堂本暁子（2000）が指摘するように、政治と行政システムが市民団体を排除してきたのと同じ力学がNPO法案制定の過程でも働き、法案制定までさまざまな政治権力のぶつかりあいが

みられた。

　1996年、与党三党は「市民活動促進法案」を国会に提出し、立法を求める市民活動団体も積極的なアドボカシー活動を展開した。その成果もあって1998年3月、「特定非営利活動促進法」が参議院において全会一致で可決された。しかし法案が成立したとはいえ、さまざまな政治的思惑がからんだため、限界をもっていたといわれる。指摘された問題点として、法案の名称から「市民」という言葉が削られたこと、資金面で最も重要な税制優遇措置が設けられなかったことがある。こうした限界にもかかわらずNPO法案が成立したことは、任意団体として活動してきた市民活動団体に法人格取得の道を切りひらき、日本の市民活動に大きなインパクトを与えるものになった。

③「市民がつくる復興計画」の策定

　1997年に策定された「市民がつくる復興計画」は、「市民とNGOの『防災』国際フォーラム」で提案された活動で、NPOやNGOが仮設住民の声を直接拾いあげた被災者の「声のカード」をもとに、「声にならない」被災者の苦悩や困難を分析し、専門家との議論を踏まえながら復興計画を策定しようというものである。産業やインフラの再整備を中心とした従来の復興計画に対して、生活という視点から市民が自らの手で「もうひとつ復興計画」を提案・提言するものであった。その成果『市民がつくる復興計画―私たちにできること』では、文化教育、医療福祉、産業雇用、住宅復興、市民によるまちづくりという5つの領域において、被災地での実践を踏まえながら、市民の立場から具体的な政策・提言が示されている（市民とNGOの「防災」国際フォーラム実行委員会編1998）。例えば、住宅に関しては、借家層が元の地域にもどれるような低家賃住宅の建設や、福祉の視点を取り入れた住宅計画の必要性などが、また産業雇用に関しては、大規模開発ではなく、コミュニティ・ビジネスへの支援やインナーシティ開発などが挙げられている。

　以上、震災後にみられた国家や行政に対する権利擁護や政策提言を中

心としたアドボカシー活動を、3つの事例からみてきた。これらは、ボランティアやNPO／NGOなどの市民活動が、被災者の人間らしく生きる権利保障を国家や行政に対して要求し、市民が自らの意思で活動するための法律整備を求める提案や提言の動きであり、さらには、復興計画の策定を通して被災者の「声にならない声」を代弁するというアドボカシー活動であったことがわかる。

　このように震災後、多くのボランティアは、社会システムに対して影響力を与えるアドボカシー活動を展開した。しかし同時に、彼らは権利概念では捉えられない「他者との関わり」や「存在の承認」といった、人間存在に関わる被災者のニーズを発見し、市民社会で充足する「しくみづくり」へと取りくんでいる。次にこの点を論じよう。

2．サブシステンスに基づくアドボカシー

(1) 権利概念の枠外におかれるニーズ

　人間の基本的ニーズには、前節でみた国家によって保障される実定法上の権利として認められるニーズ以外に、多様なニーズがある（井上1986、齋藤1999）。国家が保障するニーズは法的権利として制度化され、一旦制度化されると、ある一定の規則や形式的平等によって保障の枠が設定される。そして、その枠から切り捨てられる多様なニーズが生じる。このことは、震災後に被災者がおかれた状態からも指摘することができる。心の傷を抱えた多くの被災者の自立を支えるために補償金や制度保障など公的保障が必要であったが、それだけでは被災者の心の問題は解決しなかった。それは、仮設住宅や復興住宅に移り住むことができた被災者が、孤独死に直面したという問題からも明らかである。つまり、人間の「生」のニーズには、実定法上の権利として捉えられないものが含まれている。

　権利概念でとらえられない多様なニーズは、2つのタイプから説明で

きる。第1が、「善き生」(井上達夫)に関するニーズであり、第2が「社会的存在としてのニーズ」(Ignatief)である(齋藤1999:217-221)。

前者の「善き生」のニーズとは、われわれが自らのより「善き生」を生きるために、自分の判断によってある価値を選択し、ライフスタイルを構想するものである(井上1986:203-206)。これは生活に関する人生の意味や目的を示すものであり、人々がそれぞれの考えに基づいて追求する。そのため「善き生」のニーズは、他者に対して「妥当性」は主張できるが、国家に対して対応を求めることはできない。なぜならばこの種のニーズは、個々人の解釈によって異なり、国家が対応した場合、個人の価値観が極度に同一化される危険性が生まれるためである。つまり「善き生」の追求に関わるニーズは、国家が一律的に対応しえない価値を含むものだといえる。

「善き生」のニーズが個人的志向であるのに対して、「社会的存在としてのニーズ」は他者との関係を基盤に成立する。これに関してM.イグナティエフ(Ignatief)は、国家責任を強調する権利では捉えられないニーズ、つまり人間存在に関わるニーズの存在に注目する(Ignatief 1984=1996:38-40)。そして人間が「生」を維持するために必要とする、「友愛、愛情、帰属感、尊厳の念、他者との連帯など」のニーズを「法で定められた権利よりも、もっと尊重されるべきもの」と位置づけている。これは人間の尊厳や生命と深く関わり、具体的な「生」への関心や配慮といった他者の応答を必要とするニーズである。つまり、人間として最も基本的なニーズだと考えることができる。しかしこうしたニーズは、間人格的な関わりを必要とするため、その充足を非人称的な国家に対する権利として要求することはできない。実際にイグナティエフは、国家によってさまざまな権利が保障される状況にあっても、公共的対応が不可能なニーズに対する配慮を失うことのないよう注意を喚起し、むしろこれを人々の間で対応すべきであると指摘している。

震災後のボランティア活動は、国家や行政が対応すべきニーズを主張

する一方、そこからこぼれ落ちたり、注目されていない「生」のニーズを発見し、自分たちで解決するための「しくみづくり」に取りくんでいる。これはイグナティエフのいう「社会的存在としてのニーズ」への配慮であり、実質的な関係性のなかで、人間としての権利を支える活動だといえよう[7]。

こうした市民活動の実践を考えた場合、被災者の公的保障を求める政策提言型のアドボカシーと同時に、サブシステンスという領域に立ち現われるアドボカシーの意味内容について再検討する必要があるだろう。

(2)関係概念としてのアドボカシー

緊急支援ボランティアが撤退した後、仮設住宅や復興住宅で活動をつづけるボランティア達は、市場サービスと行政サービスのすきまに取り残されていく被災者の「声にならない声」にめくばりし、まなざしを向ける努力をしてきた。ボランティアは被災者の苦しみを、「ほっとかれへん」(放っておけない)と思い、多くの困難を乗り越え、人間としての責任を引き受けながら、被災者を支えている。前述したようにボランティアの役割のひとつは、潜在化する被災者のニーズを発見し、それに対して公的支援を求めることであった。

しかし震災後の市民活動は、国家や行政に被災者の権利要求や制度確立を求めるアドボカシーにとどまるものではなかった。そこから生みだされたのは、行政政策からこぼれ落ちていくニーズを市民自らが受けとめ、それを解決するためのさまざまな「しくみづくり」の過程である。それは、被災者が抱える諸問題を市民の共通テーマとして取りあげ、他者との支えあいという関係性のなかで解決するための「しくみづくり」だといえる。

　　　自分たちのやってる活動は、最初からアドボカシーを意識してきた。といっても、行政だけを相手にするわけではない。行政の

みがこうするべきだとか、ただ文句をいうだけでなく、市民の側も努力して、自分たちの問題をどう解決するのか、情報を発信したり、意識を高めていかなくてはならない（市民活動センター神戸代表J氏ヒアリング）。

ここにみられる発想は、行政のやり方を批判し、そこに市民参加を求めるという従来の抵抗・要求型の運動スタイルではない[8]。むしろ行政と一定の関係を保ちながらも、市民が自分たちで共通に取りあげるべきテーマを選択・決定し、「しくみづくり」において他者への責任を引き受けていく実践の過程を伴っている。

　　　（これまでの運動論は）行政責任論で終わってしまったんですよ。自分らが担い手になるという感覚がもてなかったから。公務員がするんだと、それで、公務員には、サービス内容のことでけんかを売ってきた。サービスをふくらませばいいっていう発想が、今、ひっくり返っているんですよ（被災地障害者センター事務局長O氏ヒアリング）。

市民活動が取りくむ「しくみづくり」とは、多様な価値観を維持しながら、社会から孤立する人々の存在にめくばりし、その固有性を支えていくような場の創出を意味する。つまり、地域社会に潜在化している多様なニーズに目を向け、「生」のかけがえのなさを支えつづける場が「しくみづくり」の内容である。それは生活再建から取り残されたり、支えを失った人々の暮らしや生活を支援するためのコミュニティづくりやまちづくり、働く場づくりやコミュニティ事業など、市民活動の実践に現われているといえる（震災復興市民検証研究会編2001）。

　　　行政の限界だとか、行政がしてくれないっていうのではなくっ

て、自分たちで自分たちのことはやっていく、あたりまえのことに、震災で気づいたんですよ（CS神戸元スタッフE氏ヒアリング）。

「しくみづくり」を通して、「生」の維持が困難になった人々が自尊心を回復する可能性が切りひらかれる。それだけでなく、彼らを支えるボランティア達も自らの役割を変化させながら、これまでの価値観やライフスタイルを見なおすようになる。そこには支援者と被支援者という固定的な枠組みを超えた、相互的な変容をもたらす「支えあい」の関係が形成されていた。

こうしたボランティアの「しくみづくり」を通して、問題を抱えた当事者が生活主体として立ちあがる、そのエンパワーの過程に市民活動の新たなアドボカシー機能を見いだすことができると思われる。ここでいう「アドボカシー」の特徴は、ボランティアという支援者が主体となるのではなく、被支援者を主体としたエンパワーメントが中核にすえられている点にある。これは従来のアドボカシーが支援者の側の実践に関わるものであったことを批判し、それを関係概念として捉えなおすことを意味する。

これまでのアドボカシー概念は、ニーズを表現できない人に代わって政策提言や代弁したり、権利擁護するという、支援する側の専門的実践として理解されてきた。専門家やボランティアなどの支援者が主体となり、客体である被支援者の権利を擁護する行為が、アドボカシーと規定されたのである。しかし支援者による代弁や政策提言に限定すると、その行為が当事者に与える影響や自立の過程とはあまり関わりなく、アドボカシーが成立することになる。しかしアドボカシーとは、あくまで支援者と当事者との具体的な相互関係のもとに成立する行為であり、その関係によって当事者の潜在能力がエンパワーされることで、具体的な意味を持つ。

アドボカシーを支援者による権利擁護や代弁に限定させることの問題

性については、社会福祉の領域でも秋山智久(1999:25)が指摘している。秋山は、ソーシャルワーカーのアドボカシー機能に注目し、「生活」という概念により、アドボカシーが単なる権利擁護とは異なることを指摘する。アドボカシーとは、国家や法によって保障される権利の擁護を中核にすえながらも、権利につながらないような、当事者の自己決定を支え、社会生活上の基本的ニーズ充足や生活擁護、生活支援をも含む広い概念だという。また米本秀仁(1999:99)も、アドボカシーを「代弁」とのみ理解する限界を指摘している。

　アドボカシーを関係概念として再定義した場合、当事者視点を組みいれ、あくまで支援を受けて自己決定を行う当事者を主体として位置づけていく必要があるだろう。サブシステンスの領域に現われる市民活動団体のアドボカシーとは、問題をかかえ当事者とボランティアがお互いの固有性に配慮し、「支えあい」という関係形成の過程で、新たな生活主体として立ちあがるエンパワーメントの過程にある。他者と新たな関係を取りむすぶことで、ボランティアは、これまで社会に潜在化していたニーズを浮かびあがらせ、それを充足する重要性を社会に問題提起している。その意味で、ボランティアが行う「しくみづくり」の実践過程、それ自体が、それまでの制度やしくみに異議を申し立て、サブシステンスの価値を市民社会に提起するアドボカシーとして現われている。

　以上、市民活動団体は、制度やシステムの変革に加え、社会から孤立する人々の「生」にまなざしを向け、支えあう大切さを社会に問いかけている。それだけでなく、既存のシステムがいかに硬直的で、多様なニーズに対応できていないかを示唆している。重要なのは、われわれがこうした市民活動の新たなアドボカシーに目を向け、それが社会システムに対する問題提起であることに気づくことである。このような問いかけに柔軟に応答していくことのなかに、社会システムを成熟させ、新たな市民社会を形成する理論的・実践的な可能性があると思われる。

注

1) アドボカシー概念の分類と内容に関してはN. ベイトマン(Bateman 1995=1998)、B. サング＆J. オブライエン(Sang & O'brien 1984)などを参照。例えば都市計画では、一般的に法律以外の専門家(建築家・都市計画家・財政分析士など)が、都市計画から排除された人々を弁護するために、幅広い支援活動を行うことを「アドボカシー・プラニング」(弁護活動)と呼んでいる(Blecher 1971=1977)。

2) アドボカシー機能をボランティアの役割の1つとみなす視点は、R. ロレンス(Lawrence 1982)、E. ウィリス(Willis 1987)、R. ヘドリー＆J. D. スミス(Hedley & Smith ads. 1992=1993)などで示されている。

3) 高峰豊(1993:23-25)は、福祉領域におけるアドボカシー機能に注目し、専門家が立場の弱い個人のために代弁する「個別アドボカシー」と、社会システムそのものの変革をめざすために政策提言や権利要求する「システム・アドボカシー」を分類している。

4)「現代における社会福祉の特徴の最大の点は、かつての社会事業と異なり、その『権利性』にある」(一番ヶ瀬・高島編 1981:5)という指摘からも、福祉国家が成立するのに伴い、社会保障が権利として規定されるようになった。

5) 市民＝議員立法実現推進本部・山村雅浩(1999)、高寄(1999:34-73)、神戸新聞社編(1999: 319-329)を参照。

6) 熊代昭彦編(1998)、明治学院大学法学部立法研究会(1996)、雨宮孝子(2002)を参照。

7) この点に関して、実質的な権利は、他者との関係のなかで初めて成立するという議論がある。例えば大川正彦(2000:172-194)は、M. ミノウの議論を引用しながら、伝統的権利観が自己所有権と結びつけられてきたことの問題を指摘する。人間の「生」の位相を捉える「ニーズ言語」によって浮かびあがる「関係への権利」を強調するなど、権利概念の見直しを求めている。また入江幸男(1997:23)は、人間の尊厳が他者とのコミュニケーションによって初めて成立するという前提に立ち、相互的なボランティア活動において、お互いを承認しあうという行為に生みだされる人権を「コミュニケーションの権利」と呼んでいる。

8) ただし障害者生活圏拡大運動や自立生活運動の領域においては、作業所づくりやまちづくり運動など、市民が自発的に制度を利用しながら、自らし

くみづくりに取りくむ動きがみられる。

終章　ボランティアが切りひらく新たな市民社会

1．転換期を迎えた近代市民社会

　阪神・淡路大震災の復興過程にみるボランティアや市民活動の展開は、現代社会における人間存在のあり方、他者との関わり、社会のあり方について、さまざまな問題を提起した。本書の問題意識は、他者の「生」を支えるボランタリズムの行為が、どのような条件のもとに可能になり、どのような社会的意義をもつのかを考え、そこから切りひらかれる社会について論じる点にあった。つまり、ボランタリズムという行為そのものを分析するに留まらず、近代市民社会の人間存在そのものを問い直しながら、「生」の次元から新たな市民社会の可能性を考察することをめざした。

　こうした課題に取りくむには、既存研究のように、現場のボランティア活動を経験的に記述する、あるいは、欧米のサード・セクター理論に基づき、非営利組織論や経営戦略を分析するだけでは限界があった。ボランティアや市民活動が現場で実践している諸活動のなかから取りくむべきテーマや、活動の論理を発見し、深めていくような学問体系を作っていく必要があった。

　そこで、「サブシステンス」(subsistence)という視座に注目した。これまでサブシステンスとは、賃労働と対置する余暇活動や、女性の家事労

働を捉える概念として理解されてきた。しかし被災地の現場から浮かびあがったサブシステンスとは、他者との関わり、なかでも人間が生存維持のために最小限に必要となる他者との「支えあい」という根源的関わりを意味するものであった。そして復興過程で展開されたボランティア活動を、サブシステンスという視座から捉え、市民社会への条件を考えていくために、以下の3つの研究課題を明らかにした。

　第1の課題は、既存のボランティア論の限界を乗りこえ、ボランティアが被災者の「生」を継続的に支える過程から、他者との関係のなかに成立するボランタリズムの新たな局面を把握すること、第2は、阪神・淡路大震災後に展開されたボランティア活動の問題状況と社会的意義を、サブシステンスという視座から把握すること、第3は、日本におけるボランタリズムの歴史的変遷を把握しながら、ボランティアが作りだす新たな市民社会の可能性を模索することである。

　本書で取りあげたように、現代社会で「生」を支えるボランタリズムの行為が重要なテーマとなっている背景には、近代市民社会の転機がある。近代市民社会の担い手として想定されていたのは、自らの意思で積極的に行動し、他者とコミュニケーションを図る「自立した個人像」であった。この個人像を前提に、効率的な生産労働を担い、社会的に発言していく人々を中心に、近代科学の体系や価値観が形成されてきたといえる。

　ドイツの哲学者、J. ハーバーマスによると、「市民社会」(zivilgesellschaft)は、国家官僚機構と市場経済の両方から独立した領域として形成されてきた (Habermas 1990=1994)。その担い手とは「自由な意思に基づく非国家的・非経済的な結合」をする個人だという。システムから自立した諸個人が、自由意志に基づくアソシエーションを媒介として、国家からも市場からも独立した市民社会に、合意形成のための討議 (ディスクルス) 空間を形成するというのである。

　しかし、ハーバーマスの市民社会論で想定されている個人像とは、積極的な討議を通じて意思疎通をはかり、合意形成する同質的な市民であ

る。そこには、自らのニーズを表現できない者、他者とコミュニケーションができない人々は想定されていない。つまり障害者、高齢者、貧困層、エスニック・マイノリティなどは近代市民社会のメンバーから排除されてきた。これらの人々の存在は、同質性を強調する理念的市民社会論のもとでは「見えない存在」とみなされてきたわけである (Fraser 1999、今田 2001, 齋藤 2002)。

　市民社会の主体を自律した個人とする考えは、日本の近代国家が企業の経済発展を最優先し、生産活動に貢献できない弱者の問題を、家族や共同体に押しこめてきたこととも深く関わっている。歴史的にみて政府は、貧困を社会政策として取りあげることに積極的ではなかった。放置される弱者の問題に対応したのは、民間ボランタリー団体やさまざまな社会運動であった。政府は、経済発展の周辺におかれた障害者や高齢者問題の解決を、個人の自助努力、家族やボランティアなどの助けあいに求めてきた。つまり、生産活動に有用でない人々の問題を私的領域に封じ込め、経済発展に貢献する自立的個人を中心に近代市民社会を形成してきたのである。

　しかし今、近代市民社会が大きな転換期を迎えている。独り暮らし、要介護の高齢者、障害者など、他者の支援なしに生きていけない弱者が増え、こうした人々が社会の大きな位置を占める時代になろうとしている。この時、近代市民社会が想定した自立する個人ではなく、これまで想定しなかった多様な人々を主人公とする、新しい社会の原理を探ることが重要となる。

　1995年に発生した阪神・淡路大震災は、弱者が急増する超高齢社会に発生する深刻な諸問題の内実と、ボランティア活動や市民活動が果たす社会的役割について、多くの示唆を与えてくれた。それは他者の支援がなければ生きていけない人々への配慮や、お互いの違いを認めあい、共に支えあうことの重要性であり、そうしたボランティア活動のなかに、新たな市民社会の可能性を見いだすことができると思われる。

第Ⅳ部　市民活動研究の理論的課題　239

　そこで以下、本書から導きだされたボランティア活動の意義と新たな市民社会の条件について、図11-1を参照にしながら、簡単にまとめたい。

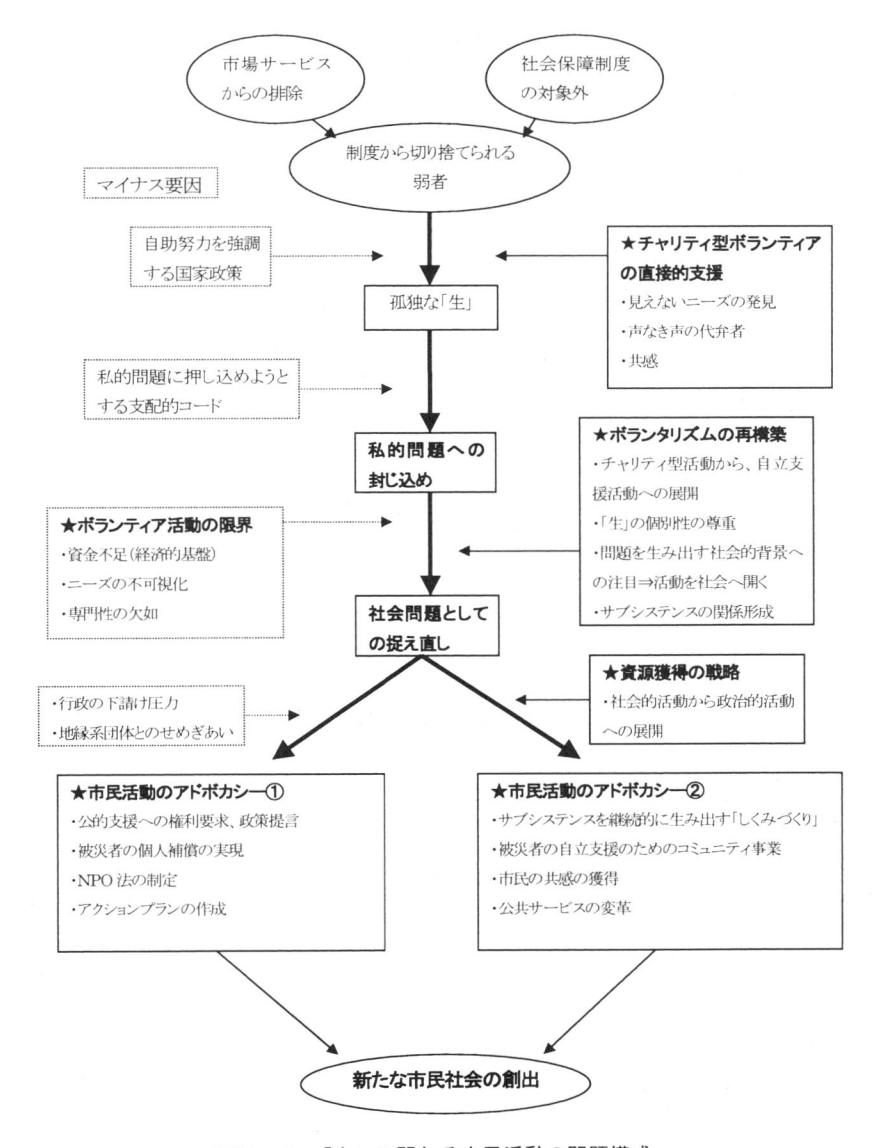

```
                    ┌──────────┐   ┌──────────┐
                    │市場サービス│   │社会保障制度│
                    │からの排除  │   │の対象外    │
                    └─────┬────┘   └────┬─────┘
                          ╲              ╱
                        ╭─────────────────╮
                        │ 制度から切り捨て │
                        │ られる弱者       │
    ┌──────────┐      ╰────────┬────────╯
    │マイナス要因│              │
    └──────────┘              ▼
┌──────────┐           ┌──────────┐      ┌────────────────────┐
│自助努力を強調│          │ 孤独な「生」│◀───│★チャリティ型ボラン │
│する国家政策  │─────────▶│            │     │ティアの直接的支援  │
└──────────┘           └─────┬────┘      │・見えないニーズの発見│
                                │           │・声なき声の代弁者  │
┌──────────────┐           │           │・共感              │
│私的問題に押し込めよう│       ▼           └────────────────────┘
│とする支配的コード  │─────▶┌──────────┐
└──────────────┘        │私的問題への│      ┌────────────────────┐
                         │封じ込め    │◀───│★ボランタリズムの  │
                         └─────┬────┘      │再構築              │
┌──────────────┐           │           │・チャリティ型活動から、│
│★ボランティア活動の限界│    │           │自立支援活動への展開│
│・資金不足(経済的基盤)│       ▼           │・「生」の個別性の尊重│
│・ニーズの不可視化   │──▶┌──────────┐  │・問題を生み出す社会の│
│・専門性の欠如      │    │社会問題として│  │背景への注目⇒活動を │
└──────────────┘    │の捉え直し   │◀│社会へ開く          │
                         └────┬─┬───┘    │・サブシステンスの   │
                              │ │        │関係形成            │
                              │ │        └────────────────────┘
                              │ │
┌──────────────┐       │ │        ┌────────────────────┐
│・行政の下請け圧力    │      │ │        │★資源獲得の戦略    │
│・地縁系団体とのせめぎあい│───┤ ├───▶│・社会的活動から政治 │
└──────────────┘       │ │        │的活動への展開      │
                              ▼ ▼        └────────────────────┘
       ┌───────────────────┐  ┌───────────────────┐
       │★市民活動のアドボカシー①│  │★市民活動のアドボカシー②│
       │・公的支援への権利要求、  │  │・サブシステンスを継続的に│
       │政策提言                │  │生み出す「しくみづくり」│
       │・被災者の個人補償の実現 │  │・被災者の自立支援のため│
       │・NPO法の制定           │  │のコミュニティ事業    │
       │・アクションプランの作成 │  │・市民の共感の獲得    │
       └───────────┬───────┘  │・公共サービスの変革  │
                   │              └────────┬──────────┘
                   │                       │
                   ▼                       ▼
                  ╭───────────────────────╮
                  │   新たな市民社会の創出   │
                  ╰───────────────────────╯
```

図11-1　「生」に関わる市民活動の問題構成

2．ボランティア活動の論理

　これまで日本のボランティア活動は、無償性や自発性など、倫理道徳あるいは宗教的価値から論じられ、また、国家や市場との対比で理解される傾向が非常に強かった。こうしたことがボランティアに過剰な期待をかけ、活動の継続を困難にさせてきたことも事実である。これに対し本書では、阪神・淡路大震災の事例から、ボランタリズムの行為が動機づけだけで規定されるものではなく、あくまでボランティアと当事者との関係形成の過程に成立するということを示した。関係性に注目し、人間の根源的関わりを捉えるサブシステンスという視座を導入することで、継続的な自立支援活動を可能にする本格的なボランティア論、市民活動論を展開することをめざした。

　とりわけ人間存在の基盤となる生命圏と生活圏、つまり「生」を支えるボランタリズムの行為に注目した。ボランタリズムとは、他者との偶然的な「出会い」を通して、お互いのかけがえのなさを尊重、配慮するという行為である。そこではボランティアが自分の行為を振りかえり、地位や役割で規定される自己を開放することで、「人間として関わる」という行為が生みだされていた。それは相手のまなざしによって自分が変化することで、「何」（what）で規定される役割ではなく、「誰」（who）として他者の前に現われるという行為であった。ボランティアが自己を振りかえり、一人の人間として相手と接しなければ、相手の固有性に目を向けることはできないし、相手と対等な立場に立つことはできない。その意味で「人間として関わる」とは、ボランティアも同じ生活者として、相手の生活や生き方を尊重し、同じ目線で対等に接することであった。

　ただしボランティアは相手の要求をすべて引き受けるのではなく、支援範囲を限定する必要がある。ボランティアが相手の能力を判断し、関わる範囲を限定しない限り、逆に相手の固有性を失わせ、自己満足の行

為になってしまう。この点が、これまでの主体性を強調するボランティア論とは大きく異なる。ボランタリズムというのは、主体の単独行為によって成立するのではなく、またすべての人に受け入れられるものでもない。それは苦しみを抱えた他者と偶然に「出会い」、ボランティアが自己変容することで相手の固有性を理解し、その「生」のかけがえのなさを尊重する行為に成立するものだといえる。

こうしたボランタリズムの行為は「見棄てられた境遇」におかれ、「生」の維持が困難になった被災者にとって極めて重要な意味をもっていた。それはボランタリズムにより、具体的な他者の応答を通して、被災者が自らの存在意味を再認識するような関係が形成されるからである。これが苦しみを抱える人々の「生の自存力」を回復させ、存在が受容されているという安心感を生みだす、いわゆるサブシステンスの関係性であった。

しかし生活再建がテーマになると、長期にわたるボランティアの支援が被災者の自立を妨げ、また自尊心を傷つけるなど、多くの問題が発生した。そこで大きな課題となったのが、被災者の自立支援、組織の自立をめざすためにボランティア活動を組織化し、非営利事業などを取りいれ、社会における「しくみづくり」へと展開することであった。

ボランティアの行う非営利事業は、他者との関係を継続的に生みだす「しくみづくり」であり、無償で理解されてきたボランティアのイメージを大きく転換させるものである。それは商品やサービスの交換によって異質な他者との対話的行為を生みだし、「存在の現われ」を可能にする「支えあい」の関係を生みだしていた。

そして、この「支えあい」という関係こそが、人間の生存維持にとって必要不可欠なサブシステンスという関わりだと考えた。それは、第1に、具体的な他者の応答によって、自己存在が承認されるという「働き」に基づき、第2に、それぞれの「弱さ」や違いをさらけだすという点で結びつく「支えあい」の関係を形成しており、第3に、自己の存在意味を見いだし、自己を新たな主体として立て直す、存在の「現われ」という過程を促

す関係である。その意味で、非営利事業の「働き」は、ボランタリズムの基本原理と深く関わりをもっている。

　高齢社会においてサブシステンスの関係が重要となるのは、これが人間の「自立」の新たな意味内容を切りひらくからである。それはひとりで何でもできるという近代市民社会の自立観とは異なる。サブシステンスに現われる「自立」とは、自分が他者を支え、支えられていることに気づくこと、つまり、他者との関係のなかで、お互いの存在を認めあうようになることを意味する。

　さらにボランティアが市民活動団体へと展開し、活動を継続するためには、行政と協働しながら地域社会に埋め込まれたさまざまな資源（seeds）を発見し、最大限に活用しながら、人材の登用、資金の調達、活動場所の獲得方法を模索する必要がでてきた。特に市民活動を困難にしている問題は、活動資金の獲得であった。そこで行政との協働関係を模索し、資源を獲得しながら自らのミッション（使命感）を遂行する市民活動団体の動きに注目し、これを「資源獲得の戦略」（strategy for seeds）と捉えた。

　市民活動団体の戦略は、行政と「渡りあい」ながら、自分たちで事業内容を提案し受託するというものである。形式的にはNPO法人として制度の枠内に入り、社会機能の一部を担いながらも、ミッションを実現するために行政から活動資金を獲得する。これは「官」が独占してきた公共サービスのあり方を問い直し、それを社会の内側から変革していく政治的動きといえよう。ただしボランティアから始まった運動体が、事業化し、NPO法人化することで、さまざまなジレンマや葛藤に直面していることも事実である。

　とりわけ神戸市には、都市経営に基づく「神戸型コーポラティズム」がみられ、多くの公共サービスは地縁系団体や行政の外郭団体により担われてきた。こうしたなかで、市民活動団体が新たに委託事業に参入すると、次第に行政からの下請け圧力に巻きこまれたり、また地縁系団体と

の競争がみられるようになった。その一方で、こうした軋轢や競争関係の活力が、少しずつ地域社会の秩序に再編をもたらしている。

　市民活動団体が、事業体として制度の枠内に入りながら、社会の内側から社会変革をめざす動きは、従来の社会運動論からすると批判の対象であり、その可能性を肯定する議論はほとんどなかった。しかし現場では、体制の内側に入り公共サービスを担うことで、既存のシステムを変化させるという戦略がきわめて重要な意味をもつ。それはイギリスの社会的企業のケースでも同様であった。

　ボランティア活動の論理とは、他者の苦しみへの感受性から、一人ひとりの存在に配慮し、「生」の固有性を支えあうというボランタリズムの行為を出発としながらも、そこで生みだされる「支えあい」という関係性を、社会における持続的な「しくみづくり」として根づかせていく過程に見いだすことができる。そうしたボランティア・市民活動団体による「しくみづくり」の実践のなかに、新たな市民社会の可能性は切りひらかれていく。

3．ボランタリズムとサブシステンス

　本書は、単なるボランティア活動の実証研究にとどまるものではない。超高齢社会で直面する深刻な「生」の問題に対して、ボランティアや市民活動が果たす役割と社会的意義、そこから切りひらかれる市民社会の可能性を実証的―理論的に論じた。本書の意義は、阪神・淡路大震災の調査を通じて、「生」を支える市民活動の実践を、ボランタリズムと関連づけながら、人間存在の根源性に関わるサブシステンスという視座によって掘りさげた点にある。サブシステンスという視点をボランティア論に本格的に導入したことで、人間存在の基盤となる「生」の問題や支援の論理、ボランタリズムの内実に深く切りこむことができたと考える。

　サブシステンスへの注目は、震災5年検証時に、ボランティア、NPO、

NGOが提示したアクションプラン、『市民社会をつくる』の次の言葉に現われている。

　　　私たちが知らず知らずのうちにだれかに依存したり、行政任せにしていたくらしのきばんは、肝心なときには有効に働かなかったり、虚構だったりした。その苦い記憶を基盤に、うらみがましく対抗案を作るのではなく、<u>命がけで発見したことの本質</u>を掘り下げて『自分のことは自分で責任を持つ』方向へ転換しなければなるまい（下線は筆者、震災復興市民検証研究会 2001：249）

　サブシステンスとは、震災によって多くの被災者が「命がけで発見したこと」の本質だと思われる。それは一人ひとりの「いのち」は、何よりも尊重されなくてはならないこと、その「いのち」は、異なる他者の存在を認め、存在の唯一性にこだわる「支えあい」という関係のなかで維持されるということである。個人が異なる他者との「出会い」を通して、対等な立場で存在の唯一性を支える、そうしたボランタリズムの行為、これこそが、新たな市民社会を形成する重要要素だといえる。
　そうした社会においては、多様な人々がお互いの存在を認めあいながら、「生」をエンパワーするような「支えあい」の関係が生みだされる。それが人間の生存維持にとって必要不可欠なサブシステンスの関係である。それだけでなく、サブシステンスを中核にすえた社会では、近代市民社会を構成してきた秩序や価値が問い直され、市民が自分たちで物事を考え、価値やものの見方を選択するようになる。
　新たな市民社会の構築にとって不可欠なサブシステンスの創出は、単に権力システムの変革だけで可能になるものではない。「生」の固有性を支えるボランタリズムという行為によって、市民自ら公共性の担い手となるための「しくみづくり」を展開すること、そしてサブシステンスをひとつの思想として人々が共有し、社会に根づかせていくことにより、初

めて現実的なものになるであろう。花崎皋平は次のように述べる。

> 社会体制を一挙に、暴力的に打ち壊していく革命権力のもとで、自分たちがプログラムしたあるべき社会を土台から建設するという思想と運動論が、非現実的でもあれば反ピープル的であることもあきらかとなった。政治・経済・社会の改革の基礎に、社会的な人と人との関係におけるアイデンティティと共生の文化や倫理をどう築いていくかという観点が、思想としても運動論としても問われている（花崎 2001：380）

　本書は、人間と人間のサブシステンスという関わりが、新たな市民社会を形成する必要不可欠な要素であり、それをひとつの文化的価値として、また思想として日本社会に根づかせるための試みである。そして実際に、サブシステンスに基づく市民社会の形成が、社会構造やシステムの変化だけでなく、それとは異なるボランタリスティックな次元で、着実に広がりつつあることを示したといえる。

4．市民活動の隘路と今後の課題

　最後に、今後、日本において市民活動を発展させるために、乗りこえなくてはならない問題、そして市民活動研究の課題とは何かについて、簡単にまとめたい。
　第1の研究課題は、市民活動を支える社会システムや制度の分析を行い、財政や社会的基盤を強化させる条件を見いだすことである。つまり、サブシステンスを生みだす市民活動の「しくみづくり」を、社会におけるひとつの機能として定着化させるための、さまざまな制度的支援の可能性を探ることである。そのために第2の課題として、市民活動の国際比較により、日本の状況を相対化し、その特質を浮かびあがらせることが

必要と思われる。

　そこで本書では、制度変革という「運動」と活動の継続性という「事業」を両立させるイギリスの社会的企業を取り上げ、それを支える制度基盤や社会的しくみを考察した。活動初期は委託事業に依存していたボランタリー組織が、事業内費用移転やアセット運営などを取り入れながら、財政的に自立を実現する社会的企業への展開過程から学ぶことは多いと思われる。とりわけパートナーシップ政策やコンパクトの制定など、市民活動の自立的活動を支える社会的な基盤整備が重要であった。つまり欧州などで市民活動が大きな力を持つのは、ボランタリズムの歴史的蓄積があるだけでなく、活動を財政的に支える税制や寄付制度、サポートシステムが確立されていること、市民活動に対する市民の社会的認知が高いことがある。日本でも自主財源を確保して基金を設立したり、市民バンクなどの新しい動きが生み出されている点は、今後注目していきたい。

　第3の課題は、「生」に関わる市民活動の質的調査―量的調査をさらに進めることである。市民活動が、サブシステンスの根源的関係性、さらには価値規範を、どのようにして地域社会で生みだし、問題提起するのかという問題は、容易に答えられる問題ではない。それだけにさまざまな領域やテーマにおいて、サブシステンスが生みだされる「しくみづくり」の構図を明らかにすることが必要となる。今後の課題として、ボランティアが当事者の「生」を支える「しくみづくり」の過程を質的―量的に明らかにしていく点がある。

　歴史的にみても、日本のように中央集権体制の強い社会では、市民のボランタリーな活動が根づくことは難しい。その意味で、国家や市場の機能が縮小しつつある現在は、市民活動が社会に根づく好機である。しかしそれは同時に、国家が役割を放棄し、その代わりとして市民活動を国家機能の補完、下請けとして取りこむ危険の高まることでもある。市民活動が、社会的活動から政治的活動へ転換する力量をつけない限り、日本的な動員型のボランティア活動や市民活動になりさがるという、過

去の歴史の繰り返しになるであろう。

　日本社会において、経済発展を優先させる価値観だけではなく、他者と異質性を認めあい「生」を支えあうような価値、つまりサブシステンスの思想を市民が共有していくことが、真の成熟した市民社会の形成につながるといえよう。

参考文献一覧

阿部志郎，1980，「キリスト教徒社会福祉思想——ボランタリズムを中心に」嶋田啓一郎編『社会福祉の思想と理論』ミネルヴァ書房，83-119．
安立清史，2002，「NPOが開く公共性——福祉NPOの展開と課題」佐々木毅・金泰昌編『公共哲学7 中間集団が開く公共性』東京大学出版会，293-307．
足立眞理子，1996，「市場とサブシステンス・エコノミー」井上俊他編『岩波講座現代社会17 贈与と市場の社会学』岩波書店，131-154．
秋山憲治，1998，「"新しい労働"の位置——職業労働と非職業労働の再考のために」『社会学評論』49(2)：238-254．
秋山智久，1999，「権利擁護とソーシャルワーカーの果たす役割——アドボカシーを中心に」『社会福祉研究』75：23-33．
雨宮孝子，2002，「NPOと法」山本啓・雨宮孝子・新川達郎編『NPOと法・行政』ミネルヴァ書房，28-55．
Anheier, H. K. & W. Seibel eds., 1990, *The Third Sector: Comparative Studies of Nonprofit Organizations*, Berlin & New York: Walter de Gruyter.
Arendt, H., 1958, *The Human Condition*, Chicago: University of Chicago Press.（＝1994，志水速雄訳『人間の条件』筑摩書房．）
――――，1968, *The Origins of totalitarianism 3*, New York: Brace & World Inc.（＝1974，大久保和郎・大島かおり訳『全体主義の起源3』みすず書房．）
渥美公秀，1997，「広域ボランティア組織の長期的展開——西宮ボランティアネットワークから日本災害救援ボランティアネットワークへ」神戸大学震災研究会編『阪神大震災研究2 苦闘の避難生活』神戸新聞総合出版センター，287-300．
――――，1998，「災害救援システムとボランティア活動の将来展望」神戸都市問題研究所編『都市政策——特集（阪神大震災からの復興と市民活動・ボランティア）』勁草書房，92：17-27．
――――，2001，『ボランティアの知——実践としてのボランティア研究』大阪大学出版会．
――――・加藤謙介・鈴木勇・渡邊としえ，1999，「災害ボランティア組織の活動の展開——日本災害救援ボランティアネットワークの5年」神戸大学震災研究会編『阪

神大震災研究4 大震災5年目の歳月』神戸新聞総合出版センター, 357-373.
Bateman, N., 1995, *Advocacy Skills*, Aldershot: Arena. (=1998, 西尾祐吾監訳『アドボカシーの理論と実際』八千代出版.)
Bellah, R. N. et al., 1985, *Habits of the Heart: Individualism and Commitment In American Life*, Berkeley: Univ. of California Press. (=1991, 島薗進・中村圭志訳『心の習慣――アメリカ個人主義のゆくえ』みすず書房.)
Bennholdt-Thomsen, V. Hg., 1994, *Juchitan: Stadt der Frauen*, Rowohlt Taschenbuch Verlag GmbH. (=1996, 加藤耀子・五十嵐蕗子・入谷幸江・浅岡泰子訳『女の町フチタン』藤原書店.)
────, N. G. Faraclas & C. V. Werlhof eds., 2001, *There Is an Alternative*, London: Zed Book.
──── & M. Mies, 1999, *The Subsistence Perspective*, London: Zed Book.
Blecher, E. M., 1971, *Advocacy Planning for Urban Development: With Analysis of Six Demonstration Programs*, New York: Praeger. (=1977, 横浜市企画調整局『アドボカシープランニング』横浜市企画調整局都市科学研究室.)
『ボランティア白書』編集委員会編, 1997, 『ボランティア白書 '96-'97』(JAVY) 社団法人日本青年奉仕協会.
Borzaga, C. & J. Defourny eds., 2001, *The Emergence of Social Enterprise*, New York: Routledge. (=2004, 内山哲朗・石塚秀雄・柳沢敏勝訳『社会的企業』日本経済評論社.)
中央共同募金会, 1997, 『みんな一緒に生きていく――共同募金運動50年史』第一法規出版.
CS神戸(コミュニティ・サポートセンター神戸), 2000, 『コミュニティ事業とネットワーク型協働事業――コミュニティ・サポート3年間の記録』CS神戸.
────, 2003, 『コミュニティ・エンパワーメント――自立と共生を求めて』CS神戸.
────, 1998〜2003, 会報『市民フロンティア』1-29.
Davis, J. S., 2001, *Partnership and Regimes*, Ashgate.
出口正之, 1997, 「震災以後のボランティア状況」JYVA『ボランティア白書96'-97'』65-73.
Department of Trade and Industry (DTI), 2002, *Social Enterprise: a strategy for success*, DTI.
堂本暁子, 2000, 「NPO法案の立法過程」鳥越皓之編『環境ボランティア・NPOの社会学』新曜社, 164-174.
江上渉, 1994, 「コミュニティからみた在宅福祉サービス」針生誠吉・小林良二編『都市研究叢書10 高齢社会と在宅福祉』日本評論社, 173-194.
遠藤興一, 1979, 「社会福祉と文化風土――伝統社会における相互扶助」社会福祉研

究所『ボランタリズムの思想と実践』社会福祉研究所, 133-168.
イギリス都市拠点事業研究会, 1997, 『イギリスの都市再生戦略:都市開発公社とエンタープライズ・ゾーン』風土社。
榎本まな, 2001, 「『急がば回れ』の地域づくり」『建築と社会——IT社会におけるきずな』日本建築協会, 4:34-35.
Evers, A., 1995, "Part of Welfare Mix: The Third Sector as an Intermediate Area", *Voluntas*, 6(2):159-182.
Fraser, N., ナンシー・フレーザー1999「公共圏の再考:既存の民主主義批判のために」クレイグ・キャルホーン編 山本啓・新田滋訳『ハーバマスと公共圏』未来社, 117-159.
藤村正之, 1999, 『福祉国家の再編成——「分権化」と「民営化」をめぐる日本的動態』東京大学出版会.
藤原房子, 1986, 「セミフォーマルな働き方」金森トシエ他編『新しい仕事づくりの可能性』神奈川県立婦人総合センター.
藤田弘夫, 2003, 『都市と文明の比較社会学』東京大学出版会.
福田垂穂, 1989, 「アメリカの福祉サービス」仲村優一編『福祉サービスの理論と体系』誠信書房.
舩橋晴俊・長谷川公一・畠中宗一・梶田孝道, 1988, 『高速文明の地域問題——東北新幹線の建設・紛争と社会的影響』有斐閣.
古川孝順・庄司洋子・三本松政之編, 1993, 『社会福祉施設——地域社会コンフリクト』誠信書房.
Glaser, B. G. & A. L. Strauss, 1967, *The Discovery of Grounded Theory: Strategies for Qualitative Research*, New York: Aldine Publishing Company. (=1996, 後藤隆・大出春江・水野節男訳『データ—対話型理論の発見』新曜社.)
Gouldner, A. W., [1960]1973, *The Norm of Reciprocity, For Sociology,* London: Allen Lane.
Habermas, J., 1973, *Legitimationsprobleme im Spätkapitalismus*, Frankfurt am Main: Suhrkamp. (=1979, 細谷貞雄訳『晩期資本主義における正統化の諸問題』岩波書店.)
————, 1990, *Strukturwandel der Öffentlichkeit: Untersuchungen zu einer Kategorie der bürgerlichen Gesellschaft*, Frankfurt am Main: Suhrkamp. (=1994, 細谷貞雄・山田正行訳『公共性の構造転換——市民社会の一カテゴリーについての探究 第2版』未來社.)
花村春樹訳著, 1998, 『(増補改訂版)「ノーマリゼーション」の父N・E・バンク-ミケルセン』ミネルヴァ書房.
花崎皋平, 1996, 『個人——個人を超えるもの』岩波書店.
————, 2001, 『(増補)アイデンティティと共生の哲学』平凡社.
阪神・淡路大震災 被災地の人々を応援する市民の会(代表岡本栄一), 1996, 『震災

ボランティア』阪神・淡路大震災 被災地の人々を応援する市民の会.
阪神・淡路大震災地元NGO救援連絡会議, 1996,『おおきなうねりへ――阪神・淡路大震災地元NGO救援連絡会議の13ヶ月13日』阪神・淡路大震災地元NGO救援連絡会議.
――――・実吉威編, 1995,『震災・活動記録室中間報告』震災活動記録室.
阪神・淡路大震災地元NGO救援連絡会議仮設住宅支援連絡会『じゃりみち――仮設支援情報』被災地NGO協働センター, 創刊号～74号. 出版者変更:仮設支援連絡会 (-4号 (1995.10)) →阪神・淡路大震災地元NGO救援連絡会議仮設住宅支援連絡会 (5号 (1995.10) -) →阪神・淡路大震災「仮設」支援NGO連絡会 (15号 (1996.4) -) →現在:被災地NGO協働センター)
Hansmann, H., 1987, "Economic Theories of Nonprofit organizations", W. Powell eds., *The Nonprofit Sector: Research Handbook*, New Haven: Yale Univ. Press, 27-42.
原田隆司, 1999,「『ボランティア』とよばれたもの」岩崎信彦・鵜飼孝造・浦野正樹・辻勝次・似田貝香門・野田隆・山本剛郎編『阪神・淡路大震災の社会学 1 被災と救援の社会学』昭和堂, 275-290.
――――, 2000,『ボランティアという人間関係』世界思想社.
針生誠吉・小林良二編, 1994,『都市研究叢書10 高齢社会と在宅福祉』日本評論社.
Hart, L., 1997, *Asset base development for communiy-based regeneration organizations*, DTA.
――――, 2005, *To have and to hold: the DTA guide to asset development for community and social enterprise*, DTA.
長谷川公一, 1993,「環境問題と社会運動」飯島伸子編『環境社会学』有斐閣, 101-122.
――――, 1996,「NPO――脱原子力政策のパートナー」『世界』623:244-254.
――――, 2000,「共同性と公共性の現代的位相」『社会学評論』50(4):4-18.
蓮見音彦・似田貝香門・矢澤澄子編, 1990,『都市政策と地域形成――神戸市を対象に』東京大学出版会.
早瀬昇, 1986,「アクション型ボランティア活動の実際と課題――環境問題への取り組みを通じて」右田紀久恵・岡本栄一編『地域福祉講座4 ボランティア活動の実践』中央法規, 56-70.
――――, 1987,「『ボランティア政策』の課題と展望」小田兼三・松原一郎編『変革期の福祉とボランティア』ミネルヴァ書房, 133-155.
――――, 1994,「市民公益活動の歴史的背景」NIRA研究報告書『市民公益活動基盤整備に関する調査研究』総合研究開発機構, 6-20.
――――, 2000,「福祉という装置」栗原彬・小森陽一・佐藤学・吉見俊哉編『越境する知4 装置――壊し築く』東京大学出版会, 199-223.
Hedley, R. & J. D. Smith eds., 1992, *Volunteering and Society*, London: NCVO. (=1993,

小田兼三・野上文夫監訳『市民生活とボランティア』新教出版社.)
Hill. D. M., 2000, *Urban Policy and Politics in Britain*, Macmillan press.
平岡公一, 1986, 「ボランティアの活動状況と意識構造――都内3地区での調査結果からの検討」『明治学院論叢社会学――社会福祉学研究』71・72:1-33.
広原盛明編, 2001, 『開発主義神戸の思想と経営』日本経済評論社.
被災地障害者センター編, 1998, 『拓人～きり拓くひとびと――被災地障害者センター「活動の報告・検証・提言集」』関西障害者定期刊行物協会.
―――, 会報『KSKR拓人』.
本間正明・出口正之編, 1996, 『ボランティア革命』東洋経済新報社.
干川剛史, 2003, 『公共圏とデジタルネットワーキング』法律文化社.
一番ヶ瀬康子, 1996, 「福祉の貧困が震災被害を増大させた」『世界』625:204-212.
―――・高島進編, 1981, 『『講座社会福祉 2 社会福祉の歴史』有斐閣.
Ignatief, M, 1984, *The Needs of Strangers*, c/o Sheil Land Associates. (=1996, 添谷育志・金田耕一訳『ニーズ・オブ・ストレンジャーズ』風行社.)
飯島伸子, 1984, 『環境問題と被害者運動』学文社.
―――・舩橋晴俊編, 1999, 『新潟水俣病問題』東信堂.
池田清, 1997, 『神戸都市財政の研究』学文社.
―――, 2001, 「神戸型都市経営の源流と経営システムの検証」広原盛明編『開発主義神戸の思想と経営』日本経済評論社, 109-160.
Illich, I., 1973, *Tools for conviviality*, New York: Harper & Row. (=1989, 渡辺京二・渡辺梨佐訳『コンヴィヴィアリティのための道具』日本エディタースクール出版部.)
―――, 1974, *Energy and Equity*, London: Calder & Boyars. (=1979, 大久保直幹訳『エネルギーと公正』晶文社.)
―――, 1981, *Shadow Work*, Boston: London: Marion Boyars. (=1990, 玉野井芳郎・栗原彬訳『シャドウ・ワーク』岩波書店.)
今田高俊, 2001, 『意味の文明学序説――その先の近代』東京大学出版会.
稲月正, 1994, 「ボランティア構造化の要因分析」『季刊社会保障研究』29(4):334-347.
井上真六, 1979, 「仏教とボランタリズム」社会福祉研究所『ボランタリズムの思想と実践』社会福祉研究所, 11-30.
井上達夫, 1986, 『共生の作法』創文社.
入江幸男, 1997, 「ボランティアと『人権』概念」入江幸男・入不二基義・松葉祥一・大島保彦・上野修『哲学者たちは授業中』ナカニシヤ出版, 3-40.
岩崎信彦, 1998, 「『国家都市』神戸の悲劇と『市民社会』の苦闘――阪神大震災から見えてくること」『地域社会学会年報』10:1-18.
―――, 2002a, 「市民社会とリスク認識」『社会学評論』52(4):59-75.
―――, 2002b, 『現代社会における「災害文化」形成についての方法論的研究』平成13

年度神戸大学教育・研究重点支援経費研究成果報告書, 神戸大学.
―――――・鵜飼孝造・浦野正樹・辻勝次・似田貝香門・野田隆・山本剛郎編, 1999a, 『阪神・淡路大震災の社会学 1 被災と救援の社会学』昭和堂.
―――――, 1999b, 『阪神・淡路大震災の社会学 2 避難生活の社会学』昭和堂.
―――――, 1999c, 『阪神・淡路大震災の社会学 3 復興・防災まちづくりの社会学』昭和堂.
岩崎信彦編, 2002, 『阪神大震災の文明論的意義――都市神戸における「近代終焉」の実証』平成10年度科学研究費補助金：基盤研究（C）研究成果報告書, 神戸大.
岩崎晋也, 2002, 「なぜ『自立』社会は援助を必要とするのか」古川孝順・岩崎晋也・稲沢公一・児島亜紀子『援助するということ』有斐閣, 69-134.
実吉威, 2000, 「インターミディアリ形式のプロセス――市民活動センター・神戸の場合」『TOMORROW』54：24-33.
Johnson, N., 1987, *The Welfare State in transition*, Brighton: Harvester Whearsheaf. (= 1993, 青木郁夫・山本隆訳『福祉国家のゆくえ――福祉多元主義の諸問題』法律文化社.)
角瀬保雄・川口清史編, 1999, 『非営利・協同組織の経営』ミネルヴァ書房.
金子郁容, 1992, 『ボランティア――もうひとつの情報社会』岩波書店.
加藤春恵子, 2004, 『福祉市民社会を創る―コミュニケーションからコミュニティへ』新曜社.
加藤恵正, 2002, 「都市ガバナンスとコミュニティ・ビジネス」神戸都市問題研究所『都市政策――コミュニティ・ビジネスの振興と課題』108：12-27.
川口清史, 1997, 「アメリカの非営利セクター論」富沢賢治・川口清史編『非営利・協同セクターの理論と現実』日本経済評論社, 42-54.
川崎賢子・中村陽一編, 2000, 『アンペイド・ワークとは何か』藤原書店.
経済企画庁, 1997, 『市民活動レポート――市民活動団体基本調査報告書』経済企画庁.
Kendall, J. & Knapp, M., 1996, *The Voluntary Sector in the UK*, Manchester Univ. Press.
木村明子・浦野正樹, 1999, 「住宅・生活再建と『共同プロジェクト』――長田区御菅の事例」岩崎信彦・鵜飼孝造・浦野正樹・辻勝次・似田貝香門・野田隆・山本剛郎編『阪神・淡路大震災の社会学 3 復興防災まちづくりの社会学』昭和堂, 79-111.
国土庁編, 1995, 『平成7年版 防災白書』大蔵省印刷局（注記：現行版は内閣府編、財務省印刷局発行.）
今野裕昭, 1998, 「災害ボランティアに関する社会学的考察」『宇都宮大学教育学部紀要』48（1）：71-90.
―――――, 1999, 「震災対応とコミュニティの変容――神戸市真野地区」岩崎信彦・鵜飼孝造・浦野正樹・辻勝次・似田貝香門・野田隆・山本剛郎編『阪神・淡路大震災の社会

学1』昭和堂, 204-215.
小谷直道, 1999, 『市民活動時代のボランティア』中央法規.
神戸大学震災研究会編, 1995, 『阪神大震災研究1 大震災100日の軌跡』神戸新聞総合出版センター.
————, 1997a, 『阪神大震災研究2 苦闘の避難生活』神戸新聞総合出版センター.
————, 1997b, 『阪神大震災研究3 神戸の復興を求めて』神戸新聞総合出版センター.
————, 1999, 『阪神大震災研究4 大震災5年の歳月』神戸新聞総合出版センター.
————, 2002, 『阪神大震災研究5 大震災を語り継ぐ』神戸新聞総合出版センター.
神戸復興塾防災対策調査研究チーム, 1999, 『災害復興期におけるNPOの役割』.
神戸市, 1996, 『阪神・淡路大震災——神戸市の記録1995年』(財)神戸都市問題研究所.
神戸新聞社, 1995, 『「阪神大震災」全記録——史上初の震度7』神戸新聞総合出版センター.
————, 1999, 『大震災問わずにいられない——神戸新聞報道記録1995-99』神戸新聞総合出版センター, 319-329.
神戸市生活再建本部, 2000, 『阪神・淡路大震災 神戸市の生活再建・5年の記録』.
神戸市市民局, 2000, 『市民活動モデル調査報告書——神戸市における中間支援組織に関する調査』平成11年度経済企画庁委託調査.
神戸市市民局/震災しみん情報室, 1999, 『市民活動実態調査』.
神戸都市問題研究所, 1980, 『地域住民組織の実態分析』勁草書房.
厚生省社会局施設課, 1992, 『災害救助の実務』.
Kramer, R. M., 1981, *Voluntary Agencies in the Welfare State*, Berkeley: University of California Press.
熊代昭彦編, 1998, 『日本のNPO法——特定非営利活動促進法の意義と解説』ぎょうせい.
久木田純, 1998, 「エンパワーメントとは何か」『現代のエスプリ:エンパワーメント——人間尊重社会の新しいパラダイム』至文堂, 10-34.
栗原彬, 2000a, 「表象の政治」『思想』岩波書店, 907:5-17.
————, 2000b, 「水俣病という身体——風景のざわめきの政治学」栗原彬・小森陽一・佐藤学・吉見俊哉『内破する知——身体・言葉・権力を編みなおす』東京大学出版会, 17-81.
————, 2001, 「生命政治と平和」『平和研究』26:49-64.
————, 2002, 「水俣病という思想—存在の現われの政治」『立教法学』61:1-33.
————編, 2000, 『証言 水俣病』岩波書店.
黒田裕子, 1997, 「『ふれあいテント』ボランティア活動——西区を中心とした活動を通して」『都市政策』86:57-71.

草地賢一，1995，「市民とボランティア」酒井道雄編『神戸発阪神大震災以後』岩波書店，165-188．

Laing, R. D., [1961]1969, *Self and Others*, 2nd ed., London: Tavistock Publications. (=1975, 志貴春彦・笠原嘉訳『自己と他者』みすず書房．)

Lawrence, R., 1982, *Volunteers as Advocates*, Volunteer Center UK.

まちコミュニケーション・震災しみん情報室・阪神大震災を記録しつづける会編, 1998, 『エイド——「公的支援」の現実の先にみえるNPO/NGOが創る「公益的」な支援』．

————，情報誌『まちコミ』．

町村敬志，1987，「低成長期における都市社会運動の展開——住民運動と『新しい社会運動の間』」栗原彬・庄司興吉編『社会運動と文化形成』東京大学出版会．

牧里毎治・早瀬昇，1981，「アクション型ボランティア活動の実際」大阪ボランティア協会編『ボランティア——参加する福祉』ミネルヴァ書房，148-186．

丸尾直美，1984，『日本型福祉社会論』NHKブックス．

松原治郎・似田貝香門編，1976，『住民運動の論理』学陽書房．

松井豊・水田恵三・西川正之編，1998，『あのとき避難所は——阪神・淡路大震災のリーダーたち』ブレーン出版．

松本誠，1997，「市民活動の社会的支援に関する一考察」神戸新聞情報科学研究所『兵庫県地域研究』9:51-75.

————，2000，「担い手の復興——市民主導社会への胎動」阪神・淡路大震災記念協会『阪神・淡路大震災復興誌』ぎょうせい，76-89．

————・野崎隆一・上田耕蔵・石井布紀子・小野幸一郎，1999，「特集——震災四年いま復興は『踊り場』」『WAVE117——震災5年目被災地の課題』鹿砦社，5:24-37．

明治学院大学法学部立法研究会，1996，『市民活動支援法』信山社出版．

Melucci, A., 1989, *Nomads of the present: Social Movements and Individual Needs in Contemporary Society*, Philadelphia: Temple University Press. (=1997, 山之内靖他訳『現代に生きる遊牧民』岩波書店．)

————, 2000, *Sociology of Listening*, Listening to Sociology. (=2001, 新原道信訳「聴くことの社会学」『地域社会学会年報13』地域社会学会, 1-14.

Mies, M., 1986, *Patriarchy and Accumulation on a World Scale*, London: Zed books. (=1997, 奥田暁子訳『国際分業と女性』日本経済評論社.)

————，2002，「グローバリゼーション・女性・サブシステンス」『社会運動』262:13-25.

————, V. B. Thomsen & C. V. Werlhof, 1988, *Women: The Last Colony*, New Jersey: Zed books. (=1995, 古田睦美・善本裕子訳『世界システムと女性』藤原書店．)

———— & V. Shiva, 1993, *Ecofeminism*, London & New Jersey: Zed books.

三上剛史，1997，「ボランティアの理念と可能性」神戸大学震災研究会編『阪神大震災

研究2』神戸新聞総合出版センター，301-315.
三井さよ，2001a,「阪神・淡路大震災におけるケア専門職ボランティアの変容過程」似田貝香門(代表)『震災による地域生活の崩壊と復興——レスキュー段階から復興段階のNGOの新たな展開』平成12年度科学研究費補助金：基盤研究(A)研究成果報告書，東京大学，205-213.
————，2001b,「専門職のボランティア化」似田貝香門(代表)『震災による地域生活の崩壊と復興——レスキュー段階から復興段階のNGOの新たな展開』平成12年度科学研究費補助金：基盤研究(A)研究成果報告書，東京大学214-226.
三浦文夫，1985,『社会福祉政策研究——社会福祉経営論ノート』全国社会福祉協議会.
宮本憲一編，1970,『公害と住民運動』自治体研究社.
宮本太郎，1999,「福祉多元主義の理論と現実」川口清史・富沢賢治編『福祉社会と非営利・協同セクター』日本経済評論社，179-203.
森岡正博，1994,「自立の思想には限界がある」森岡正博編『「ささえあい」の人間学——私たちすべてが「老人」+「障害者」+「末期患者」となる時代の社会原理の探究』法蔵館，76-86.
村井雅清，1998,「市民活動とコミュニティビジネス」神戸都市問題研究所『都市政策』92：68-89.
————，1999,「被災地における市民による仕事づくり」『社会運動』228：2-14.
室崎益輝，1997,「仮設住宅の建設と生活上の問題点」神戸大学震災研究会編『阪神大震災研究 2 苦闘の避難生活』神戸新聞総合出版センター，115-128.
長沼隆之，1998,「被災地ボランティアの活動実態と分析——神戸新聞社アンケート調査結果から」『都市政策』92：29-42.
ながた支援ネットワーク編，1995,『ボランティアと呼ばれた198人——誰が神戸に行ったか』中央法規.
内藤三義，1999,「仮設住宅における生活実態」岩崎信彦・鵜飼孝造・浦野正樹・辻勝次・似田貝香門・野田隆・山本剛郎編『阪神・淡路大震災の社会学2 避難生活の社会学』昭和堂，273-286.
中川雄一郎，2005,『社会的企業とコミュニティ再生』大月書店.
中井久夫，1995,『1995年1月・神戸「阪神大震災」下の精神科医たち』みすず書房.
中島恵理，2005,『英国の持続可能な地域づくり：パートナーシップとローカリゼーション』学芸出版社.
中村順子，2002,「地域に仕事を創るということ——NPOの立ち上げを支援するNPO」代表岩崎信彦『現代社会における「災害文化」形成についての方法論的研究』平成13年度神戸大学教育・研究重点支援経費研究成果報告書，神戸大学，4-45.
————・森綾子・清原桂子，2004,『火の鳥の女性たち——市民がつむぐ新しい公への挑戦』ひょうご双書.

中村雄二郎，1996，「〈パテーマ論〉序説――『将来世代の生命と癒し』にふれて」中村雄二郎・木村敏『講座 生命』哲学書房，224-252.
――――，1998，『述語的世界と制度――場所の論理の彼方へ』岩波書店.
――――，2000，『中村雄二郎著作集Ⅱ 臨床の知』岩波書店.
中野敏子，1987，「障害者運動の展開」一番ヶ瀬康子・佐藤進『講座障害者の福祉11 障害者の福祉と人権』光生館，129-151.
中野敏男，1999，「ボランティア動員型市民社会論の陥穽」『現代思想』27(5)：72-93.
NHK神戸放送局，1999，『神戸・心の復興――何が必要なのか』NHK出版.
NIRA研究報告書，1994，『市民公益活動基盤整備に関する調査研究』総合研究開発機構.
Nirje, B., 2000, *The normalization principle papers*. (＝2000, 河東田博他訳編，『(増補改訂版) ノーマライゼーションの原理――普遍化と社会変革を求めて』現代書館.)
西宮ボランティアネットワーク，1995，『ボランティアはいかに活動したか――震災60日もう一つの阪神大震災記録』NHK出版.
西山志保，1999，「阪神淡路大震災におけるボランティア活動の展開とその課題――活動と事業化のはざまで揺れる被災地ボランティア」『慶應義塾大学紀要』50：11-18.
――――，2001，「『労働』概念の再考とサブシステンス経済――阪神淡路大震災における被災地ボランティアの活動展開から」『地域社会学会年報』13：97-114.
――――，2002a，「震災ボランティアの多様な展開―ボランティア活動からNPO・NGOへ―」神戸大学震災研究会編『阪神大震災研究5 大震災を語り継ぐ』神戸新聞総合出版センター，181-201.
――――，2002b，「『サブシステンス経済』の社会学的考察――社会的弱者の自立を促す経済」『年報社会学論集』関東社会学会，15：262-274.
――――，2002c，「都市社会における『ボランタリー事業』の可能性――『拠り所』の創出」『日本都市社会学会年報』都市社会学会，20：147-158.
――――，2006，「イギリスの社会的企業による再貧困地域の都市再生―ロンドン・イーストエンドの『環境トラスト』にみる新たなコミュニティ・ガバナンスの展開―」『都市問題』97(3)：100-108.
西山八重子，2002，『イギリス田園都市の社会学』ミネルヴァ書房.
西山康雄，2004，「社会的企業が都市高速道路下の空間を経営し、社会サービスを提供する」『日本建築学会計画系論文集』577：97-104.
似田貝香門，1974，「社会調査の曲がり角――住民運動調査後の覚え書き」『UP』24：1-7.
――――，1989，「都市政策と『公共性』をめぐる住民諸活動」矢澤修次郎・岩崎信彦編『都市社会運動の可能性』自治体研究社，67-98.
――――，1991，「現代社会の地域集団」青井和夫監修・蓮見音彦編集『地域社会学』サ

イエンス社, 97-158.
―――, 1996, 「再び『共同行為』へ――阪神大震災の調査から」環境社会学会『環境社会学研究』2(2):50-61.
―――, 1999, 「専門職ボランティアの可能性」『看護教育』40(4):252-258.
―――, 2001, 「市民の複数性――今日の生をめぐる〈主体性〉と〈公共性〉」『地域社会学会年報』13:38-56.
―――編, 2001, 『震災による地域生活の崩壊と復興――レスキュー段階から復興段階のNGOの新たな展開』平成12年度科学研究費補助金:基盤研究(A)研究成果報告書, 東京大学.
野田隆, 1997, 『災害と社会システム』恒星社厚生閣.
額田勲, 1999, 『孤独死』岩波書店.
越智昇, 1986, 「都市における自発的市民活動」『社会学評論』日本社会学会, 37(3):272-292.
―――, 1990, 「ボタンタリー・アソシエーションと町内会の文化変容」倉沢進・秋元律郎編『町内会と地域集団』ミネルヴァ書房, 240-287.
O'Connor, J., 1973, *The fiscal crisis of the state*, New York: St. Martin's Press. (=1981 池上惇・横尾邦夫監訳 『現代国家の財政危機』御茶の水書房.)
Offe, C., 1987, *Anthology of the works*, Orion Press. (=1988, 寿福真美編訳『後期資本制社会システム』法政大学出版局.)
小川政亮, 1964, 『権利としての社会保障』勁草書房.
小笠原慶彰・早瀬昇編, 1986, 『ボランティア活動の理論Ⅱ』大阪ボランティア協会.
荻野昌弘, 1999, 「地方自治体の対応と住民」岩崎信彦・鵜飼孝造・浦野正樹・辻勝次・似田貝香門・野田隆・山本剛郎編『阪神・淡路大震災の社会学2 避難生活の社会学』昭和堂, 326-344.
小倉襄二, 1967, 「ボランティア活動の原点――思想と行動のために」『月刊福祉』50(6):12-19.
岡本栄一, 1989, 「ボランタリズムの思想」大塚達雄・阿部志郎・秋山智久『社会福祉実践の思想』ミネルヴァ書房, 138-147.
岡本仁宏, 1997, 「市民社会、ボランティア、政府」立木茂雄編『ボランティアと市民社会――公共性は市民活動が紡ぎ出す』晃洋書房, 91-118.
岡本祐三, 1996, 『福祉は投資である』日本評論社.
岡村正幸, 2001, 「障害者福祉の史的展開」植田章・岡村正幸・結城俊哉『障害者福祉原論』高菅出版, 51-91.
大川正彦, 1999, 『思考のフロンティア――正義』岩波書店.
―――, 2000, 「所有の政治学――所有的個人主義批判」大庭健・鷲田清一編『所有のエチカ』ナカニシヤ出版, 172-194.

大阪ボランティア協会, 1981, 『ボランティア――参加する福祉』ミネルヴァ書房.
大阪市立大学生活科学部, 1995, 『震災とボランティア――阪神・淡路大震災ボランティア活動調査報告書』大阪府社会福祉協議会.
大矢根淳, 1996, 「西宮市・芦屋市―災害ボランティアの制度化をめぐって」早稲田大学社会科学研究所都市研究部会編『研究シリーズ36 阪神・淡路大震災における災害ボランティア活動』早稲田大学社会科学研究所, 367-393.
――――, 2002, 「災害社会学の研究実践――『時空をこえた問題構造のアナロジー』を把握するフィールドワーク」『専修社会学』14.
小佐野彰, 1998, 「〈障害者〉にとって〈自立〉とは何か」『現代思想』青土社, 26(2):74-83.
Pearce, J., 1994, *At the Heart of the Community Economy: Community Enterprise In a Changing World*, London: Calouste Gulbenkian Foundation.
Pestoff, V. A., 1998, *Beyond the Market and State*, Aldershot: Ashgate. (=2000, 藤田暁男・川口清史・石塚秀雄・北島健一・的場信樹訳『福祉社会と市民民主主義――協同組合と社会的企業の役割』日本経済評論社.)
Polanyi, K., 1957, *The Great Transformation*, Boston: Beacon Press. (= 1975, 吉沢英成・野口建彦・長尾史郎・杉浦芳美訳『大転換』東洋経済新報社.)
――――, 1977, *The Livelihood of Man*, New York: Academic Press. (=1980, 玉野井芳郎・栗本慎一郎訳『人間の経済(Ⅰ)(Ⅱ)』岩波書店.)
Putnam, R. D. 1993, *Making Democracy Work: Civic Traditions in Modern Italy*, Princeton, N. J.: Princeton University Press. (=2001, 河田潤一訳『哲学する民主主義』NTT出版.)
Raush, A. S., 1998, "The Emerging Consciousness of Japanese Voluntarism," *International Journal of Japanese Sociology*, 7:2-18.
Relph, E., 1976, *Place and placelessness*, London: Pion. (=1991, 高野岳彦・阿部隆・石山美也子訳『場所の現象学:没場所性を越えて』筑摩書房.)
李研, 2002, 『ボランタリー活動の成立と展開』ミネルヴァ書房.
Sachs, W. ed., 1992, *The Development Dictionary: A Guide to Knowledge as Power*, London: Zed Books. (=1996, 三浦清隆他訳『脱「開発」の時代』晶文社.)
定籐丈弘, 1993, 「障害者福祉の基本的思想としての自立生活理念」定籐丈弘・岡本栄一・北野誠一編『自立生活の思想と展望』ミネルヴァ書房, 2-21.
佐伯啓思, 1997, 『「市民」とは誰か』PHP研究所.
Sahlins, M., 1972, *Stone age economics*, New York: Aldine. (=1984, 山内昶訳『石器時代の経済学』法政大学出版局.)
さいろ社編集部編, 1997, 『看護婦と勇気――医療問題と出会うとき』さいろ社.
齋藤純一, 1999, 「公共性の複数の次元」『現代思想』青土社, 27(5):212-226.
――――, 2001, 「社会の分断とセキュリティの再編」『思想――公共圏/親密圏』青土社, 6:27-48.

――――, 2002, 「現代日本における公共性の言説をめぐって」佐々木毅・金泰昌編『公共哲学3 日本における公と私』東京大学出版会, 101-122.

Salamon, L., 1992, *America's Nonprofit Sector*, New York: Foundation Sector. (=1994, 入山映訳『米国の〈非営利セクター〉入門』ダイヤモンド社.)

―――――, 1995, *Partners in Public Service*, John Hopkins University.

――――― & H. K. Anheier, 1994, *The Emerging Sector: An Over View*, Maryland: The John Hopkins Univ. Press. (=1996, 今田忠監訳『台頭する非営利セクター』ダイヤモンド社.)

三本松政之, 1994, 「地域福祉とボランティア」『現代のエスプリ―ボランティア』42-52.

――――, 1998, 「ボランティア活動と福祉コミュニティ」古川孝順編『福祉社会――21世紀のパラダイムⅠ』誠心書房, 231-248.

――――, 2001, 「都市におけるコミュニティの再生」『地域福祉研究』29:1-7.

Sang, B. & J. O'brien, 1984, *Advocacy: The UK and American experience*, London: King Edward's Hospital Fund for London.

佐々木毅・金泰昌編, 2002, 『公共哲学7 中間集団が開く公共性』東京大学出版会.

佐藤恵, 1999, 「ボランティアの自己アイデンティティ形成――阪神大震災における被災地ボランティアの事例から」『地域社会学会年報』地域社会学会, 11:39-155.

――――, 2001, 「障害者の〈自立〉とその支援」『地域社会学会年報』地域社会学会, 13: 115-132.

佐藤慶幸, 1986, 「ボランティア活動の本質と理念」小笠原慶彰・早瀬昇編『ボランティア活動の理論Ⅱ』大阪ボランティア協会, 168-174.

――――, 1991, 『生活世界と対話の理論』文眞堂.

――――, 1994, 『(新装版)アソシエーションの社会学――行為論の展開』早稲田大学出版.

――――, 1999, 「ボランタリズムとボランタリー・アソシエーション」『現代社会学講義』有斐閣, 156-179.

Scherer, R., 1993, *Zeus Hospitalier*, Paris: Armand colin Editeur. (=1996, 安川慶治訳『歓待のユートピア』現代企画室.)

Scott, J. C., 1976, *The Moral Economy of the Peasant*, New Haven: Yale Univ. Press. (=1999, 髙橋彰訳『モラル・エコノミー』勁草書房.)

生活問題研究会, 1997, 『孤独死――いのちの保障なき「福祉社会」の縮図』仮設住宅における壮年層のくらしと健康の実態調査報告書, 生活問題研究会.

SEL, 2001, *Introducing Social Enterprise*, SEL.

嶋田啓一郎, 1986, 「キリスト教とボランタリズム」小笠原慶彰・早瀬昇編『ボランティア活動の理論Ⅱ』大阪ボランティア協会, 112-122.

市民=議員立法実現推進本部・山村雅浩, 1999, 『自録「市民立法」阪神・淡路大震災――

市民が動いた！』藤原書店.
市民がつくる神戸市白書委員会編, 1996, 『神戸黒書――阪神大震災と神戸市政』労働旬報社.
市民活動センター・神戸, 2000, 『グループ名鑑2000』市民活動センター・神戸.
市民活動地域支援システム研究会・神戸調査委員会, 1997, 『大震災を越えた市民活動――兵庫の市民活動実態に関する調査』.
―――, 1997, 『グループ名鑑 兵庫・市民人'97』.
―――, 1998, 『NPOをつくる/日本のサポートセンター』市民活動地域支援システム研究会.
市民とNGOの「防災」国際フォーラム実行委員会, 1997, 『くらしの再建道筋ここから』市民とNGOの「防災」国際フォーラム実行委員会.
―――, 1998, 『市民がつくる復興計画』神戸新聞総合出版センター.
震災復興市民検証研究会編, 2001, 『市民社会をつくる――震後KOBE発アクションプラン』市民社会推進機構.
震災モニュメントマップ作成委員会・毎日新聞震災取材班・編, 2000, 『震災モニュメントめぐり』葉文館出版.
―――, 2001, 『阪神・淡路大震災希望の灯りともして――67人の記者が綴る158のきずな』六甲出版.
震災しみん情報室 復興・市民活動情報誌『みみずく』.
白石克孝, 2005, 「イギリスにおける地域政策の変遷とパートナーシップの意味変容」『NPMの検証―日本とヨーロッパ』自治体研究社, 136-164.
Smith, A., 1759, *The Theory of Moral Sentiments*. (=1973, 水田洋訳『道徳感情論』筑摩書房.)
副田義也, 1980, 「社会福祉を阻害する住民運動」地域社会研究会編『地域別問題と地域政策』時潮社, 93-117.
菅磨志保, 1999, 「仮設住宅におけるボランティア」岩崎信彦・鵜飼孝造・浦野正樹・辻勝次・似田貝香門・野田隆・山本剛郎編『阪神・淡路大震災の社会学2 避難生活の社会学』昭和堂, 300-321.
鈴木廣, 1989, 「ボランティア的行為の福祉社会学」『広島法学』広島大学法学部, 12(4)：59-87.
社会福祉研究所編, 1979, 『ボランタリズムの思想と実践』社会福祉研究所.
庄司興吉, 1989, 『人間再生の社会運動』東京大学出版会.
高田昭彦, 1994, 「コミュニティづくりと市民運動――武蔵野市コミュニティ構想の草の根レベルでの実現の試み」社会運動論研究会編『社会運動の現代的位相』成文堂, 63-94.
―――, 1998, 「現代市民社会における市民運動の変容――ネットワーキングの導

入から『市民活動』・NPOへ」青井和夫・高橋徹・庄司興吉編『現代市民社会とアイデンティティ 21世紀の市民社会と共同性——理論と展望』梓出版社, 160-185.
高峯豊, 1993, 「自立生活運動とアドボカシー」定藤丈弘・岡本栄一・北野誠一編『自立生活の思想と展望』ミネルヴァ書房, 22-41.
高野和良, 1994, 「都市地域社会とボランティア活動」『季刊社会保障研究』29(4):348-358.
高寄昇三, 1992, 『宮崎神戸市政の研究1 企業的都市経営論』勁草書房.
———, 1993a, 『宮崎神戸市政の研究2 公共デベロッパー論』勁草書房.
———, 1993b, 『宮崎神戸市政の研究3 自治体経営論』勁草書房.
———, 1993c, 『宮崎神戸市政の研究4 都市政治論』勁草書房.
———, 1996, 『阪神大震災と自治体の対応』学陽書房.
———, 1996, 『現代イギリスの都市政策』勁草書房.
———, 1999, 『阪神大震災と生活復興』勁草書房.
武川正吾, 1999, 『社会政策の中の現代——福祉国家と福祉社会』東京大学出版会.
竹内章郎, 1993, 『「弱者」の哲学』大月書店.
———, 1994, 「『弱さ』の受容文化・社会のために」尾関周二・後藤道夫・佐藤和夫編『ラディカルに哲学する2「近代」を問いなおす』大月書店, 57-102.
玉野井芳郎, 1979, 『市場主義からの脱出』ミネルヴァ書房.
田中尚輝, 1998, 『ボランティアの時代——NPOが社会を変える』岩波書店.
立岩真也, 1990, 「はやく・ゆっくり——自立生活運動の成長と展開」安積純子・岡原正幸・尾中文哉・立岩真也『生の技法——家と施設をでて暮らす障害者の社会学』藤原書店, 165-226.
寺田匡宏, 1998, 「根拠地をもつ」『WAVE117』鹿砦社, 3:32-34.
手塚直樹, 1981, 『社会福祉選書7 障害者福祉論』光生館.
富沢賢治・川口清史編, 1997, 『非営利・協同セクターの理論と現実』日本経済評論社.
土志田祐子, 1998, 「ボランタリズムと社会福祉」濱野一郎・遠藤興一編『社会福祉の原理と思想』岩崎学術出版社, 147-163.
戸崎純・横山正樹編, 2002, 『環境を平和学する——「持続可能な開発」からサブシステンス志向へ』法律文化社.
槌田敦・岸本重陳編, 1990, 『玉野井芳郎著作集2 生命系の経済学に向けて』学陽書房.
辻悟一, 2001, 『イギリスの地域政策』世界思想社.
塚本一郎, 2003, 「イギリスにおける社会的企業の台頭」『経営論集』50(3):123-143.
筒井のり子, 1997, 「ボランティア活動の歩み」巡静一・早瀬昇編『基礎から学ぶボランティアの理論と実際』中央法規出版, 20-34.
———, 1999, 「区ボランティアセンターに見る震災後のボランティアの動向」神

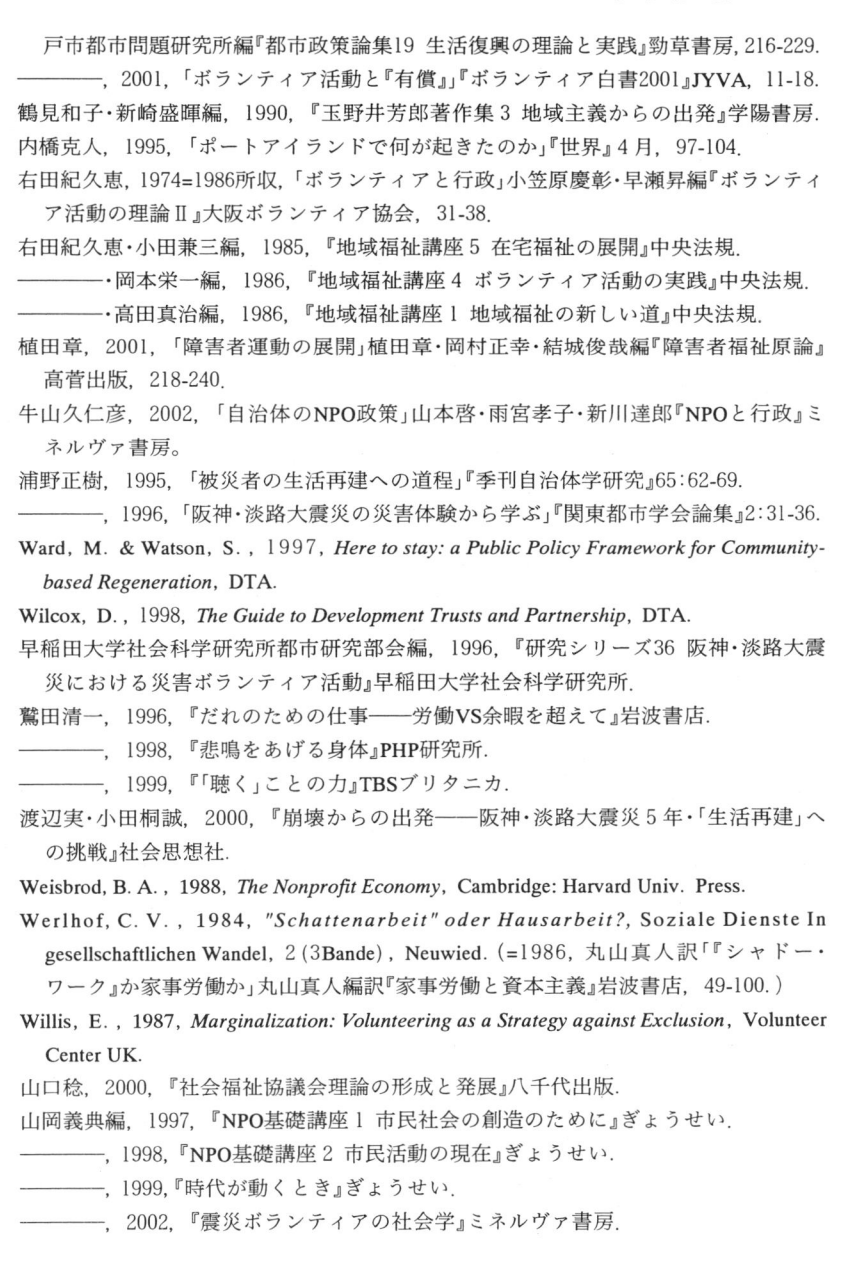

戸市都市問題研究所編『都市政策論集19 生活復興の理論と実践』勁草書房, 216-229.
────, 2001,「ボランティア活動と『有償』」『ボランティア白書2001』JYVA, 11-18.
鶴見和子・新崎盛暉編, 1990,『玉野井芳郎著作集3 地域主義からの出発』学陽書房.
内橋克人, 1995,「ポートアイランドで何が起きたのか」『世界』4月, 97-104.
右田紀久恵, 1974=1986所収,「ボランティアと行政」小笠原慶彰・早瀬昇編『ボランティア活動の理論Ⅱ』大阪ボランティア協会, 31-38.
右田紀久恵・小田兼三編, 1985,『地域福祉講座5 在宅福祉の展開』中央法規.
────・岡本栄一編, 1986,『地域福祉講座4 ボランティア活動の実践』中央法規.
────・高田真治編, 1986,『地域福祉講座1 地域福祉の新しい道』中央法規.
植田章, 2001,「障害者運動の展開」植田章・岡村正幸・結城俊哉編『障害者福祉原論』高菅出版, 218-240.
牛山久仁彦, 2002,「自治体のNPO政策」山本啓・雨宮孝子・新川達郎『NPOと行政』ミネルヴァ書房.
浦野正樹, 1995,「被災者の生活再建への道程」『季刊自治体学研究』65：62-69.
────, 1996,「阪神・淡路大震災の災害体験から学ぶ」『関東都市学会論集』2：31-36.
Ward, M. & Watson, S., 1997, *Here to stay: a Public Policy Framework for Community-based Regeneration*, DTA.
Wilcox, D., 1998, *The Guide to Development Trusts and Partnership*, DTA.
早稲田大学社会科学研究所都市研究部会編, 1996,『研究シリーズ36 阪神・淡路大震災における災害ボランティア活動』早稲田大学社会科学研究所.
鷲田清一, 1996,『だれのための仕事――労働VS余暇を超えて』岩波書店.
────, 1998,『悲鳴をあげる身体』PHP研究所.
────, 1999,『「聴く」ことの力』TBSブリタニカ.
渡辺実・小田桐誠, 2000,『崩壊からの出発――阪神・淡路大震災5年・「生活再建」への挑戦』社会思想社.
Weisbrod, B. A., 1988, *The Nonprofit Economy*, Cambridge: Harvard Univ. Press.
Werlhof, C. V., 1984, *"Schattenarbeit" oder Hausarbeit?*, Soziale Dienste In gesellschaftlichen Wandel, 2 (3Bande), Neuwied. (=1986, 丸山真人訳「『シャドー・ワーク』か家事労働か」丸山真人編訳『家事労働と資本主義』岩波書店, 49-100.)
Willis, E., 1987, *Marginalization: Volunteering as a Strategy against Exclusion*, Volunteer Center UK.
山口稔, 2000,『社会福祉協議会理論の形成と発展』八千代出版.
山岡義典編, 1997,『NPO基礎講座1 市民社会の創造のために』ぎょうせい.
────, 1998,『NPO基礎講座2 市民活動の現在』ぎょうせい.
────, 1999,『時代が動くとき』ぎょうせい.
────, 2002,『震災ボランティアの社会学』ミネルヴァ書房.

山内直人, 1997, 『ノンプロフィット・エコノミー』日本評論社.
米本秀仁, 1999, 「社会福祉論・ソーシャルワーク論への再構築への視座」『社会福祉研究』74:96-102.
吉田久一, 1986, 「仏教とボランタリズム」大阪ボランティア協会『ボランティア活動の理論Ⅱ』59-101.
全国自立生活センター協議会, 2001, 『自立生活運動と障害文化』現代書館.
全国社会福祉協議会編, 1979, 『在宅福祉サービスの戦略』全国社会福祉協議会.
全国新聞連合シニアライフ協議会神戸新聞社地域活動局, 2001, 『NPO活動を通じた高齢者の生きがいと社会貢献推進に関する実証的研究』

あとがき

　本書は、2004年1月に慶應義塾大学社会学研究科に提出した博士論文（社会学）、「ボランタリズムとサブシステンス——阪神・淡路大震災が生み出した市民運動の新たな潮流」をもとに、大幅に加筆・修正したものである。長い間、筆者の研究に協力し、支えてくださったボランティアおよび被災者の方々に心から感謝を申しあげ、本書を捧げたい。

　また改訂版においては、筆者が調査をしているイギリスを取り上げ、地域再生に取り組むボランタリー組織が活動を継続するために、外づけ営利部門を設置したり、アセット運営するなど、社会的企業へと展開する過程を分析した。日本のボランタリー組織が自主財源を確保するために、NPOさらには社会的企業へと展開するためのヒントが多く示されていると考える。

　私が、地域社会の発展と人間生活の豊かさがどのように結びつくのか、というテーマに真剣に取りくむようになったのは、バブル経済により東京の都市空間が激変した学部学生の時代であった。それ以来の一貫した問題意識は、競争主義・弱者切捨ての市場原理とは異なる、人間と地域コミュニティとの関わり、人間の営みとしての「経済」（エコノミー）の実態とメカニズムを解明することであった。実際に、学部、修士、博士課程を通して、海外との比較研究を視野に入れながら、地域コミュニティに埋めこまれた人間関係や経済のあり方について、中小企業、商店街、町内会、ボランティア団体、NPO／NGOなどのさまざまな地域諸集団に焦点をあて、研究に取りくんできた。そこから学んだのは、エコノミーが、人々の生活文化と密接に関わりながら社会に埋めこまれていること、そして、そのあり方が社会の成熟度を示す1つの指針となるという点で

あった。

　本書を書いた大きな動機は2つある。1998年から阪神・淡路大震災の被災地・神戸の現場を歩き、多くのボランティアとの出会いを通して、しだいに形成されてきた、研究者としての責任(responsibility)に関連している。

　第1の動機は、長期的に活動をつづけていくために必要となる、幅広い、本格的なボランティア論を構築していくことが、現場から求められた点である。被災地NGOのリーダーで、残念ながら今は亡き草地賢一さんは、「日本ではボランティアが無償性、自発性、自己犠牲などの特徴で理解されてきたため、活動を継続する際に、多くの困難に直面した」と回顧されていた。そこで本書では、事業化、組織化、専門性を取りいれ、活動を継続するボランティア論の構築というテーマに取りくんだ。

　第2の動機は、研究者として長い期間、被災地と継続して関わるにつれ、そこで活動するボランティアや被災者に応答する責任を感じたことである。被災地での調査の際、あるボランティアから、「震災のことを研究するために遠くから被災地にくる、あなた方がボランティアです」という言葉を聞いた。このとき、自分のなかで何か特別な感情が生まれたことを思い出す。それは悲しみや苦しみを抱えた被災地に関わる研究者、さらには人間としての責任という感覚ではないかと思う。

　本書で取りくんできたテーマは、決して理想論や机上の空論ではない。ボランティアは既存の価値観や社会システムが崩れ去り、大転換期を迎えている日本社会が真剣に取りくまなくてはならない多くの課題を提起している。彼らは、自分たちの望む未来を現在において実践し、脱物質的価値に基づくライフスタイル、もうひとつの働き方、もうひとつの生き方に対して、何かしらの可能性を示唆している。だからこそ、彼らが発する重要なメッセージに耳を傾け、その活動から多くのことを学びつづける必要がある。本書がそのメッセージを伝えきれたかどうかは心もとないが、多くの人が耳を傾けてくれるきっかけとなれば幸いである。

筆者は慶應義塾大学の博士課程在籍中から10年以上にわたり、被災地・神戸というフィールドで調査を行ってきた。そこで活動する数多くのボランティアやスタッフの方々、多くの先生方、研究仲間との幸福な出会いを通して、研究を進めることができた。また日本学術振興会特別研究員として、恵まれた研究環境や科学研究費補助金（特別研究員奨励費）をいただき、研究に取りくむことができた。

　被災地神戸でご活躍されているボランティア、スタッフはそれぞれ多種多様な個性をもち、それゆえに多くの人々をひきつける魅力的な方たちばかりである。彼らが震災という悲しい経験を乗りこえながら、「いのちがけで発見した人間の本質」を追求する努力と苦労は、なみたいていのことではない。だからこそ、自らの人生を変えてまで、市民としての責任を引きうけ、他人のために活動する彼らの生き方は、多くの人々の共感と感動を呼ぶのである。

　被災地NGO協働センターの村井雅清さん、細川裕子さん、増島智子さん、鈴木隆太さん、CS神戸の中村順子さん、榎本まなさん、国枝哲男さん、阪神高齢者・障害者支援ネットワークの黒田裕子さん、中辻直行さん、被災地障害者センターの大賀重太郎さん、溝渕裕子さんを初め、ヒアリング調査に応じてくださった多くのボランティア、スタッフ、被災者、神戸市役所、神戸市婦人団体協議会、地縁系団体の皆様に、心より感謝申し上げます。

　また本書の執筆の過程で、多くの先生方のご指導をいただいた。とりわけ私の学問の基盤を作ってくださり、研究者としての道を導いてくださった慶應義塾大学藤田弘夫先生と東京大学似田貝香門先生には、心から感謝を申し上げたい。

　藤田弘夫先生には、長年にわたり指導教授として、社会学という学問体系の基礎理論から都市社会学・地域社会学の専門領域まで、丁寧かつ熱心にご指導いただいた。いつも先生の知識の広さと深さに驚かされながら、学問の厳しさと面白さを教えていただいた。2009年秋に先生がご

逝去され、悲しみにくれました。先生のご指導を心の支えにして、研究にはげんでいきたいと思います。

　似田貝香門先生は、神戸調査参加の機会を与えていただき、社会運動や市民運動を中心とした社会学の理論的訓練だけでなく、調査の現場で問題を組みたてていく難しさ、対象者との関わり方など、社会調査に対する先生の熱心な後姿から多くのことを教えていただいた。

　また博士論文および本書の作成にあたっては、慶應義塾大学有末賢先生、早稲田大学浦野正樹先生、神戸大学岩崎信彦先生、立教大学三本松政之先生、専修大学大矢根淳先生を初め、多くの先生方にご支援・指導・協力いただきました。記してお礼を申し上げます。また神戸調査の共同メンバーである東京大学清水亮氏、桜美林大学佐藤恵氏、法政大学三井さよ氏には、現場での調査において学問的刺激と多くの助言をいただきました。またここまで研究生活を支援し、励ましつづけてくれた両親に心から感謝します。

　そして最後になりますが、この出版は東信堂下田勝司さんと向井智央さんのご尽力によって可能となりました。この場を借りてお礼を申し上げます。

　なお改訂版第2刷をだす直前の2010年3月に最愛の父を亡くしました。研究者への導きをあたたかく見守ってくれた父に本書を捧げます。

本書の一部について、原文となった論考は以下のものである。
① (1999)「阪神淡路大震災におけるボランティア活動の展開とその課題——活動と事業のはざまで揺れる被災地ボランティア」『慶應義塾大学社会学研究科紀要』第50号, 11-18頁.
② (2001)「『労働』概念の再考とサブシステンス経済——阪神淡路大震災における被災地ボランティアの活動展開から」『地域社会学会年報』地域社会学会, 第13集, ハーベスト社, 97-114頁.
③ (2001)「市民活動団体の『アドボカシー』機能・再考——『ニーズ充足』

の視点から」『現代社会理論研究』現代社会理論研究会, 第11号, 138-147頁.

④(2002)「震災ボランティアの多様な展開——ボランティア活動からNPO・NGOへ」神戸大学震災研究会編『阪神大震災研究5——大震災を語り継ぐ』神戸新聞総合出版センター, 181-201頁.

⑤(2002)「『サブシステンス経済』の社会学的考察——社会的弱者の自立を促す経済」『年報社会学論集』関東社会学会, 第15号, 262-274頁.

⑥(2002)「都市社会における『ボランタリー事業』の可能性——『拠り所』の創出」『日本都市社会学会年報』 第20集, 147-158頁.

⑦(2003)「『ボランタリズム』概念の検討——『生命圏』の次元からの再考」『現代社会理論研究』 現代社会理論研究会、第13号, 246-258頁.

⑧(2006)「公共サービスをめぐる市民活動団体の戦略」地域社会学会『講座地域社会学3巻 地域社会の政策とガバナンス』東信堂, 245-256頁.

⑨(2006)「イギリスの社会的企業による最貧困地域の都市再生——ロンドン・イーストエンドの環境トラストにみる新たなコミュニティ・ガバナンスの展開」『都市問題』第97巻3月号、100-108頁。

事項索引

ア

アイデンティティ	16, 28, 52, 147, 175
アウタルキー (autarkie)	36
アジア医師連絡協議会 (AMDA)	77
アソシエーション	6, 15, 214
ボランタリー・――	6, 17, 63, 76
アドボカシー	159, 224, 226, 232
現われ (appearance)	34, 41, 143, 144, 147
――の空間 (the space of appearance)	142
存在の――	142
アート・エイド・神戸実行委員会	105
アンペイド・ワーク	37, 134

イ

生き生きとした関係	35
生きた支援	167
生きている (aliveness)	33
異議申し立て (dissenting)	48
イギリス都市拠点事業研究会	219
異交通	45
異質性	17, 25, 40
依存的自立	57
委託事業	50, 55, 97, 185, 188, 191, 192
イッシュー・アプローチ	41
インナー・シティ	73
――災害	73

ウ

ヴァナキュラー (vernacular)	33
ヴァルネラビリティ (vulnerability)	24, 40, 44

エ

エコ・フェミニスト	35
エコ・フェミニズム	30
NGO (Non-Governmental Organization)	i, 78, 86
NPO (Not-for-Profit Organization)	i, 9, 86, 156, 186
――法人	9, 12, 20
――法人格	156
――論	13
SEL	205
エンパワーメント (empowerment)	148, 150, 163, 233

オ

応答可能性	45
大阪ボランティア協会	64

カ

海外災害援助市民センター (CODE)	95
顔の見える関係	190
輝グループ	191
かけがえのなさ (uniqueness)	25, 38, 39, 128, 131, 148, 172
仮設支援連絡会 (仮設連絡会)	94, 115
仮設住宅	79-81, 83, 96, 112
株式会社・神戸市	73
環境問題	6, 39, 52
関係性	61
がんばろう!!神戸	93, 101

キ

聴く	46
稀少性	31
共感	15, 62, 126, 135, 137, 139, 141, 144, 150
共生	40
協働	28, 179
共同行為	43
共同性	26
共同募金	55, 64
共同募金運動	50
緊急救援	69

——期	69, 75
——システム	26

ク

草の根保守	185

ケ

経済企画庁	17
形式経済	31
形式的平等	82, 113
契約失敗論	13
契約不履行理論	21
Kパターン	17
現代的貧困	52
権利	
——保障運動	53
——要求型運動	57
——擁護	223, 225
——擁護型運動	57

コ

講	48
公共サービス	183, 184, 185, 188, 191
公共性	6, 18, 28, 189
行政管理型の——	19
自発支援型——	19
市民運動型の——	19
公私分離の原則	49, 50
公的システム	74
神戸型コーポラティズム	184, 185, 194
神戸市	
——コミュニティ行政	184
——婦人団体協議会	184, 194
神戸復興塾	107
神戸ライフケア協会 (KLC)	96, 157, 158
声にならない声	94, 110, 123, 227, 230
互酬性	31, 60, 159
個人主義	15
個人補償	136
固定化された規則	82, 113
孤独死	82, 94, 98, 114, 117, 130, 161
孤独な生	85, 98, 120
コミットメント	15
コミュニティ	
——福祉システム	18
——・ケア	54, 55
——ビジネス	153, 175

——事業 (community enterprise)	97, 154, 156, 170, 171, 175
コミュニティ・サポートセンター神戸 (CS神戸)	93, 95, 154, 178
固有性	8, 9, 25, 127, 148, 149, 167, 171, 173, 174
「生」の——	123
コラボレーション	18
コンヴィヴィアリティ (conviviality)	34
根源的関わり	ii, 38, 127, 144, 173

サ

災害救援法	79
災害社会学	26
在宅福祉サービス	60, 65, 115, 158
支えあい	38, 127, 142, 143, 145, 146, 149, 150, 174
サブシステンス	ii, 29, 38, 51, 127, 142, 144, 145, 173, 233, 236
現代的——	32
サード・セクター (third sector)	13, 14
——論	12

シ

市場の失敗	13
しくみづくり	ii, 88, 95, 106, 132, 150, 231, 233
資源	178, 189
——獲得の戦略	188
自己決定	28, 57, 100
自己固有の労働 (eigenarbeit)	32-34
仕事 (work)	146
自存力 (conatus)	9
実体経済	31
資本主義体制	35
初期——	5
後期——	5
市民運動	6, 19
市民活動	9
——研究の社会学的課題	15
アクション型の——	198
「生」に関わる——	9, 22, 25
市民活動センター神戸 (KEC)	93, 94, 101
市民がつくる復興計画	86, 136, 227
市民＝議員立法	136
市民社会	ii, 237, 238
——の再構築期	69, 89

事項索引　271

――論アプローチ	27	生活圏拡大	56
理念的――	40, 238	生活圏拡大運動	56
市民セクター	18	生活再建期	69, 85
市民とNGOの「防災」国際フォーラム	107, 136	生活問題研究会	82, 114, 120
		政策提言	94, 135, 225
社会運動	18, 51	生存維持	29, 31, 32, 39, 127
新しい――	6	――経済(サブシステンス・エコノミー)	31
社会的基本財 (primary social goods)	224		
社会的経済	12	生存権	25, 47, 63, 82, 224
社会的孤立	8, 162	生命圏	8, 34, 38, 40, 52
社会的資本	194	責任 (responsibility)	i, 95, 126, 167
社会的存在としてのニーズ	229	政府の失敗	13
社会的評価	44, 165, 166		
社会福祉		**ソ**	
――協議会	50, 51, 54, 55, 76, 83, 166, 187	総合研究開発機構 (NIRA)	17
――事業	50	相互関係	8, 16, 28, 36, 170, 171
――運動	6, 49, 51, 53, 54, 64	――性	15
弱者		――論・支援論アプローチ	28
――の大衆化	20	相互作用	15, 16, 28, 151
社会的――	8, 20, 76, 85, 99, 164, 170	相互主観的世界	16, 62
震災――	82-84, 113	相互扶助	48, 64, 159
シャドー・ワーク (schahenarbeit)	32-34, 134	組織論的アプローチ	27
集合行動論的アプローチ	26		
住民運動	6, 20, 52	**タ**	
受動的主体	44	第三セクター	176
準公共財理論	13	対話的行為	15, 16, 126, 148
自立(自律)	175	他者性	16
――と共生	96, 156, 164, 166, 186, 188	多様性	24, 149, 171
社会的――	173		
自立生活運動 (Independent Living Movement)	56, 57, 64, 174	**チ**	
		超高齢社会	215
人権	47	――の縮図	81, 84
人権思想	16, 58, 60-63	町内会	9, 195
震災・活動記録室(記録室)	101	貨労働 (lohnarbeit)	32, 33, 61, 133
震災がつなぐ全国ネットワーク	110	中央共同募金会	64
震災・まちのアーカイブ	90, 104	中間支援組織 (intermediary)	89
震災モニュメントマップ作成委員会	90, 104		
身体性	22, 23, 40, 52, 171	**テ**	
心的外傷後ストレス障害 (PTSD)	78	出会い	109, 127-129
		デイサービス	187, 195
セ		データー対話型理論	46
生	ii, 8	DTI (Department of Trade and Industry)	200, 203
――の保障	8		
――の固有性	24, 38, 123, 129, 175	**ト**	
善き――	229	特定非営利活動促進法 (NPO法)	12, 88, 226
生活クラブ生協	35, 61	都市経営	73, 183
生活圏	8, 38		

ナ

長田地区高齢者・障害者緊急支援
　ネットワーク（ながた支援ネット）　98, 115

ニ

二次的ストレス　83, 94
日本型福祉社会　82
日本型福祉社会論　7, 54, 55, 64
日本災害救援ボランティアネット
　ワーク（NVNAD）　90, 103
人間としての関わり　124, 125, 129

ネ

ネットワーキング　8, 17

ノ

能動的主体　22, 62
能力の共同性　171
ノーマライゼーション　17, 56, 57, 60

ハ

パテーマ論　65
パトス　23, 24
反公害運動　39, 52
阪神・淡路大震災　i, 41, 69, 72
阪神・淡路大震災「仮設」支援NGO連絡会
　（「仮設」NGO）　95, 118, 132
阪神・淡路大震災地元NGO救援連絡会議
　（連絡会議）　77, 94, 112
阪神高齢者・障害者支援ネットワーク
　（阪神・支援ネット）　84, 93, 94, 97, 109, 116

ヒ

非営利事業　14, 63, 132, 147, 148, 150, 151, 154
非営利セクター　13, 21
　——論　20
被害者運動　39, 52
被災者生活再建支援法　88, 136, 225, 226
東灘・地域助け合いネットワーク
　（東灘ネット）　96
被災地障害者センター　93, 99
被災地NGO協働センター（NGOセンター）
　　90, 93-95, 109
非主流派フェミニスト　34
避難救援期　69, 78

ピープル　39, 40

フ

福祉元年　54
福祉国家　5, 7, 224
　——の危機管理　7
　——の「正統化の危機」　7
　——の高度化　13
福祉多元主義（welfare mix）　12, 201
複数性（plurality）　147
フチタン（Juchitan）　36
復旧・復興期　69, 79, 83
復旧・復興段階　112
復興格差　76, 112, 119
プラザ5　93
プロジェクト1-2　93, 99

ヘ

ベ平連（ベトナムに平和を！市民連合）　19
ペイド・ワーク　37

ホ

方法論的関係主義　15, 62
ホスピタリティ（hospitality）　130
ボランティア　11
　——革命　22
　——元年　12, 69
　——研究　20
　——・システム　26, 77
　——・センター　83
　——団体　9, 11
　自己犠牲的——　117
　自己満足的——　118
　震災——　26
　専門職——　28, 77, 84
　有償——　58, 60
ボランタリズム　ii, 23, 48, 61, 109, 127-129, 145, 171, 236
ボランタリー
　——行為　15
　——セクター　13
　——な活動　189
　——の失敗　179

マ

まちづくり期　69, 88

ま

まち・コミュニケーション	93, 102
真野地区	27, 73

ミ

見棄てられた境遇 (verlassenheit)	121, 122
ミッション (mission)	14, 61, 136, 156, 189
——と事業のかい離	192
水俣病	39
——闘争	52
宮崎辰雄市政	73
民間非営利組織	i, 9
民生委員	51

モ

もうひとつの働き方	132
燃えつき症候群	78, 118
モラル・エコノミー (moral economy)	32, 36

ユ

結	48
唯一存在者	143, 148
有償化	164
有償事業	164, 165

ヨ

弱さ	165, 170, 171, 173
——の論理	
弱い思想	24
弱い主体	44
弱い存在	23, 38
余暇活動	34, 36, 37
拠り所 (reference point)	175, 177, 190

ラ

ラポール関係 (rapport)	42

リ

離床 (disembedding)	31
臨床	23

ロ

労働 (labor)	146

ワ

ワーカーズ・コレクティブズ	61, 145

人名索引

ア行

秋山憲治	145
秋山智久	233
安立清史	189
足立眞理子	37
渥美公秀	27, 129
阿部志郎	47
雨宮孝子	234
アレント，H.	121, 122, 131, 142, 146, 147, 152
アンハイヤー，W.	21
飯島伸子	39, 52
イグナティエフ，M.	229
池田清	106
一番ヶ瀬康子	73
稲月正	17
井上達夫	229
井上真六	48
今田高俊	238
イリイチ，I.	32, 33, 134
入江幸男	234
岩崎晋也	174
岩崎信彦	73
植田章	53, 56, 58
右田紀久恵	48
内橋克人	73
ウィルコックス，D.	205
ヴェールホフ，C. V.	34, 35
ウォード，M.	215
浦野正樹	26
榎本まな	171
エヴァース，A.	13, 219
江上渉	65, 176
遠藤興一	48
オブライエン，J.	234
大川正彦	176

大矢根淳	26
岡本栄一	63
岡本仁宏	18
岡村正幸	64
荻野昌弘	82
オコンナー，J.	5
小佐野彰	177
小田兼三	65
小田実	19
越智昇	17
オッフェ，C.	5, 6

カ行

加藤恵正	153
加藤春恵子	220
金子郁容	16, 62, 65
川口清史	21
久木田純	151
草地賢一	78, 129
久野収	19
熊代昭彦	212
栗原彬	31, 39, 40, 45, 52
グルドナー，A. W.	45
グレーザー，B. G.	46
クレーマー，R.	224
ケンダール，J.	200
黒田裕子	84, 107
小谷直道	63
今野裕昭	27

サ行

齋藤純一	8, 238
定藤丈弘	174
佐藤恵	16, 28, 46
佐藤慶幸	15, 65
サラモン，L.	9, 21
三本松政之	17, 20, 177

サーリンズ, M.	29, 45
サング, B.	234
シヴァ, V.	35
実吉威	107
嶋田啓一郎	48
白石克孝	219
庄司興吉	20
ジョンソン, N.	13, 201
新崎盛暉	32
菅磨志保	26, 77, 83
スコット, J. C.	31
鈴木廣	17
ストラウス, A. L.	46
スミス, A.	152
芹田健太郎	25
セーベル, H. K.	21
副田義也	45

タ行

高田昭彦	7, 17, 20
高田真治	55
高野和良	17
高峰豊	234
高寄昇三	74, 106, 184, 219, 234
武川正吾	5, 64
竹内章郎	171, 176
立岩真也	57
田中尚輝	12
玉野井芳郎	32
辻悟一	219
塚本一郎	199
筒井のり子	60, 107
鶴見和子	32
デーヴィス, J. S.	219
出口正之	28, 160
手塚直樹	56, 64
デフォニ, J.	153
ドゥフルニ, J.	199
ドゥーデン, B.	34
堂本暁子	201
戸崎純	29
土志田裕子	48

ナ行

内藤三義	79
中井久夫	106
中川雄一郎	199
中島恵理	205
長沼隆之	107
中野敏男	7, 37
中野敏子	64
中村順子	101
中村雄二郎	23, 65
ナップ, M.	200
ニイリエ, B.	57
西山志保	46, 107, 129, 190, 220
西山八重子	220
似田貝香門	9, 27, 44, 112
額田勲	115
野田隆	27

ハ行

蓮見音彦	184
長谷川公一	13, 18, 20
パトナム, R. D.	179, 194
花崎皋平	39
羽仁五郎	19
早瀬昇	51, 58, 64
原田隆司	16, 28
ハーバーマス, J	7, 237
ハート, L.	220
ハンスマン, H.	13
ピアース, J.	175
平岡公一	16
広原盛明	184
ヒル, D. M.	219
福田垂穂	47
藤村正之	61
舩橋晴俊	39
古川孝順	45, 174
フレイザー, N.	215
ブレッチャー, E. M.	212
ベイトマン, N.	211
ペストフ, V. A.	13, 219
ベラー, R. N.	15
ベンホルト=トムゼン	36, 45
ポランニー, K.	29, 32
干川剛史	78
ボルザガ, C.	153, 199
本間正明	28, 160

マ行

町村敬志	20
松本誠	107

丸尾直美	64	山口稔	51, 55
三浦文夫	65	山下祐介	26, 77
三上剛史	18	横山正樹	29
三井さよ	28, 46	吉田久一	48
宮本憲一	52, 73, 184		
ミース，M.	34, 35, 45	**ラ行**	
村井雅清	152	ラウシュ，A. S.	63
室崎益輝	113	李研焱	15
メルッチ，A.	24, 46	レイン，R. D.	128
森岡正博	45, 127	レルフ，E.	175
		レヴィナス，E.	44
ヤ行			
矢澤澄子	184	**ワ行**	
山内直人	13	ワイスブロッド，B. A.	13
山岡義典	9	鷲田清一	24, 44, 128, 129

著者紹介

西山　志保（にしやま　しほ）

- 2001年　慶應義塾大学大学院社会学研究科後期博士課程単位取得退学
- 2005年　山梨大学大学院医学工学総合研究部准教授、ハーバード大学ウェザーヘッド国際問題研究所客員研究員（2008～2009）
- 2010年　立教大学社会学部准教授

博士（社会学）

専門領域：地域社会学、市民社会論、NPO/NGO論、まちづくりの国際比較研究

主要業績

- 『阪神大震災研究5─大震災を語り継ぐ─』（共著、神戸大学震災研究会編、神戸新聞総合出版センター、2002）
- 「都市社会における『ボランタリー事業』の可能性─『拠り所』の創出」（『日本都市社会学会年報』、第20集、2002）
- 「ボランタリズム概念の検討─生命圏の次元からの再考」（『現代社会理論研究』、第13号、2003）
- 『地域社会学講座　第3巻　地域社会の政策とガバナンス』（共著、東信堂、2006）
- 「イギリスの社会的企業による最貧困地域の都市再生─ロンドン・イーストエンドの環境トラストにみる新たなコミュニティ・ガバナンスの展開─」（『都市問題』97 (3)、2006）
- 『イギリスのガバナンス型まちづくり』（共著、学芸出版、2008）
- 『防災の社会学』（共著、東信堂、2008）

The Logic of Volunteering
voluntarism and subsistence

［改訂版］ボランティア活動の論理──ボランタリズムとサブシステンス──

2005年1月31日	初　版第1刷発行	〔検印省略〕
2010年4月10日	改訂版第2刷発行	＊定価はカバーに表示してあります

著者ⓒ西山志保／発行者　下田勝司

印刷・製本　中央精版印刷

東京都文京区向丘1-20-6　郵便振替00110-6-37828
〒113-0023　TEL (03) 3818-5521(代)　FAX (03) 3818-5514

株式会社　発行所　東信堂

Published by TOSHINDO PUBLISHING CO., LTD.
1-20-6, Mukougaoka, Bunkyo-ku, Tokyo, 113-0023, Japan

ISBN978-4-88713-753-0　C3036 ⓒ S. NISHIYAMA
E-mail:tk203444@fsinet.or.jp　http://www.toshindo-pub.com

東信堂

グローバル化と知的様式―社会科学方法論についての七つのエッセー	J・ガルトゥング 大矢 重澤修 太次郎訳	二八〇〇円
社会学の射程―ポストコロニアルな地球市民の社会学へ	庄司興吉	三三〇〇円
地球市民学を創る―変革のなかで	庄司興吉編著	三三〇〇円
社会階層と集団形成の変容―集合行為と「物象化」のメカニズム	丹辺宣彦	六五〇〇円
世界システムの新世紀―グローバル化とマレーシア	山田信行	三六〇〇円
階級・ジェンダー・再生産―現代資本主義社会の存続メカニズムと社会諸科学との比較研究	山田信行	三三〇〇円
現代日本の階級構造―理論・方法・計量分析	橋本健二	四五〇〇円
人間諸科学の形成と制度化	長谷川幸一	三八〇〇円
現代社会と権威主義―フランクフルト学派権威論の再構成	保坂稔	三六〇〇円
現代社会学における歴史と批判(上巻)	武田信吾編	二八〇〇円
現代社会学における歴史と批判(下巻)	片桐新自編	二八〇〇円
現代資本制と主体性―グローバル化の社会学	丹辺宣彦編	二八〇〇円
近代化のフィールドワーク―断片化する世界で等身大に生きる	作道信介編	二〇〇〇円
自立支援の実践知―阪神・淡路大震災と共同・市民社会	似田貝香門編	三八〇〇円
[改訂版]ボランティア活動の論理―ボランタリズムとサブシステンス	西山志保	三六〇〇円
NPO実践マネジメント入門	パブリックリソースセンター編	二三八一円
貨幣の社会学―経済社会学への招待	森元孝	一八〇〇円
市民力による知の創造と発展―身近な環境に関する市民研究の持続的展開	萩原なつ子	三三〇〇円
個人化する社会と行政の変容―情報、コミュニケーションによるガバナンスの展開	藤谷忠昭	三八〇〇円
日常という審級―アルフレッド・シュッツにおける他者・リアリティ・超越	李晟台	三六〇〇円
日本の社会参加仏教―法音寺と立正佼成会の社会活動と社会倫理	ランジャナ・ムコパディヤーヤ	四七六二円
現代タイにおける仏教運動―タンマガーイ式瞑想とタイ社会の変容	矢野秀武	五六〇〇円

〒113-0023 東京都文京区向丘1-20-6
TEL 03-3818-5521 FAX 03-3818-5514 振替 00110-6-37828
Email tk203444@fsinet.or.jp URL:http://www.toshindo-pub.com/

※定価:表示価格(本体)+税

東信堂

人は住むためにいかに闘ってきたか―〔新装版〕欧米住宅物語	早川和男	二〇〇〇円
イギリスにおける住居管理―オクタヴィア・ヒルからサッチャーへ（居住福祉ブックレット）	中島明子	七四五三円
居住福祉資源発見の旅―新しい福祉空間、懐かしい癒しの場	早川和男	七〇〇円
どこへ行く住宅政策―進む市場化、なくなる居住のセーフティネット	本間義人	七〇〇円
漢字の語源にみる居住福祉の思想	李 桓	七〇〇円
日本の居住政策と障害をもつ人	大本圭野	七〇〇円
障害者・高齢者と麦の郷のこころ―住民、そして地域とともに	伊藤静美 田中秀樹 加藤直人 山本 里見	七〇〇円
地場工務店とともに…健康住宅普及への途	水月昭道	七〇〇円
子どもの道くさ	吉田邦彦	七〇〇円
居住福祉法学の構想	黒田睦子	七〇〇円
奈良町の暮らしと福祉…市民主体のまちづくり	中澤正夫	七〇〇円
精神科医がめざす近隣力再建	片山善博	七〇〇円
進む「子育て」砂漠化、はびこる「付き合い拒否」症候群	ありむら潜	七〇〇円
住むことは生きること―鳥取県西部地震と住宅再建支援	髙島一夫	七〇〇円
最下流ホームレス村から日本を見れば	張 秀中 萍權	七〇〇円
世界の借家人運動―あなたは住まいのセーフティネットを信じられますか？	柳 中権 秀萍	七〇〇円
「居住福祉学」の理論的構築	早川和男	七〇〇円
居住福祉資源発見の旅Ⅱ―地域の福祉力・教育力・防災力	早川和男	七〇〇円
居住福祉の世界…早川和男対談集	高橋典成	七〇〇円
医療・福祉の沢内と地域演劇の湯田―岩手県西和賀町のまちづくり	金持伸子	七〇〇円
「居住福祉資源」の経済学	神野武美	七〇〇円
長生きマンション・長生き団地	山下千代佳	八〇〇円

〒113-0023 東京都文京区向丘1-20-6　TEL 03-3818-5521　FAX 03-3818-5514　振替 00110-6-37828
Email tk203444@fsinet.or.jp　URL:http://www.toshindo-pub.com/

※定価：表示価格（本体）＋税

東信堂

【現代社会学叢書】

開発と地域変動——開発と内発的発展の相克	北島滋	三二〇〇円
在日華僑のアイデンティティの変容——華僑の多元的共生	過放	四四〇〇円
健康保険と医師会——社会保険創始期における医師と医療	北原龍二	三八〇〇円
事例分析への挑戦——個人現象への事例媒介的アプローチの試み	南保輔	四六〇〇円
海外帰国子女のアイデンティティ——生活経験と通文化的人間形成	水野節夫	三八〇〇円
現代大都市社会論——分極化する都市？	園部雅久	三八〇〇円
インナーシティのコミュニティ形成——神戸市真野住民のまちづくり	今野裕昭	五四〇〇円
ブラジル日系新宗教の展開——異文化布教の課題と実践	渡辺雅子	七八〇〇円
イスラエルの政治文化とシチズンシップ	奥山眞知	三八〇〇円
正統性の喪失——アメリカの街頭犯罪と社会制度の衰退	G・ラフリー 室月誠監訳	三六〇〇円

【シリーズ社会政策研究】

福祉国家の社会学——21世紀における可能性を探る	三重野卓編	二〇〇〇円
福祉国家の変貌——グローバル化と分権化のなかで	小笠原浩一編	二〇〇〇円
福祉国家の医療改革——政策評価にもとづく選択	武川正吾編	二〇〇〇円
共生社会の理念と実際	三重野卓編	二〇〇〇円
福祉政策の理論と実際（改訂版）福祉社会学研究入門	三重野卓編	二〇〇〇円
韓国の福祉国家・日本の福祉国家	武川正吾 キム・ヨンミョン編	三五〇〇円
改革進むオーストラリアの高齢者ケア	平岡公一編	三三〇〇円
認知症家族介護を生きる——新しい認知症ケア時代の臨床社会学	木下康仁	二四〇〇円
新版 新潟水俣病問題——加害と被害の社会学	井口高志	四二〇〇円
新潟水俣病をめぐる制度・表象・地域	飯島伸子・舩橋晴俊 編	五六〇〇円
新潟水俣病問題の受容と克服	関礼子編	三八〇〇円
公害被害放置の社会学——イタイイタイ病・カドミウム問題の歴史と現在	堀田恭子	四八〇〇円
	藤川賢・渡辺伸一・飯島伸子編	三六〇〇円

〒113-0023 東京都文京区向丘1-20-6
TEL 03-3818-5521　FAX 03-3818-5514　振替 00110-6-37828
Email tk203444@fsinet.or.jp　URL:http://www.toshindo-pub.com/

※定価：表示価格（本体）+税